Game Over

Martin Leclerc

Game Over

L'histoire d'Éric Gagné

Biographie

Hurtubise

Catalogage avant publication de Bibliothèque et Archives nationales du Québec et Bibliothèque et Archives Canada

Gagné, Eric, 1976-

Game over

Autobiographie.

Texte en français seulement.

ISBN 978-2-89723-000-5

1. Gagné, Eric, 1976- . 2. Joueurs de base-ball - Québec (Province) - Biographies. I. Leclerc, Martin, 1967- . II. Titre.

GV865.G23A3 2012   796.357092   C2012-941365-8

Les Éditions Hurtubise bénéficient du soutien financier des institutions suivantes pour leurs activités d'édition :

- · Conseil des Arts du Canada ;
- · Gouvernement du Canada par l'entremise du Fonds du livre du Canada (FLC) ;
- · Société de développement des entreprises culturelles du Québec (SODEC) ;
- · Gouvernement du Québec par l'entremise du programme de crédit d'impôt pour l'édition de livres.

Conception graphique : René St-Amand
Photo de la couverture : Blake Little
Maquette intérieure et mise en pages : Folio infographie

Copyright © 2012, Éditions Hurtubise inc.
ISBN (version imprimée) 978-2-89723-000-5
ISBN (version numérique PDF) : 978-2-89723-001-2
ISBN (version numérique ePub) : 978-2-89723-002-9

Dépôt légal : 3e trimestre 2012
Bibliothèque et Archives nationales du Québec
Bibliothèque et Archives du Canada

Diffusion-distribution au Canada :
Distribution HMH
1815, avenue De Lorimier,
Montréal (Québec) H2K 3W6
www.distributionhmh.com

Diffusion-distribution en Europe :
Librairie du Québec/DNM
30, rue Gay-Lussac
75005 Paris FRANCE
www.librairieduquebec.fr

Imprimé au Canada
www.editionshurtubise.com

Prologue

Je me souviens parfaitement du jour où j'ai perdu mon innocence.

Toute ma vie, j'avais gravi les échelons menant jusqu'au baseball majeur parce que j'avais du talent, parce que j'aimais ce sport plus que tout, parce que je m'amusais et parce que je ne craignais pas de m'entraîner plus fort que n'importe quel autre joueur.

Au printemps de 2002, toutefois, alors que j'étais à la veille d'entreprendre ma troisième saison dans les ligues majeures, des facteurs extérieurs commençaient à sérieusement altérer ma perception du jeu. J'étais encore animé du même amour pour mon sport et du même enthousiasme que par le passé mais, peu à peu, les notions de compétition et de dépassement de soi cédaient place à d'autres considérations.

Pour toutes sortes de raisons, je commençais à perdre le contrôle de mon avenir au sein de l'organisation des Dodgers de Los Angeles.

J'étais entré dans la famille des Dodgers à l'automne 1995 dans des circonstances exceptionnelles et avec une infime chance de me hisser jusqu'au sommet de la pyramide. Malgré cela, exactement quatre ans plus tard, malgré une intervention chirurgicale au coude droit qui m'avait éloigné du monticule pendant une saison complète, j'étais parvenu à remonter le courant. Je m'étais suffisamment distingué pour qu'on me rappelle au sein du *Show* et qu'on me permette de défendre ce prestigieux uniforme bleu et blanc.

Mon premier mois dans les majeures s'était déroulé à merveille. Je n'avais que 23 ans. Et en cinq départs, j'étais parvenu à me façonner une fiche de 1-1 et à maintenir une moyenne de points mérités de 2,10. Mieux encore, j'avais retiré 30 frappeurs sur des prises en 30 manches, un ratio digne des meilleurs bras de la Major League Baseball.

Si bien que lors du camp d'entraînement suivant, en 2000, le poste de quatrième partant m'avait été offert sur un plateau d'argent, dans une rotation où l'on retrouvait déjà Kevin Brown, Chan Ho Park, Darren Dreifort et le gaucher Carlos Pérez, un drôle de numéro qui avait entrepris sa carrière à Montréal avec les Expos.

J'avais cependant connu un camp de misère. Au point où, malgré mon statut d'espoir de premier plan, les dirigeants des Dodgers m'avaient renvoyé dans les ligues mineures, avec l'équipe AAA d'Albuquerque, avant même le début du calendrier.

L'équipe allait entreprendre le millénaire au Stade olympique à Montréal. Et comme je n'étais clairement pas en possession de tous mes moyens, le gérant Davey Johnson et le directeur général Kevin Malone voulaient m'éviter de devoir disputer un match devant le public québécois, ma famille et mes amis. Sans compter ce qu'une visite à Montréal allait engendrer comme attention médiatique et comme pression supplémentaire.

Rappelé dans les majeures dès la semaine suivante, j'avais ensuite passé tout l'été à la recherche de la constance, cette qualité primordiale pour s'établir et connaître une carrière valable au sein de la MLB.

Le bon vieux Charlie Hough, un ex-lanceur dont la brillante carrière dans les majeures s'est étendue sur une période de 25 ans, m'avait un jour dit:

— Un lanceur doit passer environ 500 manches au monticule dans les ligues mineures afin de vraiment pouvoir apprendre à lancer. Il faut lancer au moins 500 manches contre des frappeurs de haut niveau avant de pouvoir se dire: "OK, je commence vraiment à savoir en quoi ça consiste d'être un lanceur professionnel."

Lors de mon premier rappel dans les majeures en septembre 1999, j'avais lancé un peu plus de 400 manches dans les mineures mais je n'avais compilé qu'un peu plus de 300 manches aux niveaux « A fort » et AA. Selon la théorie élaborée par Hough, il me restait donc des croûtes à manger. Et à ma première saison dans les majeures, cela se vérifiait souvent sur le terrain.

Mon niveau de confiance, entre autres, n'était pas suffisamment élevé. Intérieurement, j'avais tendance à croire que tous les joueurs que j'affrontais étaient meilleurs que moi. Mon ascension dans l'organisation des Dodgers s'était faite tellement rapidement que je n'avais pas eu le temps de réaliser ce que ça représentait d'atteindre les majeures. Je savais qu'on y retrouvait les meilleurs joueurs au monde mais je ne m'étais jamais cru aussi bon ou meilleur qu'eux.

Durant l'été 2000, donc, j'étais capable du meilleur et du pire. Sans trop savoir pourquoi, je pouvais menotter l'équipe adverse pendant plusieurs manches consécutives, puis commettre une erreur, être incapable de refermer la porte et accorder plusieurs points dans une manche donnée. Ou encore, je pouvais être victime de quatre ou cinq points en début de rencontre, pour ensuite réduire l'équipe adverse au silence jusqu'à la fin de mon séjour au monticule.

Cette inconstance et mes sorties parfois trop courtes – qui surtaxaient l'enclos des releveurs – m'avaient valu quelques démotions dans les mineures, où je dominais à chaque fois de façon très nette. Mais dans les majeures, malgré la patience des Dodgers à mon endroit, j'avais dû attendre jusqu'au 6 juin avant de savourer la première de mes quatre victoires de la saison. Et mes trois autres gains étaient survenus aussi tard qu'en septembre, alors qu'il n'y avait pour ainsi dire plus d'enjeu.

Nous avions bouclé la saison 2000 au deuxième rang de la division Ouest de la Ligue nationale, à 11 matchs de nos grands rivaux, les Giants de San Francisco.

Les 101 ⅓ manches que j'avais passées sur la butte durant mon premier été dans les majeures s'étaient soldées avec une fiche déficitaire de 4-6 et une moyenne de points mérités de 5,15. Ce fut une dure année d'apprentissage.

Mais je n'avais que 24 ans.

Les 79 retraits sur des prises que j'avais enregistrés constituaient le point le plus positif de cette campagne. Il était clair que j'avais tous les outils pour réussir : une rapide filant à 95 milles à l'heure et plus, un bon changement de vitesse et une courbe décente. J'avais toutefois besoin de constance. Et de confiance.

Pour la saison 2001, les attentes des Dodgers à mon endroit étaient nettement plus élevées. Les dirigeants de l'équipe s'attendaient à ce que les douloureuses leçons de l'année précédente me permettent de passer à l'autre étape.

Cette année-là marquait aussi l'entrée en scène d'un nouveau gérant, Jim Tracy. Davey Johnson, un gérant que l'on pourrait qualifier de la vieille école, avait été remercié après seulement deux saisons à la barre de l'équipe. Les vétérans remettaient constamment en question les décisions de Johnson dans le vestiaire et ce dernier n'avait pas vraiment eu l'occasion d'implanter solidement son leadership.

En vue de cette nouvelle campagne, la rotation de l'équipe n'avait subi qu'une petite retouche. Détenteur d'une moyenne de points mérités de 5,56 la saison d'avant, Carlos Pérez avait été évincé de la formation. Et pour le remplacer, le directeur général Kevin Malone avait acquis le vétéran Andy Ashby sur le marché des joueurs autonomes.

Ashby avait soit dépassé, soit flirté avec le cap des 200 manches lancées lors des quatre saisons précédentes. Et il avait remporté en moyenne 13 victoires par année durant cette période. Il était reconnu comme un lanceur fiable.

Avec cet ajout, la rotation des Dodgers était désormais composée de Kevin Brown, Chan Ho Park, Andy Ashby, Darren Dreifort et moi.

Le nouveau plan des Dodgers s'était toutefois écroulé comme un château de cartes. Ashby s'était blessé dès son deuxième départ au mois d'avril et n'avait plus été en mesure de jouer durant tout le reste de la saison. Dreifort était aussi tombé au combat et avait été limité à seulement 94 manches de travail. Même chose pour notre partant numéro un, Kevin Brown, qui avait été restreint à 20 départs et 115 manches de jeu.

Cette hécatombe aurait normalement dû me permettre de me tailler une place définitive dans la rotation. Mais je ne parvenais pas à régler mes problèmes de constance. Et mes difficultés ajoutaient aux nombreuses brèches que la direction tentait de colmater au sein de notre personnel de lanceurs.

À la mi-mai, après avoir subi une défaite de 3 à 1 à Montréal (j'avais accordé un circuit au premier frappeur du match, Orlando Cabrera), j'étais tombé dans une période creuse, une chute qui ne semblait plus vouloir finir.

Le 22 mai: six points et un circuit accordés au Colorado (en 4 ⅓ manches) dans une défaite de 11 à 8.

Le 28 mai: sept points et un circuit accordés à Los Angeles (en 3 ⅔ manches) dans une victoire de 11 à 10 sur les Rockies du Colorado.

Le 3 juin: huit points et deux circuits accordés à Houston (en 2 ⅔ manches) dans une défaite de 9 à 8.

Qui dit mieux?

À bout de patience, Tracy avait fini par me sortir de la rotation et je m'étais retrouvé dans l'enclos des releveurs.

Pour les lanceurs partants, un séjour dans l'enclos des releveurs est habituellement synonyme de séjour en enfer. Ou peut-être plutôt de purgatoire où l'on écoule douloureusement le temps en attendant de retomber dans les bonnes grâces du gérant. Mais ce n'était pas le cas pour moi! On ne me punissait pas lorsqu'on m'envoyait dans le *bullpen* parce que je m'y sentais très bien.

Quand l'organisation des Dodgers m'avait embauché à l'âge de 19 ans, j'étais le releveur numéro un de l'équipe canadienne. Le *closer*.

J'adorais l'adrénaline que ce rôle me procurait. Et mon caractère cadrait parfaitement avec les exigences du poste. Le *closer* doit s'échauffer assez rapidement, se concentrer à 100 % et donner tout ce qu'il a dans le ventre. Rien d'autre que 100 %!

En tant que partant, c'était différent. J'avais de la difficulté à m'installer tranquillement au monticule, à gérer le match et à étudier le comportement des frappeurs. Je n'étais pas du genre à gérer mes émotions et à préserver mes forces. Malgré les retentissants succès que j'avais connus dans les ligues mineures, je me savais incapable de lancer à 80 % de mes capacités. Quand j'allais sur le monticule, il fallait que ce soit la totale. Je devais me retrouver dans une situation où il fallait tout donner.

C'est ce qui fait la différence entre les deux rôles. En tant que partant, tu te hisses sur le monticule en te disant que tu as cinq, six ou sept manches à lancer et qu'il y a un plan à respecter. Je me sentais incapable de faire cela dans les majeures. Comme releveur, je me disais simplement que j'avais une manche à remporter et que j'allais y aller le plus intensément possible.

Comme partant, je m'échauffais trop avant les matchs et mes lancers finissaient par perdre de la vélocité. En tant que releveur, on s'échauffe plutôt en l'espace de 10 ou 12 lancers. Et lorsqu'on est inséré dans le match, il n'y a qu'une quinzaine de lancers à faire.

J'étais plus concentré dans les situations de sauvetages. Je sentais que j'avais plus à perdre et qu'il fallait que je focalise encore plus. À mes yeux aussi, le releveur était par définition un joueur d'équipe. Le releveur doit vraiment penser en fonction du groupe alors que le partant, lui, se dit qu'il doit lancer cinq ou six bonnes manches afin de maintenir le pointage serré. Et quand il accomplit cela, il se dirige vers les douches avec le sentiment du devoir accompli.

Le *closer*, en revanche, sait parfaitement que s'il accorde un point, tout est fini et que la partie est perdue. Il sait que ses coéquipiers ont travaillé pendant huit ou neuf manches pour lui procurer une avance et une occasion de sauvetage. Et il ne veut surtout pas la bousiller. C'est l'aspect de ce rôle que j'aimais le plus. Cette grosse compétition. L'adrénaline. Et le fait que si je perdais, ou si je n'avais pas de succès, tout le monde dans l'équipe perdait le match.

J'avais donc adoré remplir le rôle de *closer* avec l'équipe canadienne. Et plus ma carrière avançait, moins le poste de partant me convenait. Je n'aimais pas faire semblant d'être un athlète sans émotion quand je montais sur la butte. Je voulais exploiter ma vraie personnalité.

Et comme j'étais un athlète émotif, un mauvais match à titre de partant signifiait que j'allais devoir ruminer mes erreurs pendant mes quatre jours de repos. En tant que releveur, c'était l'inverse. Pas question de s'apitoyer sur son sort ! Il fallait être prêt à rejouer le lendemain. Sinon, ça pouvait coûter une autre victoire à l'équipe.

Quand Tracy avait perdu patience après ce départ du 3 juin 2001, j'avais donc passé quelques semaines dans l'enclos des releveurs. Il m'avait utilisé dans des sorties de deux ou trois manches, la plupart du temps en milieu de rencontre, avec un succès mitigé. Puis les dirigeants de l'équipe avaient décidé de me renvoyer une fois de plus dans les mineures (l'équipe-école AAA était désormais établie à Las Vegas) afin que je puisse rester actif et retrouver ma touche comme partant. En 2000 et en 2001, ma vie ressemblait parfois à une randonnée à bord d'un ascenseur. En haut, en bas. Majeures, mineures. Bon match, contre-performance…

En tant qu'athlète, j'abordais chaque renvoi avec la même philosophie. Je me souviens d'avoir dit à l'un et l'autre des gérants des Dodgers que j'étais le principal responsable de mes renvois dans les mineures et que je n'avais qu'à faire le travail si je désirais rester dans les majeures en permanence.

Malgré cette philosophie, chaque retour dans les mineures devenait un peu plus difficile à vivre que le précédent.

Quand on touche un salaire de plusieurs centaines de milliers de dollars dans les majeures et de seulement 30 000 $ dans les mineures, la différence est assez remarquable. Une fois qu'on goûte aux avions nolisés, aux luxueuses suites d'hôtels, aux repas soigneusement préparés et aux généreux *per diem* des ligues majeures, la perspective de remonter à bord des vols commerciaux régionaux ou des autobus des ligues mineures, et l'idée de retourner dormir dans des motels trois étoiles finit par sembler moins intéressante.

Il y a par ailleurs d'autres sources d'inquiétude, comme le coûteux appartement qu'on laisse derrière soi dans la ville des ligues majeures et dont il faut continuer à payer le loyer avec son salaire des mineures. Et bien d'autres inconvénients.

Dans mon cas, il y avait surtout ma blonde Valérie et notre petite fille, Faye, qui n'avait pas encore un an. Chacune de ces réaffectations replongeait ma petite famille dans les valises et dans l'incertitude. Et à chaque fois, cela se produisait parce que mes performances sur le terrain n'étaient pas ce qu'elles étaient censées être.

Les Dodgers m'avaient rappelé quelques semaines plus tard, en juillet 2001, alors que je ne comptais qu'une seule victoire à ma fiche. Une victoire en trois mois…

Et lorsque la saison avait pris fin, mon dossier indiquait six victoires, sept défaites et une moyenne de points mérités de 4,75. Mes 130 retraits sur des prises en 151 ⅔ manches démontraient à nouveau que j'avais tout pour réussir, mais les résultats escomptés n'étaient pas venus.

Malgré les nombreuses blessures qui nous avaient affectés au monticule, nous avions bouclé la saison 2001 au troisième rang dans l'Ouest, à seulement six matchs des Diamondbacks de l'Arizona. Et ce sont les Diamondbacks qui avaient eu le bonheur de remporter la Série mondiale quelques semaines plus tard. Collectivement, les Dodgers annonçaient donc des jours meilleurs. Nous n'étions pas loin de former une équipe de premier plan.

Au cours de l'hiver suivant, le nouveau directeur général Dan Evans avait entrepris de corriger la principale faille de l'équipe en restructurant et en donnant plus de profondeur à la rotation de partants. Et une fois cette tâche complétée, il était clair qu'il n'allait pas me laisser une troisième chance de décevoir.

Evans avait donc échangé le vétéran voltigeur Gary Sheffield aux Braves d'Atlanta en retour du lanceur gaucher Odalis Pérez, du vétéran voltigeur Brian Jordan et de Andrew Brown, un lanceur des ligues mineures. La pièce maîtresse de cette transaction était Pérez, un gaucher de 23 ans à qui on réservait assurément une place au sein de la rotation.

Evans avait aussi fait des emplettes sur le marché des joueurs autonomes, ce qui lui avait permis de rapatrier dans l'organisation le Japonais Hideo Nomo, alors âgé de 30 ans. Nomo avait déjà connu de bonnes saisons à Los Angeles, y remportant notamment le titre de recrue de l'année en 1995.

Pour compléter le tout, Evans avait aussi fait l'acquisition d'un deuxième Japonais, Kazuhisa Ishii, un gaucher de 29 ans qui jouissait d'un statut de supervedette dans les ligues majeures nippones.

Le calcul était assez facile à faire. La rotation des Dodgers pour la saison 2002 totalisait des investissements de 29,7 millions de dollars et elle allait être composée à 60 % de lanceurs que le nouveau directeur général avait personnellement acquis. Les cinq élus allaient donc être Kevin Brown, Andy Ashby, Odalis Pérez, Hideo Nomo et Kazuhisa Ishii[1].

Dans un rôle de partant, j'avais déjà bousillé deux chances de m'emparer d'un poste et j'étais destiné à commencer la saison dans les ligues mineures. Compte tenu de mes performances inégales des deux années précédentes, il était même possible que je ne sois pas considéré comme le premier partant de l'organisation au niveau AAA.

Cette situation, très claire, n'avait fait que cristalliser une réflexion que j'avais amorcée au cours des mois précédents : je voulais devenir un *closer*.

---

1. Darren Dreifort faisait encore partie de l'organisation mais il avait été inscrit sur la liste des blessés durant toute la saison 2002.

Justement, celui qui campait ce rôle avec les Dodgers en 2001, le droitier Jeff Shaw, venait d'annoncer sa retraite. Il allait y avoir des ouvertures dans l'enclos des releveurs et c'est de ce côté que je voulais me diriger. Pour moi, c'était le meilleur moyen d'entamer la saison 2002 dans les majeures et, surtout, de m'y établir solidement.

Mon plan était simple. Au cours des deux années précédentes, le gourou des lanceurs de l'organisation, Dave Wallace, m'avait souvent confié des mandats de deux ou trois manches quand je retournais au niveau AAA. Wallace faisait des expériences. Il tentait de voir si j'étais capable de maintenir ma vélocité et mon efficacité en profitant de périodes de repos plus courtes ou lorsqu'on m'employait deux jours de suite. Bref, Wallace avait tenté de savoir s'il allait un jour pouvoir me convertir en releveur.

Or ces petites expériences avaient démontré que la vitesse de mes lancers était de deux à quatre milles à l'heure plus élevée quand on me confiait des missions plus brèves. Et la précision de mes tirs était meilleure quand j'y mettais toute la gomme, contrairement à ce qui se produisait quand j'étais partant et que j'essayais de lancer en préservant mes forces.

Je comptais donc demander une rencontre avec Jim Tracy en arrivant au camp. Et en prenant Dave Wallace pour témoin, j'allais lui demander de m'accorder une chance à titre de releveur, un poste dans lequel j'étais convaincu de pouvoir exceller.

Vers la fin de mon programme d'entraînement hivernal, une blessure à un genou était toutefois venue compromettre le scénario que j'avais élaboré.

Pour parvenir à lancer régulièrement au camp d'entraînement au mois de mars, il fallait absolument me débarrasser de cette fâcheuse blessure qui allait soit affecter mes performances ou même m'empêcher de jouer. Dans les deux cas, cela signifiait que j'étais destiné à perdre ma place dans les majeures. Et ce n'était certainement pas ce que je voulais.

Les lanceurs et receveurs de l'organisation devaient se rapporter à Vero Beach à la mi-février pour participer au camp d'entraînement officiel des Dodgers. Les joueurs de position devaient quant à eux se présenter à Dodgertown au début de mars. Cependant, quelques semaines avant le début du camp, les Dodgers invitaient quelques dizaines de joueurs à se rassembler à Los Angeles, où l'organisation avait l'habitude de tenir une espèce de mini-camp préparatoire.

La solution à mon problème était à la fois simple et claire : il fallait faire disparaître cette gênante blessure au plus vite.

Je savais qu'il existait une solution à mon problème. Dans l'univers du baseball professionnel circulait un élixir qui promettait de régler ce genre de contrariété assez facilement : les *human growth hormones* (*HGH*).

Depuis que j'avais atteint les rangs AA trois ans auparavant, j'avais été témoin d'une foule de petites scènes et j'avais entendu une foule de bribes de conversation qui laissaient croire que de nombreux joueurs consommaient des substances visant à améliorer leurs performances. Et je n'avais jamais jugé qui que ce soit par rapport à ces agissements.

Pour un non-initié comme moi, il était plutôt difficile d'imaginer ou de savoir exactement qui avait recours à de tels produits, quelles substances étaient utilisées et quels étaient leurs effets. J'entendais à l'occasion des termes que je ne connaissais pas, que je ne comprenais pas et que je ne cherchais pas à comprendre. Le sujet était définitivement tabou, et personne n'en parlait ouvertement dans les vestiaires.

En quelques occasions, par contre, j'avais brièvement discuté de cette question avec un coéquipier. Et il terminait toujours nos discussions en me tendant une perche, sur un ton presque badin.

— Si tu as besoin de quelque chose, je suis là, ne te gêne pas !

Ou encore :

— Tiens-moi au courant…

De quoi aurais-je pu avoir besoin au juste ? Je n'en avais aucune idée. Alors ces discussions en restaient là.

Jusqu'à ce fameux printemps de 2002, ma seule expérience avec une substance visant à stimuler les performances était survenue à mon insu.

Au cours de la saison 2000 – ma première saison complète dans les majeures –, j'étais dans le vestiaire des Dodgers et j'avais tout bonnement lancé :

— Je ne sais pas ce que j'ai aujourd'hui, on dirait que j'ai les jambes mortes !

Quelques minutes plus tard, un coéquipier s'était approché de mon casier en me tendant un café. Je n'avais à peu près jamais bu de café de ma vie mais je m'étais dit que la caféine allait probablement me rendre un peu plus énergique. Par contre, quelques minutes après l'avoir bu, je m'étais rendu compte que quelque chose n'allait pas.

— Câlice! Qu'est-ce qui se passe avec mes cheveux?

Je me tirais les cheveux à deux mains et je ne les sentais plus. Je ne comprenais pas ce qui se passait. Autour de moi, mes coéquipiers rigolaient.

— On a juste ajouté une petite pilule, un *greenie* dans ton verre!

Dans les vestiaires, on appelait ça «spiker» un café. Les joueurs prenaient un comprimé d'amphétamines, l'ouvraient et le versaient dans un verre de café. Énormément de joueurs «spikaient» leur café de cette manière à l'époque. C'était une pratique courante, ancrée dans les mœurs depuis des décennies.

L'année suivante, en 2001, j'ai été témoin d'un événement qui m'a frappé. Je me trouvais alors dans la salle d'entraînement du Dodger Stadium et je regardais tranquillement la télé.

Un soigneur et un médecin de l'équipe se trouvaient dans la même salle que moi et discutaient entre eux. Ils parlaient d'une situation qu'ils jugeaient problématique, puis ils s'étaient dirigés vers la porte de sortie comme s'ils avaient voulu parler plus librement. Juste comme ils s'apprêtaient à quitter la salle, une troisième personne s'était jointe à eux, et elle leur avait demandé d'expliquer comment agissaient les hormones de croissance et quels étaient leurs effets.

La conversation était clairement perceptible. Le soigneur et le médecin expliquaient que c'était un produit indétectable, qui n'était pas illégal et qui était utilisé dans certaines cliniques pour combattre le vieillissement.

— Ça raccourcit de moitié le temps de guérison d'une blessure. Le temps de récupération est plus rapide. Les athlètes qui en utilisent se sentent moins courbaturés le lendemain d'un entraînement et ça les aide à s'entraîner davantage, avais-je aussi entendu.

Dans les faits, les *HGH* n'avaient jamais été approuvés par la Food and Drug Administration en tant que produit pouvant combattre le vieillissement ou réduire de façon notable le temps de guérison d'une blessure. Il était donc illégal d'en prescrire à ces fins.

Toutefois, les *HGH* ne figuraient pas sur la liste des produits interdits par le baseball majeur. À cette époque, toute l'attention des dirigeants de la MLB était concentrée sur la lutte aux stéroïdes anabolisants. Et ce n'est que trois ans plus tard, en 2005, que les *HGH* ont été ajoutés à la liste des substances prohibées. Dans les lois américaines, rien non plus n'interdisait d'en posséder.

À la veille de ce printemps 2002, donc, alors que j'étais blessé et que je m'apprêtais à participer à un camp d'entraînement crucial pour la suite de ma carrière, ces bribes d'informations entendues à la salle d'entraînement me semblaient nettement plus intéressantes qu'au moment où je les avais captées l'année précédente. Ces «fameuses» hormones, selon ce que j'avais compris, pouvaient m'aider à régler rapidement mon problème de genou, aussi facilement qu'on retire un caillou de sa chaussure avant d'entreprendre 10 kilomètres de course à pied.

Chose certaine, il n'était pas question pour moi d'aller voir le médecin des Dodgers pour faire soigner cette blessure!

Depuis que j'évoluais dans le baseball professionnel, je m'étais fait dire au moins cent fois d'éviter de visiter les médecins de l'équipe parce que ces démarches allaient un jour ou l'autre finir par être retenues contre moi. Je ne les consultais donc jamais.

Dans l'esprit des joueurs, les médecins de l'équipe sont avant tout des employés de l'équipe. Dans une certaine mesure, les soins ou les traitements qu'ils prodiguent aux joueurs visent d'abord à les renvoyer sur le terrain le plus rapidement possible et non à préserver leur santé à long terme.

Mais ce n'était pas ce qui me chicotait. Ce n'était pas pour cette raison qu'on m'avait 100 fois conseillé d'éviter de les visiter. Je ne voulais pas visiter le médecin de l'équipe parce que je ne voulais pas courir le risque de perdre des sommes faramineuses lors de la négociation de mon prochain contrat.

Si un joueur cherche à obtenir un contrat à moyen ou à long terme et que ce joueur est reconnu comme un visiteur régulier du cabinet du médecin de l'équipe, la direction se montrera – normalement – fort hésitante.

Si le directeur général d'une équipe a le choix entre investir 75 millions de dollars sur un joueur qui visite constamment la clinique et qui prend plusieurs jours de congé à chaque saison, et un autre qui n'a jamais mis le pied à l'infirmerie et qui ne s'est jamais plaint, on sait lequel possède les meilleures chances d'obtenir le contrat. La réponse coule de source.

Durant le mini-camp préparatoire que les Dodgers organisaient à Los Angeles, j'en ai donc profité pour tendre une perche au coéquipier qui m'avait offert son *aide* dans le passé. Il savait que j'étais blessé ; il connaissait ma situation.

— Si tu as besoin de quelque chose, dis-le-moi, a-t-il lancé sans tourner autour du pot.

Il m'a ensuite raconté qu'il pouvait se procurer des *HGH* et qu'il en avait déjà en sa possession.

— Je voudrais essayer pour voir ce que ça donne, ai-je risqué.

Il m'en a plus tard remis une certaine quantité avec une dizaine de petites seringues et il m'a brièvement expliqué comment il fallait procéder pour s'administrer les injections. Ça semblait assez simple. Il y avait deux compartiments. Dans le premier on retrouvait une sorte de solution saline, et dans l'autre, une petite pastille. Il suffisait de verser la partie liquide sur la pastille et celle-ci se diluait. On obtenait alors le produit qu'il fallait s'injecter.

Je lui ai donné 1 000 $ pour payer la marchandise et je suis reparti chez moi.

J'étais à la fois effrayé et honteux. Totalement.

Je savais à quel point l'utilisation de produits semblables était un sujet tabou dans le monde du baseball, alors je voulais que personne ne sache que j'en avais. Absolument personne. Même pas ma femme.

Cette crainte et cette honte étaient tellement puissantes que je ne me sentais même pas la force de demander des explications supplémentaires à celui qui m'avait remis ce paquet.

Quelle quantité fallait-il s'injecter ? À quelle fréquence ? Pendant combien de temps ? Et qu'y avait-il au juste dans ces pastilles ? D'où provenaient-elles ? Je n'en avais aucune espèce d'idée.

Mais il n'était pas question d'aller en rediscuter avec qui que ce soit. J'étais désormais pris avec ce sac et le secret qu'il contenait. Et c'était à moi de me débrouiller, de voir à l'usage comment cela pouvait fonctionner.

Tel un apprenti sorcier, j'ai fini par passer à l'acte cette journée-là. De retour à la maison, je me suis réfugié dans la salle de bain. Je me suis installé et j'ai déversé la solution saline dans le contenant qui renfermait l'une des petites pastilles qu'on m'avait remises.

Quelques secondes plus tard, j'avais une seringue entre les doigts. Une seringue dont je ne savais même pas me servir. Ce moment précis est à jamais figé dans ma mémoire. Ainsi que la dernière pensée qui m'a traversé l'esprit avant d'enfoncer l'aiguille :

« Tabarnac, es-tu sérieux ? Es-tu sérieux de faire ça ? Depuis que t'as trois ans, tu joues au baseball pour avoir du *fun*. Et là, t'es rendu que tu te piques pour essayer de t'améliorer ! »

CHAPITRE 1

Welcome to the Jungle

Quelques semaines plus tard, dès mon arrivée à Vero Beach pour le camp d'entraînement, j'ai suivi le plan que j'avais élaboré en sollicitant une rencontre avec Jim Tracy.

Cette cruciale visite au bureau du gérant de l'équipe allait probablement décider de mon avenir au sein de l'organisation des Dodgers. Et peut-être même de mon avenir dans le baseball majeur. Mon discours était prêt. J'avais ressassé mes arguments durant des mois. Je savais donc exactement ce que je voulais dire à Tracy pour le convaincre de m'accorder une chance à titre de releveur.

Quand j'ai ouvert la porte de son bureau, j'ai vu que Dave Wallace s'y trouvait et je me suis tout de suite senti en confiance. De tous les entraîneurs des Dodgers, personne n'était mieux placé que Wallace pour savoir à quel point j'étais plus efficace lorsqu'on me confiait des missions en courte relève.

Je suis donc entré dans la pièce, et comme c'est moi qui avais pris rendez-vous avec lui, le gérant m'a demandé de quoi il en retournait.

— Trace, j'aimerais bien tenter ma chance en tant que releveur. Je préfère de loin lorsqu'on m'utilise plus souvent. Mon bras est fort et je suis capable de lancer après de courtes périodes de repos. Et puis, je lance la balle nettement plus fort lorsqu'on m'utilise en courte relève. Dave est ici et il pourra te le confirmer. Nous avons tenté l'expérience plusieurs fois la saison passée.

Tracy a écouté mon boniment jusqu'à la fin. Je m'en rappelle, parce qu'il parlait habituellement beaucoup. Tracy était une sorte de verbomoteur. Mais cette fois, il ne parlait pas. Il écoutait attentivement mon plaidoyer.

J'aimais beaucoup Jim Tracy. Quand il discutait avec quelqu'un, il regardait toujours son interlocuteur droit dans les yeux et il donnait l'heure juste. C'était une qualité que j'appréciais beaucoup chez lui. C'était un gérant qui, par ailleurs, respectait beaucoup ses hommes.

Il était lui-même parvenu à atteindre les majeures en tant que joueur, quoique brièvement. Il avait porté les couleurs des Cubs de Chicago en 1980 et en 1981. Tracy était un réserviste que les Cubs utilisaient à titre de voltigeur ou de frappeur suppléant. En deux saisons au sein du *Show*, il s'est présenté à la plaque 213 fois et a maintenu une moyenne offensive de ,249.

Les gérants qui ont connu ce genre de carrière en tant que joueur sont souvent ceux qui respectent le plus le baseball et les hommes qui tentent d'y gagner leur vie. Jim Tracy incarnait parfaitement ces valeurs. Il respectait la *game* et tous ceux qui habitaient le vestiaire de son équipe. Il savait à quel point nous étions privilégiés d'être là où nous nous trouvions. Mais il savait aussi à quel point il était difficile de se rendre jusqu'au sommet de la pyramide et, surtout, d'y rester.

C'était un homme calme qui essayait toujours de présenter à ses joueurs le côté positif des choses. Il était beaucoup plus du genre à nous demander de relaxer qu'à gueuler. Et j'appréciais ces traits de sa personnalité.

— Éric, nous allons étudier la situation attentivement pour voir si ce serait possible de t'utiliser comme releveur. Mais, chose certaine, nous t'aimons beaucoup dans un rôle de partant. Voici donc ce que je propose : nous allons laisser le camp démarrer et voir comment la situation évoluera pour toi et nos autres partants. En cours de route, si on se rend compte que les autres sont en santé et capables de faire le boulot, nous tenterons des expériences durant les trois dernières semaines du camp afin d'identifier ceux qui sont le plus en mesure de nous aider en relève. *Are you OK with that?*

J'ai quitté son bureau totalement satisfait. Je savais que d'une manière ou d'une autre, j'allais avoir une chance de me faire valoir et de mériter un poste. Et comme les détenteurs des postes de partants étaient à toutes fins utiles déjà identifiés, il était clair dans ma tête qu'à la fin du camp, j'allais être en lice pour un poste de releveur. Il ne me restait donc qu'à saisir cette chance lorsqu'elle allait se présenter.

Comme il l'avait promis, Tracy m'a donc utilisé à titre de partant durant les deux premières semaines du camp. Puis graduellement, la longueur de mes séjours au monticule a commencé à diminuer. De cinq manches à trois manches, puis de trois manches à deux manches. Ensuite, au cours des deux dernières semaines, il m'a soumis au test ultime en me confiant des missions d'une seule manche, mais deux jours de suite. Clairement, il voulait voir comment j'allais réagir.

Et comme prévu, je lançais encore plus fort le deuxième jour…

Chaque fois que Tracy m'utilisait durant une seule manche, la vélocité de mes lancers grimpait et se maintenait constamment au-delà des 95 milles à l'heure.

Pour la toute première fois depuis que j'avais atteint les ligues majeures, je sentais que je venais de dénicher un rôle qui me convenait à la perfection. Mentalement, je me sentais comme si ma carrière repartait à zéro. J'ai complètement fait le vide et j'ai rangé aux oubliettes tout ce que j'avais vécu comme partant. À mes yeux, cela n'avait plus vraiment de signification.

D'ailleurs, à partir du moment où on a commencé à m'utiliser en tant que releveur, je n'ai plus accordé de point jusqu'à la fin du camp.

Plus le camp progressait, plus j'avais confiance en mes moyens. Et les dirigeants des Dodgers étaient de toute évidence sur la même longueur d'ondes. Le 23 mars, à environ une semaine du début de la saison, Dan Evans a conclu avec les Expos de Montréal une transaction impliquant un total de quatre joueurs.

Dans cet échange, les Dodgers se sont départis de Matt Herges, qui était jusque-là destiné à occuper un rôle important dans notre enclos des releveurs. Je me suis alors dit que les dirigeants de l'équipe étaient probablement en train de me faire une place. Et en retour de Herges, les Expos ont cédé un autre releveur, Guillermo Mota, aux Dodgers. Ce dernier était âgé de 28 ans et il n'était pas encore parvenu à se tailler une grande fiche et une grande réputation dans les majeures. Mais il lançait avec énormément de force.

Un an après cette transaction, Evans avait l'air d'un génie : Mota était devenu notre spécialiste de la huitième manche. Et ensemble, lui et moi formions l'un des plus coriaces duos de releveurs de l'histoire du baseball.

Mais revenons au camp de 2002. Alors qu'il ne restait que 48 heures à écouler avant de faire nos valises et de rentrer à Los Angeles, Tracy est venu me voir pour m'annoncer que j'avais effectivement mérité un poste dans sa formation. Mais en même temps, il se gardait une petite marge de manœuvre pour la suite des choses.

— Nous avons un poste pour toi mais nous ne savons pas encore quel sera ton rôle. En fait, nous ignorons lequel d'entre vous sera appelé à assumer les fonctions de *closer*. Pour sauvegarder nos matchs, nous avons décidé de faire appel à un comité jusqu'à nouvel ordre. Et tu feras partie de ce comité en compagnie de Giovanni Carrara et de Paul Quantrill. Les rôles de chacun seront déterminés après les deux ou trois premières semaines de la saison, a-t-il expliqué.

J'étais à la fois heureux d'avoir remporté mon pari et convaincu que j'allais finir par m'emparer du poste de releveur numéro un de l'équipe. J'ai donc sauté à pieds joints dans l'aventure que Tracy me proposait.

Nous sommes ensuite rentrés à Los Angeles, où notre saison débutait par une série de trois matchs contre nos éternels rivaux, les Giants de San Francisco. Immédiatement après cette série, c'était au tour des Rockies du Colorado de débarquer à Chavez Ravin pour disputer une autre série de trois matchs.

C'est dans le dernier match qui nous opposait aux Rockies, le 7 avril, que j'ai récolté mon premier sauvetage dans les majeures. Nous avions une avance de 6 à 4 lorsque les portes de l'enclos se sont ouvertes pour la première fois devant moi et que les haut-parleurs du Dodger Stadium se sont mis à hurler la chanson *Welcome to the Jungle*, du groupe Guns N' Roses.

J'étais loin de me douter que cette scène, au fil des semaines et des mois suivants, allait devenir un rituel presque sacré, autant pour moi que pour les partisans de l'équipe.

J'ai pris les devants sur le premier frappeur de la manche, le troisième-but Greg Norton. Avec un compte de 0-1, Norton a cogné un ballon dans la gauche. Todd Hollandsworth s'est ensuite présenté à la plaque et je l'ai retiré en trois lancers, sur trois prises consécutives.

Benny Agbayani, le voltigeur de gauche des Rockies, s'est sorti d'un compte de 1-2 en cognant un simple en flèche dans la gauche. Puis le deuxième-but Terry Schumpert a redressé un ballon au champ centre pour constituer le 27ᵉ et dernier retrait du match.

Il ne s'agissait que de mon premier sauvetage en carrière mais je savais, de façon très claire, que j'étais taillé sur mesure pour ce rôle et que j'allais en réussir beaucoup d'autres.

Après ce match, j'ai dit à Val sur un ton mi-sérieux, mi-badin, qu'il ne me restait plus que 47 sauvetages à réussir pour atteindre mon objectif de la saison.

— *Forty seven to go!* ai-je fièrement lancé en montant à bord de la voiture.

Ma blonde ne tolérait pas l'arrogance. Et quand j'ai tourné la tête en sa direction afin de poursuivre la conversation, elle me regardait comme si je venais de dire une atrocité. Qui sait, peut-être revoyait-elle dans sa tête les images de nos nombreux déménagements des années précédentes? En tous cas, elle était vraiment fâchée par la prédiction que je venais de faire.

— T'es bien niaiseux! Tu n'as jamais été *closer*, comment peux-tu dire une chose pareille?

— Voyons, Val! C'est exactement le rôle que j'avais quand j'étais avec l'équipe canadienne. Je sais ce que je dis!

Valérie se rappelait que notre releveur numéro un de la saison précédente, Jeff Shaw, avait connu une année exceptionnelle et qu'il avait sauvegardé 43 parties. Par ailleurs, le record du plus grand nombre de sauvetages dans l'histoire des Dodgers s'élevait à 45. Dans un sens, je comprenais que mon objectif puisse lui sembler totalement déconnecté de la réalité.

— Tu dis tout le temps que c'est facile d'être *closer*! Les choses n'iront pas tout le temps comme tu le voudras! a-t-elle pris soin de me rappeler.

Le lendemain de cette rencontre, nous avons mis le cap sur San Francisco, où nous devions affronter les Giants les 9, 10 et 11 avril.

Lors du premier match, alors que nous détenions une avance de 3 à 0, Tracy m'a encore une fois mandaté pour fermer les livres en neuvième.

Jeff Kent s'est compromis sur le premier lancer, ce qui lui a valu un faible ballon au deuxième. Reggie Sanders a toutefois enchaîné avec un simple dans la gauche. Puis il a profité d'un manque de vigilance de notre part pour voler le deuxième coussin.

J.T. Snow et Benito Santiago ont toutefois été incapables de poursuivre ce que Sanders avait amorcé. Snow a cogné un coup en flèche dans les mains de notre arrêt-court Cesar Izturis, et Santiago a été retiré sur des prises.

Deuxième sauvetage.

Le lendemain, les Giants nous ont vaincus par la marque de 2 à 1. L'issue de la série s'est donc jouée dans ce que les férus de baseball appellent *the rubber game*, le 11 avril.

Dans ce troisième duel contre les Giants, nous détenions une avance de 4 à 3 en neuvième quand Tracy m'a confié la balle.

La commande était de taille. En plus du pointage serré, c'était le haut de l'alignement des Giants (Tsuyoshi Shinjo, David Bell et Barry Bonds) qui se présentait au bâton. Il y avait plus de 40 000 spectateurs dans les gradins et, en raison de l'intense rivalité opposant les deux équipes, la foule était carrément hostile.

Il n'y avait pour ainsi dire aucune marge de manœuvre, parce que permettre à l'un de ces trois premiers frappeurs d'atteindre les sentiers équivalait à se créer une montagne de problèmes : Bonds, à mes yeux le meilleur frappeur de tous les temps, était suivi de Jeff Kent (proclamé joueur par excellence de la Ligue nationale en 2000) et de Reggie Sanders, un vétéran coriace qui livrait souvent de longues batailles aux lanceurs adverses et qui affichait toujours une bonne moyenne de présence sur les sentiers.

C'est ce soir-là, et dans ces circonstances très particulières, que mon destin s'est joué.

Shinjo a été retiré sur un roulant au troisième but. Mais David Bell a tout de suite ajouté du piquant à la situation en répliquant avec un simple dans la gauche.

Le gérant des Giants, Dusty Baker, a alors décidé de remplacer Bell par un coureur suppléant (Calvin Murray) afin d'améliorer ses chances de créer l'égalité.

Barry Bonds s'est donc présenté à la plaque. Et comme le malheur n'arrive jamais seul, mes deux premiers lancers ont échappé à la vigilance de notre receveur Paul Lo Duca, ce qui a permis à Murray de se rendre jusqu'au troisième coussin.

Avec Bonds au bâton, un seul retrait et un compte de 1-1, Jim Tracy a décidé de lui accorder une passe gratuite. Il est très rare qu'on accorde un but sur balles intentionnel à un frappeur susceptible de marquer le point gagnant d'un match. Cela va à l'encontre du fameux *livre* du baseball.

Mais Bonds constituait un cas à part. Il pouvait mettre fin à une rencontre d'un seul élan. Ou encore, il y avait de fortes chances de le voir facilement soulever la balle au champ extérieur pour obtenir un ballon sacrifice et créer l'égalité. Il valait donc mieux lui servir un but sur balles intentionnel, une décision qui nous donnait aussi la possibilité de sceller le match avec un double-jeu.

Dès que Bonds a touché au premier coussin, j'ai vu Tracy poser un pied à l'extérieur de l'abri et demander un temps d'arrêt. Il s'est ensuite mis à marcher en direction du monticule. Quand le gérant quitte l'abri, il n'y a pas mille questions à se poser. Dans la quasi-totalité des cas ça signifie qu'il procédera à un changement de lanceur. L'entraîneur des lanceurs, lui, se rend habituellement sur la butte pour transmettre des directives, pour suggérer des ajustements techniques ou encore pour s'assurer que tout le monde à l'avant-champ s'entend quant à la stratégie à adopter.

Tracy, donc, avait décidé que je n'allais pas terminer ce match.

— *How do you feel* ? m'a-t-il demandé en arrivant à ma hauteur.

Je ne voulais absolument pas lui remettre la balle. Il n'était pas question que je quitte le terrain !

— *I got it, I got it, don't worry !* ai-je répliqué d'un ton sec.

Je n'ai jamais croisé son regard. Je lui ai répondu que j'avais la situation en mains et je lui ai immédiatement tourné le dos.

À la surprise générale, Tracy s'est ravisé. Il m'a tourné le dos à son tour et il a retraité vers l'abri.

Ce fut alors au tour de Jeff Kent de se présenter au marbre.

Je me suis façonné un compte de 0-2 et je l'ai retiré sur élan. Avec deux coureurs sur les sentiers et le match entre ses mains, Sanders n'a guère été patient par la suite. Étonnamment, le vétéran s'est compromis sur mon premier lancer, qui a résulté en un ballon au champ centre.

Sauvetage numéro trois!

Le lendemain, nous étions au Qualcomm Stadium de San Diego et nous nous préparions pour le premier match de notre série face aux Padres. Je m'entraînais dans la salle de musculation quand Tracy est venu m'y rejoindre.

— *Éric, we trust you. I knew you were a closer. You're a closer now. Everytime there's a save situation, you're in.*

Quelques minutes après cette discussion, comme le veut la tradition dans les heures précédant un match, les journalistes affectés à la couverture de l'équipe sont venus s'entasser dans le bureau du gérant afin d'assister à son point de presse quotidien. Tracy en a alors profité pour annoncer publiquement ma nomination à titre de *closer*.

Je me sentais bien. J'étais dans une sorte d'état de plénitude. C'était la première fois que j'avais un rôle bien à moi et que je cadrais vraiment avec une équipe des majeures. Et je ne cessais de me répéter:

— Ça va bien. Wow, ça va vraiment bien!

J'avais enfin trouvé ma voie. Après cette rencontre avec Tracy, mon niveau de concentration et mon niveau de confiance n'ont jamais cessé de croître et il est devenu à peu près impossible de me battre.

À la fin d'avril, j'avais déjà 9 sauvetages à ma fiche et ma moyenne de points mérités s'élevait à 0,69. À la fin de mai, j'en comptais 18 et ma moyenne se situait à 1,65. Et à la fin de juin, je revendiquais 29 matchs préservés et ma moyenne indiquait 1,30.

Mon contrôle était presque parfait. Les retraits sur des prises se multipliaient et mon rythme de croisière était supérieur à celui que Bobby Thigpen, des White Sox de Chicago, avait maintenu en 1990 durant sa saison record. Cette année-là, Thigpen avait pulvérisé la marque du plus grand nombre de sauvetages réussis en une saison. Il avait préservé 57 rencontres, soit 11 de plus que la marque que Dave Righetti, des Yankees, avait établie en 1986.

Dans ma tête, plus rien ne pouvait m'arrêter. Et je ne semblais pas être le seul à percevoir cette aura d'invincibilité. Au fil des semaines, ma rapide ascension parmi les meilleurs releveurs du baseball majeur a donné naissance à un phénomène qui ne s'était encore jamais produit au Dodger Stadium.

Le stade des Dodgers, qui était alors fréquenté par plus de trois millions de spectateurs à chaque saison, n'était à peu près pas accessible par l'entremise du transport en commun. Les jours de matchs, cela donnait lieu à des embouteillages monstres sur les autoroutes menant au ravin Chavez. Il était donc tout à fait normal pour notre équipe d'entreprendre ses matchs à domicile devant un très grand nombre de sièges vides. La plupart du temps, les gradins ne se remplissaient qu'à la troisième manche, quand les bouchons de circulation finissaient par se résorber.

À l'inverse, pour éviter d'être à nouveau prisonniers de la circulation après les parties, il était coutumier de voir des partisans commencer à quitter le stade en septième ou huitième manche, quitte à capter les derniers instants du match à la radio.

Mais durant ce fameux été 2002, quand le pointage était serré, de moins en moins de fans quittaient le stade avant que le dernier retrait soit enregistré. Tous voulaient participer au rite de la neuvième manche, qui était généralement suivi par une rapide mise à mort de l'attaque adverse.

Dès que le dernier frappeur des Dodgers était retiré en huitième, les premières notes de la chanson *Welcome to the Jungle* se faisaient entendre dans les haut-parleurs du stade. Et d'un seul bloc, les spectateurs se levaient et hurlaient en attendant que s'ouvrent les portes de l'enclos, et que je fasse mon entrée sur le terrain.

Les gens ont longtemps cru que cette entrée en scène et ce choix de musique avaient été scénarisés par l'organisation des Dodgers. Il n'en était rien. C'était un phénomène tout à fait spontané qui ne cessait de croître. Si bien que ma sortie de l'enclos est peu à peu devenue, en soit, un spectacle.

En septembre 1999, quand j'avais été rappelé par les Dodgers pour la première fois, un représentant de l'organisation était venu me demander quelle chanson je souhaitais entendre quand j'allais faire mon entrée sur le terrain au début des matchs.

— Je ne sais pas. Je n'en ai aucune idée, avais-je répondu.

J'étais toutefois un gros fan de Metallica et de Guns N' Roses, deux groupes qui avaient beaucoup défrayé la manchette à Montréal durant mon adolescence. En 1992, les deux formations avaient d'ailleurs offert au Stade olympique un spectacle qui s'était soldé par une émeute. Axl Rose, le leader de Guns N' Roses, avait littéralement mis le feu à la baraque en tirant sa révérence après seulement 55 minutes sur scène.

Après quelques secondes de réflexion, je me suis donc ravisé et j'ai choisi *Welcome to the Jungle*.

C'était la première chanson qui m'était venue à l'esprit parce que j'aimais son *beat*. Il n'y avait absolument aucune idée derrière ça.

En 1999, 2000 et 2001, alors que j'étais lanceur partant, les gens entendaient cette chanson au début de chaque rencontre mais ils n'y prêtaient pas vraiment attention. En 2002, par contre, j'ai été utilisé dans 77 matchs. Les fans de l'équipe m'ont rapidement associé à cette musique et, petit à petit, ils ont fini par créer un rite dont le déroulement était réglé au quart de tour.

Il est difficile d'expliquer ou de décrire mes entrées sur le terrain aux gens qui n'en ont pas été témoins. Ces moments étaient trop intenses. Dire que c'était « complètement fou » serait un euphémisme.

Il y avait 56 000 personnes qui se levaient d'un trait et qui étaient survoltées, comme si elles étaient plongées dans une sorte de transe. Cet accueil de rock star était quelque chose à vivre. Chaque fois, ce phénomène me chamboulait complètement à l'intérieur. Je n'avais pas « des » papillons dans l'estomac. J'avais 100 millions de papillons dans l'estomac ! Mon niveau d'adrénaline s'élevait nettement au-dessus de la limite maximale et je ressentais de véritables frissons chaque fois que je posais le pied sur la butte. C'était en quelque sorte impossible de ne pas être emporté par ce formidable courant d'énergie.

En l'espace de trois mois, j'étais devenu l'une des figures les plus populaires de l'équipe et l'une des nouvelles jeunes vedettes du base-ball majeur.

Le 11 avril, je jouais mon avenir face aux Giants à San Francisco et Jim Tracy ne savait trop s'il devait me laisser terminer le match. Et le 9 juillet, 89 jours plus tard, j'étais sur le monticule du Miller Park de Milwaukee, à titre de membre de l'équipe d'étoiles de la Ligue nationale !

CHAPITRE 2

Donner au suivant

Mon arrivée dans la jungle du baseball majeur a été tellement soudaine, et j'y étais si peu préparé, que j'ai passé les trois premières années de ma carrière à tenter d'y survivre au lieu de croire que j'avais suffisamment de potentiel pour y devenir l'un des meilleurs. Avant la saison 2002, je n'avais donc jamais osé rêver que j'allais un jour être considéré comme une étoile du baseball majeur.

La première fois que j'ai mis les pieds dans le vestiaire des Dodgers, le vendredi 3 septembre 1999, je percevais tous les joueurs de l'équipe comme des supervedettes et j'avais l'impression de m'immiscer dans un monde auquel je n'appartenais pas.

Cette saison-là, j'évoluais dans les ligues mineures au niveau AA et les dirigeants des Dodgers m'avaient rappelé au début de septembre, au moment où les règles du baseball majeur permettent aux organisations de faire passer leur alignement de 25 à 40 joueurs.

L'équipe se trouvait alors à Chicago, où elle entamait en après-midi une série face aux Cubs. Mon avion avait atterri à l'aéroport O'Hare avec un peu de retard, si bien que je m'étais pointé au Wrigley Field seulement deux heures avant le match. Je me souviens d'avoir été frappé par la petite taille du vestiaire des visiteurs. Il était si peu spacieux que j'avais l'impression d'envahir la bulle des joueurs qui s'y trouvaient lorsque j'y suis entré.

Quand la porte s'est refermée derrière moi, j'ai croisé les regards des vétérans Kevin Brown, Darren Dreifort, Eric Karros et Raul Mondesi. Je ne savais trop quoi faire. Et j'étais affreusement intimidé parce que je n'avais jamais côtoyé les joueurs des Dodgers auparavant. Même pas au camp d'entraînement, parce que les dirigeants de l'organisation ne m'avaient encore jamais invité au camp des ligues majeures.

Mon nom avait été inscrit sur un casier à l'intérieur duquel mon équipement avait été soigneusement disposé. J'ai vite enfilé mon uniforme pour aller rejoindre les joueurs sur le terrain, mais il n'y avait à peu près rien qui correspondait à ma taille. Le gérant de l'équipement n'avait évidemment pas eu le temps de me commander un uniforme sur mesure.

Quand je me suis pointé sur le terrain, les joueurs de l'équipe étaient déjà au beau milieu de l'exercice au bâton. Il y avait déjà 15 000 ou 20 000 spectateurs dans les gradins, et un grand nombre d'entre eux nous chahutaient.

J'ai tout de suite été conquis par cet endroit.

Un à un, les joueurs des Dodgers sont venus me serrer la main et me souhaiter la bienvenue. Tous semblaient vouloir me mettre à l'aise mais j'en étais incapable. À mes yeux, ces gars-là étaient tous plus grands que nature. J'étais nerveux sans bon sens.

En même temps, je regardais autour de moi et j'étais subjugué par la beauté vieillotte du Wrigley Field. Tant qu'à fouler un terrain du baseball majeur pour la première fois, je m'estimais chanceux de le faire dans ce stade mythique, tant pour son histoire et son architecture que pour la passion des partisans qui le fréquentaient.

L'entraîneur responsable des lanceurs, Claude Osteen, m'attendait près du monticule d'exercice. Mon premier départ dans les grandes ligues n'était prévu que quatre jours plus tard, contre les Marlins en Floride, et Osteen voulait me faire lancer un petit *bullpen* en prévision de ce match.

Cette première séance sous la supervision d'Osteen s'est bien déroulée. Et vers la fin, les vrais receveurs de l'équipe sont tour à tour venus remplacer le receveur de l'enclos d'exercice. Ils voulaient simplement avoir l'occasion de se familiariser avec le mouvement de ma balle avant de recevoir mes lancers durant un vrai match.

Le lendemain, nous affrontions à nouveau les Cubs en après-midi. Mais avant de prendre le chemin du stade, Raul Mondesi m'a initié à l'une des plus belles traditions du baseball majeur : il m'a emmené magasiner !

Quand un jeune arrive au sein d'une équipe du baseball majeur, il est de mise que les vétérans s'occupent de lui, notamment en lui offrant de beaux habits tout neufs. En principe, les jeunes joueurs ne doivent jamais sortir leur portefeuille lorsqu'ils accompagnent des vétérans.

À l'époque, les Dodgers obligeaient les joueurs à porter un pantalon chic et un veston pour se rendre au stade. Quand les Dodgers m'avaient rappelé du niveau AA, j'avais fait le trajet San Antonio-Chicago avec un complet noir, qui était d'ailleurs le seul que je possédais. L'invitation de Mondesi arrivait donc à point nommé.

Nous sommes entrés dans une boutique et Raul m'a lancé :

— Prends ce que tu veux !

Il m'a acheté un complet, quatre ou cinq chandails et quelques pantalons. La facture s'élevait à 3 000 $. Cet argent représentait un mois et demi de salaire dans les ligues mineures. Je n'en revenais pas qu'un joueur que je ne connaissais pas 24 heures plus tôt puisse se montrer aussi généreux envers le nouveau coéquipier que j'étais. En plus, Mondesi semblait vraiment content de me prendre sous son aile et de me m'accueillir à la manière des vétérans de la Major League Baseball.

Tant qu'à être sur place, Mondesi a ensuite décidé d'ajouter quelques vêtements à sa garde-robe. En 45 minutes, il a dépensé quelque chose comme 50 000 $.

Mon père était chauffeur d'autobus à la Ville de Montréal et ma mère était serveuse dans un restaurant. J'avais peine à croire à ce qui se déroulait sous mes yeux. Je n'avais jamais vu quelqu'un dépenser autant d'argent en si peu de temps, pour acheter quoi que ce soit. Encore plus que ma première visite au Wrigley Field la veille, ces emplettes m'ont fait réaliser que je venais vraiment d'accéder aux grandes ligues.

Le lendemain, le dimanche 5 septembre, nous avons balayé notre série face aux Cubs en les battant au compte de 4 à 1. Nous nous sommes ensuite rendus à l'aéroport, où l'avion de l'équipe nous attendait.

C'était mon premier vol avec une équipe des ligues majeures. Je croyais que nous allions monter à bord d'un vol commercial en compagnie d'autres passagers qui souhaitaient aussi se rendre en Floride. Je ne savais pas que les Dodgers utilisaient un appareil privé.

L'avion était énorme. De mémoire, c'était un Boeing 757. On y retrouvait de larges fauteuils confortables et les joueurs étaient libres de s'asseoir où bon leur semblait. On y servait des repas cinq étoiles, de bons vins, de la bière et même du champagne.

J'étais assis à ma place, ébahi, et je m'amusais à comparer la routine de voyage des joueurs des Dodgers avec celle que nous avions à San Antonio dans les rangs AA. C'était totalement un autre monde.

Un représentant de l'équipe s'est alors approché de mon siège, et il m'a remis une enveloppe qui contenait mon *per diem* pour les quatre derniers jours du voyage. J'ai rapidement compté les quelque 300 $ que contenait l'enveloppe et je me suis soudainement senti riche ! Dans les ligues mineures, nous avions droit à une allocation quotidienne de 16 $ pour nos repas quand l'équipe était à l'étranger.

Je me disais que durant ce voyage, j'allais pouvoir me permettre de manger ailleurs que chez McDonald's ou à la Waffle House.

Les vols nolisés des Dodgers étaient vraiment très confortables. Et les joueurs s'arrangeaient pour y passer du bon temps. J'ai vite réalisé que les enveloppes de *per diem* qu'on remettait aux joueurs contenaient des montants ridicules par rapport aux sommes misées durant les parties de cartes à bord de l'avion.

Les joueurs avaient l'habitude de jouer quelques parties de cartes après la plupart des matchs de l'équipe. Toutefois, les plus grosses parties étaient toujours disputées entre ciel et terre, loin à l'arrière de l'appareil.

Les joueurs de cartes étaient faciles à reconnaître. Ils transportaient constamment un petit sac Louis Vuitton rempli d'argent liquide. C'était en quelque sorte leur budget loisir en prévision des envolées de l'équipe.

Les gars misaient des sommes assez considérables. Il y avait couramment des pots de 40 000 $ ou 50 000 $ sur la table de jeu.

Avant les attentats du 11 septembre 2001, on pouvait faire à peu près n'importe quoi à bord des appareils qui transportaient l'équipe. Il y avait même parfois des joueurs qui y transportaient des armes à feu.

Carlos Perez était l'un de ceux-là. Il voyageait tout le temps avec un énorme pistolet.

Il faut dire que Perez traînait toujours avec lui une petite mallette remplie d'argent. Et son sac contenait aussi des diamants ! Il aimait beaucoup porter des diamants pour sortir le soir. À mon avis, il devait toujours traîner deux ou trois millions sur lui. J'imagine que c'était suffisant pour justifier le port d'une arme aussi imposante !

Des joueurs comme Gary Sheffield et Raúl Mondesi étaient aussi de grands amateurs de montres. Ils portaient des montres valant 150 000 $ ou 200 000 $ et chacun pouvait en apporter une demi-douzaine quand nous partions en voyage. Ça faisait donc rapidement grimper la valeur des biens personnels qu'ils transportaient avec eux.

Je me souviens d'une montre de Mondesi qui m'avait particulièrement impressionné. Il se l'était offerte en 1994 après avoir remporté le titre de recrue de l'année dans la Ligue nationale. Sur le cadran, Mondesi avait fait inscrire les lettres ROY (*Rookie of the Year*) en diamants. Ce seul ajout lui avait coûté 200 000 $... sans compter le prix de la montre !

La vie dans les grandes ligues, décidément, n'avait pas grand-chose en commun avec ce que j'avais connu auparavant.

Après avoir balayé les Cubs, notre fiche indiquait 65 victoires et 71 défaites, ce qui situait les Dodgers à 15 matchs et demi des Diamondbacks de l'Arizona et de la tête de la division Ouest de la Ligue nationale. Ce dimanche soir du 5 septembre 1999, notre avion s'est envolé en direction de Miami, où les Marlins connaissaient une saison encore plus difficile. Leurs 54 victoires et leurs 82 revers les plaçaient à 31 parties des Braves d'Atlanta, qui régnaient sur la division Est.

La série de trois matchs que nous allions amorcer le lendemain avait donc très peu de signification pour les deux équipes. J'étais sans doute le seul qui ressentait le trac à l'idée d'affronter les Marlins.

Mon premier départ dans les majeures était prévu pour le mardi 7 septembre, à l'occasion du deuxième match de la série. Et le hasard a fait en sorte que le partant prévu par les Marlins soit Ryan Dempster, un excellent droitier qui avait été mon compagnon de chambre quand nous faisions partie de l'équipe canadienne.

— *Frenchie, I'll teach you English*, me répétait-il souvent à l'époque.

Dans le premier match de la série, les Marlins nous ont infligé une défaite de 8 à 6 dans un match ponctué de 25 coups sûrs. Les Marlins ont alors annoncé la présence d'un peu plus de 12 000 spectateurs mais dans les faits, il semblait y avoir beaucoup moins de fans dans les gradins du Pro Player Stadium.

Quand nous sommes revenus à l'hôtel après la partie, je savais que mon tour allait venir le lendemain et je n'ai pas été capable de fermer l'œil de la nuit. Pas une seule minute.

Quand le grand jour est arrivé, par contre, j'étais prêt. L'adrénaline, sans doute. Toutefois, il s'est mis à pleuvoir juste à la fin de ma période d'échauffement, quelques instants avant que je me rende au monticule d'exercice. J'étais couvert de sueur quand un véritable déluge s'est abattu sur le stade et que les arbitres ont décidé de retarder le début de la rencontre.

Dans un sens, cette pluie était providentielle. Ma mère Carole et mon frère Dominic faisaient le trajet Montréal-Miami en voiture pour assister à mon premier départ et ils étaient en retard. Le début de la rencontre a finalement été repoussé de quelques heures, ce qui leur a permis de rejoindre leurs sièges juste à temps pour être témoins de mon premier lancer.

Grâce à mon agent Scott Boras, Valérie a aussi pu assister au match. Mon salaire des ligues mineures ne nous permettait pas d'acheter un billet d'avion pour faire le trajet San Antonio-Miami. Heureusement, Scott avait généreusement assumé cette dépense. Il ne voulait pas que Valérie rate cette grande première.

Dans les gradins, il y avait aussi Claude Pelletier, le recruteur québécois des Dodgers qui m'avait fait signer mon premier contrat professionnel. Grâce aux conseils et aux manœuvres de Claude, j'avais progressé rapidement au sein de l'organisation. C'était aussi un grand jour pour lui. J'étais son premier poulain à atteindre les majeures.

Mon père Richard et son frère Denis (qui est aussi mon parrain) complétaient la liste des proches qui avaient mis le cap sur Miami pour assister au match.

Pendant que la pluie tombait sur le stade, j'essayais de me détendre dans le vestiaire en regardant un film. L'attente était interminable. Et quand les conditions météorologiques sont redevenues acceptables, j'étais plus nerveux que jamais.

Dans l'enclos d'exercice avant la rencontre, je ne me souviens pas d'avoir lancé une seule prise. Je lançais avec force mais la balle aboutissait n'importe où. En plus, je n'y voyais rien. Il faisait près de 30 degrés Celsius et, à cause de la pluie abondante qui s'était déversée sur la région, le taux d'humidité était si élevé qu'une fine brume flottait dans l'air.

Je portais de toutes nouvelles lunettes et elles se couvraient de buée entre chacun de mes lancers.

Après mon bullpen, je suis allé m'asseoir à l'écart des autres joueurs pour essayer de me ressaisir. Claude Osteen, l'entraîneur des lanceurs, est alors venu me voir.

— *Relax Eric. Just throw strikes. Keep the ball down and you'll be fine. Everything will be fine. Know your stuff and it'll take care of the rest.*

J'étais tellement rongé par le trac que je ne décodais pas ce qu'il me disait. Dans ma tête, la traduction ne se faisait plus. Et je me disais :

« Arrête de me parler, crisse ! Je ne comprends rien de ce que tu me dis ! »

J'étais tellement chargé d'adrénaline que je ne sentais plus le bout de mes doigts. Ils étaient comme engourdis. C'est la pire chose qui puisse arriver à un lanceur qui souhaite bien contrôler la balle.

Une fois juché sur le monticule, par contre, tout s'est apaisé après mon premier lancer.

Le premier frappeur à me faire face était le deuxième-but Luis Castillo, un coriace Dominicain qui a maintenu une moyenne offensive de ,290 et un pourcentage de présence sur les sentiers de ,368 durant ses 15 saisons dans les majeures.

Je lui ai d'abord servi une rapide sur le coin extérieur. Une prise.

Je suis ensuite revenu avec quelques rapides au même endroit, pour me forger une avance de 0-2. Puis sur le quatrième lancer, Castillo a regardé tomber une courbe sur le coin extérieur. *Strike threeee !*

J'ai ensuite retiré le deuxième frappeur, l'arrêt-court Alex Gonzalez, sur élan.

Le ton était donné. Dempster ne voulait pas perdre. Moi non plus. Et nous nous sommes livré un excellent duel de jeunes coqs « made in Canada ».

Quand j'ai quitté le match après six manches (le gérant Davey Johnson a décidé de me retirer du match après mon 100ᵉ lancer), le pointage était toujours de 0-0. Je n'avais accordé que deux coups sûrs, un but sur balles et retiré huit frappeurs sur des prises.

Dempster, lui, a quitté la rencontre après la septième sans avoir accordé de point. Il avait concédé quatre coups sûrs, trois buts sur balles et retiré sept frappeurs à la plaque.

Pour couronner cette soirée magique, j'ai obtenu un coup sûr à ma première présence au bâton dans le baseball majeur. Et j'ai aussi soutiré un but sur balles à mon ancien *roommate*.

Un vieil adage dit que nous n'avons jamais une deuxième chance de faire une bonne première impression. Ce soir-là, nul doute que ma performance de jeune recrue a imprégné une image favorable dans l'esprit des dirigeants des Dodgers.

Dans les premières rangées des gradins du Pro Player Stadium, tout près de l'abri des Dodgers, Claude Pelletier était assis aux côtés de Camilo Pascual, un ancien lanceur des ligues majeures qui agissait depuis plusieurs années à titre de recruteur international au sein de l'organisation. En matière d'évaluation de jeunes lanceurs, Pascual était reconnu pour avoir un jugement très sûr.

Natif de Cuba, Pascual avait quitté La Havane avant d'atteindre l'âge de la majorité dans l'espoir d'atteindre un jour les ligues majeures. Il a finalement réalisé son rêve en y disputant 18 saisons (1954-1971), au cours desquelles il a remporté 174 victoires et retiré près de 2 200 frappeurs sur des prises. Il a participé à cinq matchs des étoiles et le légendaire Ted Williams disait de lui que sa balle courbe était la plus crainte de toute la Ligue américaine.

Après sa carrière de joueur, Pascual a agi à titre d'entraîneur des lanceurs chez les Twins du Minnesota sous la gouverne de Gene Mauch. Il a ensuite fait sa niche dans le domaine du recrutement en dénichant plusieurs grands talents en Amérique latine.

Après quelques manches, Pascual s'est tourné vers Claude Pelletier.
— *Claude, I tell you, this kid is gonna be somebody!*

Claude et moi n'oublierons jamais cette première soirée passée au sein du *Show*. Chacun de notre côté, avec des perspectives différentes, nous pourrions presque la raconter lancer par lancer.

Après ce premier départ, Davey Johnson m'a confié la balle quatre autres fois. Et je suis parvenu à terminer la saison assez solidement, en compilant une fiche de 1-1 et une moyenne de points mérités de 2,10 en 30 manches de travail.

Cette « carte de visite » m'a permis de jouir d'un préjugé nettement favorable au sein de l'organisation lors des saisons suivantes. Mais, paradoxalement, ces succès hâtifs m'ont aussi nui, parce qu'ils ont camouflé toutes les embûches et tous les problèmes d'adaptation que j'étais susceptible de rencontrer en cours de route.

Cette fin de saison passée avec les Dodgers nous a aussi permis, à Val et à moi, de nous familiariser un peu avec Los Angeles.

Durant le dernier mois du calendrier nous avons séjourné au Hyatt, au centre-ville. Le soir, ce quartier n'était toutefois pas reconnu pour être très sécuritaire. On nous avait même conseillé de ne pas trop nous y aventurer après 17 h.

Après les matchs, Valérie et moi avions donc pris l'habitude de manger au petit resto-bar de l'hôtel. Il y avait toujours un pianiste pour y mettre de l'ambiance et la nourriture y était tout à fait correcte. Nous y passions donc pas mal de temps.

Curieusement, nous ne recevions jamais d'addition à cet endroit. Chaque fois que nous demandions à la serveuse de nous remettre la note, sa réponse était la même :

— Quelqu'un s'occupe de ça.

Chaque soir, Valérie et moi tentions de connaître l'identité du mystérieux individu qui nous offrait nos repas. Avant de quitter notre table, nous parcourions le restaurant du regard dans l'espoir d'y repérer un visage familier. Mais sans résultat.

Quand la saison a pris fin, alors que nous étions sur le point de rentrer au Québec, je me suis montré un peu plus insistant et j'ai mentionné à la serveuse qu'il n'était pas question de quitter l'hôtel sans connaître le nom de notre mystérieux bienfaiteur.

— C'est monsieur Mills qui m'a demandé de lui remettre toutes vos additions, avait-elle fini par lâcher.

Alan Mills était un droitier efficace qui faisait partie de l'enclos des releveurs des Dodgers. Il était sur le point de célébrer son 33e anniversaire et il venait de compléter sa 10e saison dans le baseball majeur.

Alan vivait à environ 45 minutes du Dodger Stadium et après les matchs, avant de rentrer à la maison, il avait pris l'habitude de s'arrêter au Hyatt pour casser la croûte et boire une bière. Il était certainement fort discret parce que Valérie et moi ne l'avions jamais vu à cet endroit avant notre dernière visite.

Nous n'en revenions pas. Il nous avait payé quelque chose comme 25 repas, comme ça, simplement parce qu'il était un vétéran et que j'étais une recrue. Par solidarité.

Quand je suis allé à sa rencontre pour le remercier (de tout mon cœur), Mills m'a servi un discours qu'il avait de toute évidence entendu, lui aussi, à son arrivée dans les majeures.

— *It's on me, Eric. You're a rookie, you never get your wallet out. You don't even need a wallet.*

C'est de cette manière que j'ai fait mes premiers pas au sein du *Show* et que j'ai appris à quel point il était important de prendre soin de ses coéquipiers et de donner au suivant. J'ai été chanceux de me retrouver au sein d'un aussi bon groupe de vétérans. Leur philosophie et leur comportement ont fortement influencé mon cheminement en tant qu'homme et en tant qu'athlète.

En rentrant au Québec à l'automne de 1999, j'étais en quelque sorte un homme nouveau. Je ne me considérais plus comme un jeune bras qui cherchait à gravir les échelons de l'organisation des Dodgers. Je portais désormais l'étiquette d'un jeune lanceur des majeures qui avait des responsabilités et qui allait devoir, quelques mois plus tard au camp d'entraînement, justifier la confiance des dirigeants qui me réservaient un poste au sein de leur prestigieux groupe de partants.

En rentrant au Québec à l'automne de 1999, j'étais aussi très fier d'avoir foulé les monticules des majeures. Quelques années plus tôt, Baseball-Québec m'avait exclu de son programme d'excellence, tel un paria, parce j'étais considéré comme un « cas problème ».

Dans ma tête, ces 31 jours passés dans les majeures venaient en quelque sorte de clore le débat et de me donner raison. Ceux qui m'avaient jeté par-dessus bord, me disais-je, avaient raté le coche quelque part.

CHAPITRE 3

Rébellion, bière et compagnie

Dans ma banlieue de Mascouche, j'ai vécu une enfance que je considère tout ce qu'il y a de plus normale. Mon adolescence, en revanche, fut pas mal moins classique que celle de la plupart des jeunes de mon âge.

Mes parents, mon frère et moi habitions un bungalow de trois chambres dans l'un de ces nouveaux quartiers qui, à la fin des années 1970 et au début des années 1980, poussaient comme des champignons sur la Rive-Nord de Montréal.

Mon père était chauffeur d'autobus au service des transports de la Ville de Montréal et ma mère était serveuse dans un restaurant. Nous formions donc une famille de la classe moyenne. Mon petit frère Dominic et moi n'avons jamais manqué de rien et nous n'étions ni plus ni moins gâtés que les autres enfants du quartier.

Nos parents étaient par ailleurs assez stricts. Les soirs de semaine quand il y avait de l'école, nous ne pouvions pas sortir de la maison après 18 h. Nous en profitions alors pour faire nos devoirs ou regarder la télé. Les fins de semaine, par contre, ils étaient pas mal plus permissifs et ils nous laissaient jouer dehors un peu plus tard.

Il m'est arrivé à quelques reprises de me faire interdire d'aller jouer dehors avec mes amis parce que mes résultats scolaires étaient jugés insuffisants ou parce que je n'avais pas été sage. Toutefois, mon père me grondait rarement. Il lui en fallait beaucoup pour se fâcher. Heureusement, parce que lorsqu'il sortait de ses gonds, c'était pour vrai! La plupart du temps, je faisais donc en sorte de ne pas le pousser jusqu'à la limite. Je n'étais pas un enfant à problèmes.

En ce qui concerne les études, ma mère ne m'a jamais demandé de rapporter des notes de 90 % ou 95 % à la maison. Peut-être était-ce par réalisme, parce que j'étais un élève moyen. Mais en même temps, Dominic et moi sentions que les études avaient de l'importance aux yeux de nos parents. Ils nous aidaient à faire nos devoirs et ils insistaient pour que nous réussissions dans chacune de nos matières.

Quand c'était le temps de travailler, il fallait travailler. Mon père était vraiment intraitable là-dessus.

Mascouche était à l'origine un modeste petit village entouré de fermes et d'immenses champs. On y retrouvait de nombreux élevages de chevaux. Une petite rivière de rien du tout, presque un ruisseau, passait tout près de l'artère principale de l'époque, le chemin Sainte-Marie.

J'ai grandi en voyant cette bucolique campagne se transformer et se remplir de bungalows comme le nôtre. Dans notre région, la croissance de la population était telle que la commission scolaire des Manoirs construisait de nouvelles écoles presque tous les ans.

Notre maison était située à proximité d'un terrain boisé que nous percevions, avec nos yeux d'enfants, comme une très vaste forêt. Avec mon meilleur ami, Dave Gaudreault, nous y passions des journées entières à construire des cabanes ou à prétendre que nous étions perdus au milieu de nulle part. La plupart du temps, ce sont nos mères qui nous extirpaient de ce monde imaginaire quand elles nous annonçaient, au loin, que le souper était servi.

Comme à peu près tous les enfants du coin, j'ai commencé à manier les bâtons de hockey et à chausser les patins vers trois ou quatre ans. Et j'adorais le hockey. Toutefois, il n'y a rien que j'aimais plus qu'enfiler mon gant de baseball pour échanger des lancers avec mon père, qui était un très grand fervent de ce sport.

J'avais deux ans lorsqu'il a commencé à me placer une balle entre les mains et à me demander de la lui lancer. Et de fil en aiguille, le baseball a fini par prendre une place importante dans notre relation père-fils. Jusqu'à ce que je quitte le domicile familial, nous avons passé d'innombrables heures à « nous lancer », comme on dit chez nous.

Mon père aimait tellement le baseball qu'il organisait des parties amicales pour les gamins du quartier, alors que nous étions encore trop jeunes pour devenir membres de l'association de baseball locale. Il entassait huit ou dix enfants dans sa grosse Malibu et il nous conduisait jusqu'au parc Forest, où il se transformait en entraîneur-arbitre.

Dans ces moments-là, le seul fait de pouvoir porter le pantalon de baseball blanc qu'il m'avait offert constituait l'un des grands moments de ma journée! J'avais vraiment ce sport dans la peau.

Quand j'avais huit ans, alors que je faisais partie d'une de mes premières équipes au baseball organisé, au niveau Tee-Ball, une équipe de Radio-Canada était venue filmer l'un de nos matchs dans le cadre de l'émission *Les Héros du samedi*. Et je m'étais particulièrement distingué dans cette rencontre, ce qui m'avait valu l'insigne honneur d'être interviewé.

— Que feras-tu quand tu seras grand? avait questionné l'animateur.

— Je vais être lanceur dans les ligues majeures! avais-je répondu le plus naturellement du monde.

Cette réponse prémonitoire était en quelque sorte sortie de nulle part parce que je n'ai commencé à lancer que quelques années plus tard.

Comme la plupart des enfants de mon quartier, j'ai passé mes hivers à jouer au hockey et mes étés à fréquenter les terrains de baseball. Le sport que nous pratiquions changeait au fil des saisons et cette alternance empêchait la routine de s'installer parce qu'il n'y avait jamais de temps mort. Les séries éliminatoires au hockey chevauchaient le camp d'entraînement au baseball, et vice-versa. À longueur d'année, nous jouions tout le temps à quelque chose!

En 1991, j'avais 15 ans quand j'ai appris qu'il était possible de pratiquer le baseball toute l'année au Québec. Un bon jour, mon coéquipier Philippe Yaworski est arrivé au parc en parlant d'un nouveau programme de baseball sport-études qui venait d'être mis sur pied à l'école secondaire Édouard-Montpetit, à Montréal. Ce fut pour moi une sorte d'illumination.

Le père de Yaworski, Eddie, était alors notre entraîneur au baseball mineur. À notre demande, nos deux pères ont fait des recherches, qui leur ont appris que plusieurs joueurs du Réseau de développement midget AAA de Baseball-Québec fréquentaient ce programme sports-études. Et le programme semblait bien structuré même s'il n'en était qu'à ses premiers balbutiements. L'école Édouard-Montpetit avait aussi développé une expertise en cette matière puisqu'elle offrait déjà d'autres programmes sport-études, en hockey par exemple, depuis quelques années. Bref, sans être parfaite, cette école publique avait bonne réputation.

Je me suis donc retrouvé au sein du programme de baseball de l'école secondaire Édouard-Montpetit, qui était située à une dizaine de coins de rue à l'est du Stade olympique.

L'école ne se trouvait qu'à 35 kilomètres de notre banlieue. Mais parce que le transport en commun n'était absolument pas efficace à l'époque, on aurait dit qu'elle se trouvait au bout du monde !

Je quittais la maison vers 5 h du matin et il me fallait une heure et quart pour atteindre la station de métro Henri-Bourassa. À partir de là, je devais prendre le métro jusqu'à la station Cadillac. C'était vraiment long. Le soir, le trajet inverse était encore plus ardu parce que je ratais toujours le premier autobus reliant la station Henri-Bourassa et Mascouche. Et le bus suivant ne passait qu'une heure plus tard…

En bout de ligne, je devais consacrer environ quatre heures par jour à mes transports. Il fallait en plus que je performe à l'entraînement et en classe. Après quelques semaines, j'étais complètement claqué.

Mes parents, ceux de Philippe Yaworski ainsi que ceux d'un troisième élève de l'école, Éric Fugère, ont alors découvert que notre commission scolaire d'origine était tenue d'assumer un pourcentage de nos frais de transport parce qu'elle n'offrait pas de programme sports-études sur son territoire.

Après avoir jonglé avec toutes les possibilités que leur procuraient ces remboursements, nos parents ont jugé que la meilleure option, pour nous permettre d'avoir des horaires normaux, consistait à nous dénicher un appartement près de l'école. Tout en assurant une certaine supervision, bien entendu.

C'est ainsi qu'à l'âge de 15 ans, j'ai quitté le domicile familial pour aller vivre en ville !

Ça peut sembler assez surréaliste comme situation. Mais dans les faits les choses se passaient assez bien.

À tour de rôle, nos mères préparaient les repas de la semaine pour s'assurer que l'on se nourrisse convenablement. Et quand la semaine d'école prenait fin le vendredi, nous rentrions au bercail avec notre sac d'école et notre sac de linge sale.

Étonnamment, malgré notre jeune âge et la grande latitude que cette situation nous procurait, nous ne faisions pas vraiment la fête.

Mes deux colocataires étaient des gars tranquilles qui prenaient leurs études très au sérieux. Le père de l'un d'eux était professeur et le père de l'autre était ingénieur, ou quelque chose du genre. Leurs parents n'auraient pas toléré que leurs résultats scolaires chutent après leur avoir permis d'emménager dans cet appartement. Ils s'arrangeaient donc pour livrer la marchandise.

Pour ma part, mes résultats scolaires étaient assez bons. Philippe Yaworsky et Éric Fugère étaient plus âgés que moi d'une année. Et ils me prêtaient main-forte au besoin. Je maintenais une moyenne générale d'environ 70 %, que je considérais acceptable. Je n'étais pas un premier de classe mais j'aimais bien les mathématiques et les sciences.

Par contre, ma véritable passion était le baseball. Dans mon esprit, il était clair que je fréquentais cette école, avant toute chose, pour parfaire mes habiletés de baseballeur.

Avec le temps toutefois, la vigilance des parents s'est peu à peu atténuée. Et j'ai fini par prendre goût à cette liberté et à la vie de « quasi-adulte » que je menais. Cela a donné lieu à certaines expériences…

Avec une allocation de 10 $ par semaine pour mon argent de poche, la liste des activités auxquelles je pouvais me livrer dans le quartier Hochelaga-Maisonneuve était assez restreinte. N'empêche. Il me semblait normal, de temps en temps, de vouloir faire autre chose que des devoirs pour me changer les idées.

Parfois, j'allais donc faire un tour au cinéma. Près de l'école, dans notre quartier, il y avait une salle qui projetait de vieux films à succès. Le prix d'entrée s'élevait à 1 $. Si je n'avais pas déjà vu le film, je considérais que c'était une très bonne affaire !

Peu à peu, nous avons aussi découvert un autre loisir peu coûteux : le billard. Les tables de billard, toutefois, étaient situées à l'intérieur d'une brasserie…

À cette époque, les lois interdisant aux mineurs de se trouver dans des établissements licenciés n'étaient peut-être pas appliquées aussi rigoureusement qu'aujourd'hui. Toujours est-il que le propriétaire de la brasserie nous accueillait comme n'importe quel autre client. Et il nous vendait de la bière de la même manière qu'il en vendait aux professeurs de notre école qui fréquentaient son établissement et qui prenaient parfois place à deux tables de la nôtre!

Je ne suis pas devenu alcoolique et je ne passais pas tous les soirs de la semaine à la brasserie! Toutefois, une fois par semaine, ou une fois aux deux semaines, mes amis et moi allions disputer quelques parties de billard. Et prendre quelques bières.

En additionnant les sorties au cinéma avec les dépenses reliées au billard et à la bière, j'arrivais rapidement au bout des 10 $ d'argent de poche que mes parents me remettaient chaque semaine. Un seul pichet de bière coûtait 11 $. Il me fallait donc plus d'argent.

Je me suis alors dit que la solution à mon problème se trouvait peut-être au dépanneur du coin... sur les fiches de paris sportifs Mise-O-Jeu.

Avant 1990, les paris sportifs étaient interdits au Québec. Quand Loto-Québec avait lancé Mise-O-Jeu, l'affaire avait touché une corde sensible auprès des amateurs de hockey, qui se considéraient généralement comme de grands connaisseurs. Très nombreux étaient ceux qui étaient totalement fascinés par la possibilité de faire de l'argent «facilement» en prédisant les résultats des matchs de la LNH.

Encore là, les lois interdisant aux mineurs de s'adonner aux jeux de hasard n'étaient absolument pas respectées.

Malgré la très grande minceur de mon portefeuille, j'ai donc commencé à parier sur les matchs de la LNH. Je misais deux dollars pour en remporter cinq. Quand je gagnais, je mettais de côté mes trois dollars de profit et je misais à nouveau la somme de deux dollars dans l'espoir de remporter un autre billet de 5 $.

Je pariais toujours sur les matchs dont les résultats me semblaient les plus sûrs, même si les cotes étaient plus basses. Et, étonnamment, je gagnais assez souvent. De fil en aiguille, j'en suis venu à passer énormément de temps dans les dépanneurs. Soit pour analyser les grilles de paris, soit pour miser.

La plupart des semaines, je dirais que je m'en sortais avec un profit de 15 $ ou 20 $.

Avec le recul, encore aujourd'hui, j'ai parfois du mal à croire qu'à l'âge de 15 ans je vivais en appartement et je faisais des paris sportifs pour payer mes sorties à la brasserie. Ce n'est certainement pas le genre de route qui, normalement, mène au succès. Bien au contraire.

Malgré ces quelques habitudes peu recommandables, mes résultats scolaires demeuraient acceptables et je continuais de m'appliquer à l'entraînement.

Le programme de baseball d'Édouard-Montpetit était dirigé par Stéphane Lepage, un jeune entraîneur qui comptait à peine deux ou trois années d'expérience auprès de baseballeurs d'élite. Ce n'est plus le cas aujourd'hui, puisqu'il occupe encore ce poste !

Peu de temps après mon passage à cette école, Stéphane a aussi enseigné le baseball à Russell Martin, qui est plus tard devenu notre receveur numéro un chez les Dodgers de Los Angeles. En 2011, Russell est ensuite passé chez les Yankees de New York, où il a succédé à Jorge Posada derrière le marbre.

Au Canada, Édouard-Montpetit est la seule école secondaire qui puisse se vanter d'avoir contribué au développement d'un récipiendaire du trophée Cy Young et d'un receveur ayant porté les couleurs de deux des plus prestigieuses organisations du baseball majeur !

C'est assez fabuleux d'ailleurs, compte tenu des conditions dans lesquelles nous nous entraînions.

Nous passions à peu près tout notre temps en gymnase, ce qui n'était pas fameux pour développer la puissance de nos bras ou nos habiletés défensives. Les exercices au bâton se déroulaient aussi à l'intérieur, dans des cages de frappeurs. Il était très rare que l'on ait l'occasion de s'entraîner à l'extérieur sur un vrai terrain de baseball. C'est peut-être survenu dix ou quinze fois durant les trois années que j'ai passées à cette école. Et quand nous sortions, on ne jouait jamais de matchs. On ne faisait que des séances d'entraînement.

Peu importe. C'était mieux que rien. Et il faut croire que nous sommes parvenus à tirer le maximum des installations qui étaient mises à notre disposition !

Au terme de cette première année passée à Édouard-Montpetit, je me suis retrouvé dans l'uniforme des Marquis de Montréal au sein du réseau de développement midget AAA.

La création de ce réseau de développement provincial, à la fin des années 1980, fut sans doute la meilleure chose qui soit survenue dans le monde du baseball québécois. Le midget AAA permet depuis ce temps aux meilleurs joueurs de 15 et 16 ans de s'affronter dans un contexte de développement. Ainsi, les entraîneurs du réseau ne mettent pas l'accent sur la victoire mais plutôt sur le développement des habiletés des athlètes qui leur sont confiés.

C'est à partir de la création du réseau midget AAA que le Québec est vraiment devenu une puissance en matière de baseball sur la scène canadienne. Et c'est à partir de ce moment que les recruteurs du baseball majeur ont commencé à s'intéresser plus sérieusement aux plus beaux talents québécois.

Je portais d'ailleurs les couleurs des Marquis quand Claude Pelletier m'a vu lancer pour la première fois. Après un match disputé à Longueuil, il était venu nous voir, mon père et moi, et il m'avait dit :

— Éric, tu as du talent et tu lances fort. Continue à bien travailler. Qui sait, ça te permettra peut-être de gravir d'autres échelons à un moment donné.

C'était la première fois que je rencontrais un recruteur des ligues majeures. Le visage de Claude m'est ensuite devenu très familier. Au cours des années suivantes, il a assisté à un grand nombre de matchs auxquels j'ai participé.

Après mes deux saisons au niveau midget AAA, j'ai été invité en 1993 à me joindre à l'Académie de Baseball-Canada, où les choses se sont cependant assez mal passées.

L'ABC avait été créée trois ans plus tôt parce que le président de Baseball-Québec à l'époque, Richard Bélec, voulait absolument que les Québécois et les joueurs de l'est du Canada puissent bénéficier d'un programme semblable à celui du National Baseball Institute, qui était basé à Vancouver.

Avant la création de l'ABC, le NBI de Vancouver réunissait les meilleurs joueurs de baseball d'âge junior au pays et ce programme leur permettait de s'entraîner toute l'année en plus de disputer des matchs contre des formations collégiales américaines. Les meilleurs joueurs du NBI aboutissaient soit dans les rangs professionnels, soit au sein de l'équipe nationale, qui était alors uniquement composée de joueurs amateurs.

Bélec rêvait depuis longtemps de créer une telle académie de base-ball à Montréal, notamment afin de permettre aux joueurs du Québec de poursuivre leurs études en français. Et à force de cogner sur ce clou, il avait fini par réussir ce coup de force en ralliant le support de commanditaires comme les Expos, la brasserie Labatt et Petro-Canada. Baseball-Canada, Sport-Canada et Baseball-Québec consacraient aussi des sommes importantes à ce programme.

L'Académie de Baseball-Canada avait ses lacunes mais, en même temps, son programme était très innovateur. Durant la saison automnale, nous disputions une série de matchs contre des collèges du Nord-Est des États-Unis. Puis, quand l'hiver arrivait, nous nous entraînions cinq jours par semaine au centre Claude-Robillard.

Le fait saillant de la saison survenait au printemps, au mois de mars, quand nous nous rendions en Floride pour disputer une longue série de matchs contre les équipes collégiales américaines et contre des clubs-écoles d'équipes des ligues majeures. Durant cette tournée floridienne, nous séjournions à l'ancien complexe d'entraînement des Astros de Houston, à Cocoa Beach.

Le site de Cocoa Beach nous servait de gîte et de base d'entraînement. C'est à cet endroit que nous disputions nos matchs contre les formations collégiales américaines. Mais quand nous croisions le fer contre des clubs-école du baseball majeur, les organisations de la MLB nous accueillaient à leur propre site d'entraînement.

Les recruteurs du baseball majeur faisaient davantage d'efforts pour assister aux matchs qui nous opposaient à de jeunes joueurs professionnels parce que ces rencontres leur donnaient l'occasion de mieux apprécier notre cran et notre niveau de compétitivité.

Pour nous, chaque visite d'un complexe d'entraînement d'une équipe de la MLB ressemblait un peu au jour de Noël. Ou à une visite de Disney World. Les terrains et les monticules y étaient toujours manucurés à la perfection. Et les cages de frappeurs y étaient toujours pleines de balles neuves. La grosse vie, quoi!

Les jeunes joueurs professionnels que nous affrontions à l'occasion de ces matchs amicaux nous attendaient toujours de pied ferme. Ils ne voulaient surtout pas se faire battre par des amateurs, et encore moins par les représentants d'un programme de baseball canadien. Mais nous parvenions généralement à leur offrir une très bonne opposition, et même à remporter plusieurs de ces matchs.

Mon année passée au sein de l'ABC s'est cependant avérée assez difficile. Pour les dirigeants du programme comme pour moi.

L'entraîneur en chef de l'Académie était Richard Émond. Alors âgé de 48 ans, Richard était un employé de longue date de Baseball-Québec. Nous le soupçonnions de ne pas avoir beaucoup joué au baseball. Mais en revanche, il avait énormément d'expérience à titre d'entraîneur, que ce soit au baseball junior ou au hockey mineur.

Les deux adjoints de Richard Émond étaient Alex Agostino et Mike Barakat, deux jeunes professionnels dans la vingtaine qui avaient lancé au baseball junior élite. Parce que seulement quelques années nous séparaient, j'avais naturellement plus de facilité à communiquer avec Alex et Mike qu'avec notre entraîneur en chef.

Avant d'aboutir à l'ABC, Agostino avait étudié en éducation physique. Il s'était par ailleurs distingué à titre d'entraîneur au niveau junior élite, chez les Ducs de Longueuil. Au sein de l'ABC, il était notre instructeur au troisième but et il supervisait le développement offensif des joueurs.

Barakat, pour sa part, était originaire de Trois-Rivières. C'est lui qui était en charge des lanceurs de l'ABC. En plus d'assumer ces tâches, il travaillait au parquet de la Bourse de Montréal. Mike était un entraîneur à la fois pausé et vif d'esprit. Je m'entendais très bien avec lui.

Par contre, pour toutes sortes de raisons, le courant ne passait pas entre Richard Émond et moi. Ce n'était rien de personnel. Nous avions tout simplement trop peu d'atomes crochus.

Issu de la vieille école, Richard était un célibataire endurci qui avait ses habitudes et qui avait un seuil de tolérance peu élevé quand des situations imprévues survenaient, ou encore lorsque des joueurs s'écartaient, même légèrement, de la ligne de conduite qu'il avait tracée. Il était, pourrions-nous dire, un maniaque de la discipline et de l'image.

Et le sort, malheureusement, a fait en sorte que j'aboutisse dans son programme alors que je vivais l'année la plus tumultueuse de ma vie de jeune adulte et que j'avais perdu à peu près tous mes repères.

Durant l'été précédant mon arrivée à l'ABC, mon père m'avait apostrophé d'un air grave alors que nous étions à la maison.

— Éric, je suis en train de faire des travaux sur le terrain. Viens m'aider s'il te plaît. Nous allons en profiter pour jaser. Je dois te parler.

Jouer les paysagistes était sans doute la dernière chose que j'avais envie de faire ce jour-là.

— Voyons papa! Je peux pas t'aider à faire ces réparations, je ne connais rien là-dedans! Et puis ça me tente pas pantoute.

Nous nous sommes « obstinés » un brin. Puis il a fini par lâcher:

— Viens m'aider, parce que ce sera peut-être l'une des dernières choses qu'on va faire ensemble.

Pendant les travaux, mon père a fini par m'annoncer qu'il allait quitter ma mère et qu'il allait refaire sa vie avec une collègue, Lise, dont il était tombé amoureux.

Pour moi, cette nouvelle sortait tout droit de nulle part. Je ne m'y attendais absolument pas. Au cours des mois précédents, j'avais bien vu que les choses n'étaient pas au beau fixe entre nos parents, mais ils ne s'étaient jamais querellés en notre présence, à Dominic et moi. Et je n'avais même jamais envisagé qu'une séparation ou un divorce puisse un jour survenir. J'étais à ce point incrédule que pendant les deux jours suivant notre conversation, je me suis demandé si je devais vraiment croire ce que mon père m'avait annoncé. Ce scénario m'apparaissait impossible.

Un mois plus tard, il est effectivement passé de la parole aux actes et il est allé vivre avec Lise, qui partage encore sa vie aujourd'hui. Avec le recul, et en constatant que cette nouvelle union résistait au temps, j'ai fini par accepter et respecter la décision de mon père. Et je suis content de savoir que Lise et lui sont toujours aussi heureux ensemble.

Toutefois, sur le coup, cet éclatement de notre famille fut pour moi un choc fort difficile à absorber. Durant le mois qui s'est écoulé entre l'annonce du divorce de nos parents et le départ de mon père, il y a eu énormément de tensions à la maison.

Dominic et moi lui en voulions beaucoup de faire autant de peine à notre mère, qui était absolument inconsolable. Et, par ricochet, mon frère et moi nous sentions aussi abandonnés par notre paternel. Au point où nous ne voulions plus le voir ou lui adresser la parole.

Ce sentiment nous a habités durant de très longs mois, mais Dominic et moi n'avons pas exprimé notre peine de la même manière.

Peu de temps après le départ de notre père, je suis allé rejoindre l'équipe québécoise qui prenait part aux Championnats canadiens. Puis j'ai décroché un poste au sein de l'équipe canadienne qui participait au Championnat mondial junior. Ces semaines passées loin de la maison m'ont au moins occupé l'esprit et changé les idées. Dominic, lui, restait à la maison avec notre mère. Une maison qui, soudainement, était devenue à moitié vide et bien triste.

Puis, en septembre 1993, quand le moment de la rentrée scolaire est arrivé, j'ai réintégré mon appartement, au sous-sol d'un édifice de la rue Aird, et j'ai entrepris mon stage avec l'ABC.

J'avais 17 ans. J'entreprenais ma troisième année en appartement et il n'y avait plus vraiment de figure d'autorité significative dans ma vie. À l'extérieur de l'école et des séances d'entraînement de l'ABC, je menais ma vie comme je l'entendais. En l'espace d'un été, je suis passé d'un état d'« adolescent autonome » à un état de « jeune adulte rebelle ». Et c'est ce qui a rapidement commencé à causer des frictions avec Richard Émond.

Je sortais de plus en plus régulièrement le soir. Je fréquentais depuis plusieurs mois une fille qui était aussi rebelle que moi et qui avait des démêlés assez sérieux avec la direction de l'école. Et comme c'était l'ABC qui défrayait désormais le loyer de l'appartement où j'habitais, Richard recevait parfois des coups de fil du propriétaire.

— Écoutez, monsieur Émond. Je n'ai rien contre le fait que les jeunes puissent faire un party de temps en temps. Mais là, c'est rendu qu'ils en font tous les jours…

Quand le propriétaire l'appelait pour se plaindre, Richard nous visitait à l'improviste quelques jours plus tard dans l'espoir de nous prendre sur le fait. Mais le hasard faisait en sorte qu'il n'y avait jamais rien à signaler lorsqu'il se pointait. Ou si peu…

— Les gars, faites le ménage de votre appartement ! Tout est en désordre ici ! Soyez plus disciplinés que ça ! nous commandait-il.

Par contre, quand j'étais à l'entraînement au centre Claude-Robillard, aucun entraîneur ne ressentait le besoin de me rappeler à l'ordre. J'étais à mon affaire et je fournissais l'effort demandé. Même chose lorsque nous disputions des matchs. Sur ce point, il n'y a jamais eu de désaccords ou de frictions entre Richard Émond et moi.

Mais dès que je franchissais la porte du complexe sportif, son cœur de vieux garçon strict et discipliné se remettait à saigner. Allais-je me présenter à l'école à temps pour le début de mes cours le lendemain matin ? Allais-je sortir dans la soirée ? Et qui allais-je fréquenter à cette occasion ? Tout ça l'horripilait.

À ses yeux, je n'étais pas un *bum* en perdition mais plutôt un ti-cul de 17 ans qui se payait du bon temps loin du domicile familial. Dans l'ordre, mes priorités étaient le baseball, le plaisir et l'école. Et pour lui, cette attitude me faisait perdre de la valeur à titre de membre de l'ABC. Il me percevait bien plus comme un gars qui allait un jour finir dans une ligue de balle-molle que comme un futur professionnel du baseball.

Richard, Alex et Mike avaient plus de 30 joueurs à superviser cinq jours par semaine à l'entraînement. Et l'entraîneur en chef n'avait tout simplement pas le temps ou les ressources nécessaires pour nous encadrer davantage lorsque nous retournions chez nous.

Avec le temps, une relation de confiance s'est toutefois établie entre Alex Agostino et moi. Alex m'écoutait parler de ma vie et de mes difficultés sans broncher. Il me voyait travailler à l'entraînement et compétitionner durant les matchs. Il savait que mes problèmes se situaient à l'extérieur du terrain.

Alex savait que ma situation familiale n'était pas au beau fixe et il comprenait ma colère. Toutefois, c'était ma relation avec ma copine du moment, Karine, qui l'inquiétait le plus. Il estimait qu'il s'agissait d'une relation malsaine.

Karine était une fille fantastique. Mais quelque temps après le début de notre relation, il s'est avéré qu'elle était bipolaire. Son père souffrait aussi de cette maladie. Une fois, alors qu'il faisait une rechute, son père avait tenté de mettre le feu à un édifice à appartements qu'il possédait.

Quand elle faisait des crises, Karine atteignait des extrêmes aussi inquiétants. Sinon davantage. Quand ça survenait, je ne comprenais pas ce qui se passait. Elle perdait complètement les pédales. Elle avait attenté à ses jours à plusieurs reprises et elle menaçait de le refaire à nouveau si je la quittais.

J'avais peur. Je voulais mettre fin à cette relation mais je ne m'en sentais pas capable. J'avais peur qu'elle passe effectivement à l'acte et j'éprouvais un énorme sentiment de culpabilité. À l'âge que j'avais, ce n'était pas le genre de situation à laquelle j'étais préparé à faire face.

Au mois de mars 1994, dans les jours qui ont précédé le départ de l'ABC pour la Floride, un incident impliquant Karine est survenu. Avec deux de ses copines, ma blonde a alors été surprise par la direction de l'école en possession d'une petite quantité de *pot*. C'en était trop pour Richard Émond.

Je n'étais pas au courant de cette affaire. À notre école, les élèves du programme régulier et les élèves du programme sports-études avaient très peu de contacts durant les heures de cours. Je ne voyais donc à peu près jamais Karine durant les jours de classe.

Quand j'ai appris cette nouvelle, j'étais catastrophé. Et je suis moi-même allé rencontrer le directeur pour savoir ce qui s'était réellement passé. Il m'a raconté l'histoire et je n'en revenais tout simplement pas. Quand nous en avons discuté par la suite, Karine était totalement bouleversée. Elle regrettait amèrement son geste et elle craignait par-dessus tout que sa mère apprenne ce qu'elle avait fait.

Quand le grand jour de notre départ vers la Floride est enfin arrivé, j'étais fébrile. Plusieurs observateurs estimaient que cette tournée floridienne allait me permettre de m'illustrer contre de jeunes professionnels appartenant à des équipes des majeures et convaincre les recruteurs de me sélectionner au repêchage.

Peu de temps avant de monter à bord de l'autobus, toutefois, Richard Émond m'a emmené à l'écart du groupe.

— Je suis au courant de ce qui s'est produit à l'école. Tu n'embarques pas avec nous! Tu ne feras pas ce voyage avec nous autres! m'a-t-il annoncé.

J'étais à la fois décontenancé et enragé. J'étais vraiment hors de moi! Je ne comprenais pas comment mon entraîneur pouvait me tenir responsable d'une faute que ma petite amie avait commise à l'école, alors que je n'y étais pour absolument rien.

Mais Richard était émotif. Il lui arrivait parfois de prendre des décisions épidermiques et, après réflexion, de se rétracter.

Quand ils ont su ce qui se passait, Mike Barakat et Alex Agostino sont allés voir Richard. Ils ont fait valoir que nous avions un grand nombre de matchs à disputer en Floride et qu'il allait avoir besoin de tout son personnel pour passer à travers ce calendrier exigeant. Ils ont aussi insisté sur le fait que j'avais besoin de l'aide de mes entraîneurs autant qu'eux avaient besoin de ma présence au monticule.

Peu après cette conversation, quelques instants avant que le chauffeur referme la porte du bus, Richard est revenu me voir pour me dire de monter à bord.

En ce qui a trait au baseball, mon camp de perfectionnement en Floride s'est avéré correct, sans plus. Nous avions été enfermés dans un gymnase durant tout l'hiver et il était par conséquent impossible de livrer nos meilleures performances durant un séjour de deux semaines en Floride.

La meilleure façon de développer la puissance du bras d'un lanceur consiste à lui faire lancer la balle régulièrement sur de très longues distances. C'est ce que les hommes de baseball appellent le *long toss*.

Or, aussi grands les gymnases du centre Claude-Robillard pouvaient-ils être, il nous était impossible d'y faire du *long toss*. Durant ce périple floridien, la vitesse de mes lancers se situait donc autour de 86-87 milles à l'heure, ce qui me plaçait dans la même catégorie que des milliers d'autres lanceurs droitiers. Ce n'était donc absolument pas suffisant pour attirer l'attention des recruteurs du baseball majeur.

À notre retour au Québec, en attendant que chacun des joueurs de l'ABC réintègre l'alignement de son équipe junior respective au mois de mai, nous avons disputé une série de rencontres face à des équipes collégiales du nord-est des États-Unis.

Un samedi soir, après un match disputé au Vermont, le voyage de retour s'est avéré beaucoup plus mouvementé qu'à l'habitude. À bord de l'autobus, on aurait dit que nous formions une bande d'enfants de 12 ans laissés sans surveillance. Les gars étaient fatigués, et une niaiserie n'attendait pas l'autre.

Quand le chauffeur a immobilisé son véhicule en face du Stade olympique, rue Pierre-de-Coubertin, Richard Émond était hors de lui. Son visage était écarlate.

— Donnez-moi tous vos uniformes! C'est fini l'ABC pour vous autres! *That's it, that's all!* C'était votre dernier voyage! *That's it, that's all!*

Comme il l'avait ordonné, nous lui avons tous remis notre uniforme, puis nous sommes rentrés chez nous.

Mais Richard était très soupe-au-lait. Et au cours des jours suivants, lorsqu'il s'est assis pour décanter ce qui s'était produit à bord de cet autobus, il s'est bien rendu compte que sa réaction avait été exagérée.

Il a donc recontacté chacun des joueurs pour leur annoncer que le calendrier de l'ABC allait se poursuivre normalement dès le week-end suivant. Il a même personnellement lavé chaque uniforme avant de les remettre aux joueurs qu'il souhaitait revoir!

Car durant sa période de réflexion, il avait dressé une courte liste de « cas problèmes » qu'il ne souhaitait plus diriger au cours des quelques semaines qu'il restait à écouler avant que les joueurs de l'ABC réintègrent leur formation junior élite.

Mon nom figurait sur cette liste, tout comme celui d'Alex Messier, un lanceur originaire de la Rive-Sud de Montréal. Un troisième joueur, un Ontarien, avait aussi été suspendu pour les mêmes raisons.

Tout ça, à quelques semaines du repêchage du baseball majeur…

CHAPITRE 4

L'Oklahoma et le « Coach Z »

Quelques semaines après la crise de Richard Émond, en juillet 1994, alors que je rentrais à la maison à Mascouche, ma mère m'a accueilli en me disant que j'avais reçu une lettre de Baseball-Québec. Le message ne faisait qu'une ligne ou deux :

Après consultation avec les entraîneurs de l'Académie de Baseball-Canada, il a été décidé que vous ne serez pas réinvité à vous joindre au programme pour l'année 1994-1995. Veuillez agréer…

J'ai relu cette courte missive plusieurs fois, incrédule. Je ne savais trop quoi faire. Cette expulsion du seul programme d'excellence québécois faisait en sorte que je n'avais plus d'endroit où poursuivre mon développement. Et je n'avais aucun autre contact me permettant de dénicher une place ailleurs, dans un collège américain par exemple.

De toute manière, à quoi bon chercher ? Je me disais qu'à cette période de l'année, tous les collèges américains avaient probablement complété leur période de recrutement. J'ai donc décidé de poursuivre ma saison estivale dans la Ligue de baseball junior élite avec le Royal de Repentigny. Mais je savais qu'à compter de septembre, j'allais tomber dans une sorte de néant. Si je n'étais plus membre d'un programme de baseball et si je ne pouvais plus m'entraîner toute l'année, mon rêve d'accéder un jour aux rangs professionnels n'allait jamais pouvoir se réaliser. C'était fini pour moi.

Pourtant, j'avais été repêché par une équipe des majeures cinq ou six semaines plus tôt !

En effet, à la fin de mai j'avais été sélectionné en 30e ronde par les White Sox de Chicago. Un de mes coéquipiers au sein de l'ABC, Éric

Boisjoly, avait aussi été choisi à ce repêchage. Boisjoly était originaire de la Rive-Sud de Montréal. Évoluant à l'arrêt-court, il avait été sélectionné en 67ᵉ ronde par les Dodgers de Los Angeles.

Ma famille et mes amis étaient fiers de ma sélection. De mon côté, elle m'avait à la fois surpris et déçu.

J'étais surpris, parce que les White Sox n'avaient pas de recruteur au Québec contrairement aux Dodgers, aux Braves d'Atlanta ou aux Pirates de Pittsburgh. Je savais toutefois qu'un représentant des White Sox était venu assister à quelques-uns de nos matchs en Floride.

Par ailleurs, j'étais extrêmement déçu d'avoir été choisi aussi loin qu'au 30ᵉ tour. Je ne connaissais à peu près rien au business du baseball professionnel et je n'avais aucune idée à quel point la jungle menant jusqu'au sommet du baseball était peuplée. Mais considérant le nombre de recruteurs qui avaient suivi les activités de l'ABC au cours de l'année précédente, j'étais resté sous l'impression que j'allais trouver preneur beaucoup plus tôt.

À l'époque, toutefois, les joueurs canadiens étaient la plupart du temps sélectionnés assez tard au repêchage. Dans le jargon des recruteurs, les Canadiens étaient presque systématiquement considérés comme étant des *draft and follow*. Ce qui signifiait que le joueur choisi allait être épié par son équipe durant les 51 semaines suivant sa sélection au repêchage. Après cette période, si les dirigeants de l'organisation étaient satisfaits des progrès réalisés par le joueur sélectionné, ils lui offraient un contrat avant qu'il ne redevienne éligible pour le repêchage de l'année suivante.

Le recruteur des White Sox qui m'avait recommandé à ses patrons s'appelait John Tumminia. Il avait contacté Alex Agostino, l'un des entraîneurs de l'ABC, pour se familiariser un peu avec l'alignement de joueurs de l'ABC.

— Je veux repêcher un joueur canadien cette année. Qui me recommandes-tu ? avait-il demandé.

Agostino lui avait donné mon nom. Et Tumminia était par la suite venu me voir lancer à quelques reprises.

Deux mois plus tard, les White Sox me sélectionnaient. Et tout de suite après, Tumminia téléphonait à Agostino :

— *This guy is gonna be famous!* avait-il lancé avec beaucoup d'enthousiasme.

Famous? Longtemps avant tout le monde, Tumminia semblait avait perçu une étincelle que personne d'autre n'avait décelée. Une étincelle que moi-même je n'avais pas ressentie. Ni les dirigeants des White Sox, d'ailleurs…

Au cours des 51 semaines suivantes, les patrons de Tumminia ne sont jamais venus assister à l'un de mes matchs. On raconte qu'ils avaient donné la permission à leur recruteur de me faire signer un contrat, à condition de ne pas dépenser plus de 5 000 $. Mais je n'ai jamais reçu cette offre. Et de toute manière, à ce prix, la transaction n'aurait sans doute jamais eu lieu.

Les White Sox et moi n'étions sans doute pas faits l'un pour l'autre. À distance, leur dépisteur a tout de même continué à suivre ma carrière, sans doute afin de savoir si c'était lui ou ses patrons qui avaient commis une erreur. Et par un incroyable concours de circonstances, la prophétie qu'il avait faite à Alex Agostino a fini par se réaliser plusieurs années plus tard.

C'est d'autant plus incroyable qu'en juillet 1994, mes chances de remporter le gros lot de la 6/49 trois semaines d'affilée semblaient plus élevées que mes chances de faire carrière au baseball. J'étais dans un cul-de-sac. Il fallait que je déniche un programme de baseball prêt à me faire une place!

Je n'avais nulle part où aller jouer mais je n'avais pas le temps non plus d'épancher ma peine sur le contenu de la lettre de Baseball-Québec. L'enveloppe était à peine ouverte que je devais plier bagage puisque j'avais été choisi pour faire partie de l'équipe québécoise au Championnat canadien junior. La compétition avait lieu à Moncton, au Nouveau-Brunswick.

Après l'un des matchs de ce championnat, Éric Boisjoly, son père et moi nous sommes retrouvés dans le stationnement du stade pour jaser un brin. C'était le début de l'après-midi. Nous parlions de baseball et d'avenir. Surtout d'avenir.

Par l'entremise des Dodgers, Boisjoly venait tout juste d'obtenir une bourse d'études au Junior College de Seminole, en Oklahoma. Un Franco-Ontarien sélectionné par les Dodgers, Jeff Falardeau, avait joué à Seminole la saison précédente. Et les Dodgers avaient suggéré à Éric Boisjoly de suivre le même cheminement que Falardeau.

L'actualité me concernant était moins enthousiasmante et la nouvelle de mon renvoi de l'ABC se répandait comme une traînée de poudre. Boisjoly et son père, Pierre, venaient tout juste de l'apprendre.

— Mon fils s'en va au collège aux États-Unis. Mais toi, Éric ? Qu'est-ce que tu vas faire ? avait demandé monsieur Boisjoly.

La question était un peu embarrassante. Avant d'y répondre, j'ai un peu baissé la tête.

— Pas grand-chose…

— Sais-tu quoi, Éric ? Je vais téléphoner à l'entraîneur de Seminole pour voir s'il n'aurait pas besoin d'un lanceur. Ça ne coûte rien d'essayer. S'il a une place pour toi, ce sera tant mieux. Sinon, nous aurons au moins tenté quelque chose.

Éric Boisjoly avait un léger sourire aux lèvres en écoutant son père lancer cette idée. La perspective de pouvoir côtoyer un autre Québécois à Seminole semblait le réconforter.

Je trouvais Pierre Boisjoly extrêmement gentil d'avoir proposé son aide pour me tirer d'impasse. Mais je ne savais pas trop s'il fallait espérer quelque chose de cette initiative. La conversation a pris fin là-dessus et nous nous sommes quittés. Le Championnat canadien a suivi son cours, et nous nous sommes inclinés en grande finale contre la Saskatchewan, dans un match complètement fou.

Immédiatement après la finale, les dirigeants de Baseball-Canada ont dévoilé le nom des joueurs invités à représenter le Canada au Championnat mondial junior. Le tournoi allait avoir lieu à Brandon, au Manitoba.

J'ai décroché un poste au sein de l'équipe nationale. Éric Boisjoly aussi. Nos sélections ne faisaient aucun doute, disait-on. Par contre, je trouvais tout à fait illogique d'être suffisamment bon pour jouer au sein de l'équipe canadienne, mais de ne pouvoir rester au sein du programme de l'ABC à Montréal.

Après le Championnat canadien, dès notre retour au Québec, monsieur Boisjoly a tenu promesse en appelant Lloyd Simmons, l'entraîneur en chef du programme de baseball de Seminole.

— Un coéquipier de mon fils au sein de l'équipe du Québec, c'est un très bon lanceur, se cherche un endroit pour jouer. Est-ce que tu aurais une place pour lui ? avait-il demandé.

— On a toujours besoin de bons lanceurs ! avait rétorqué Simmons. Emmène-le ! On va lui faire une place.

De part et d'autre, il fallait faire confiance au destin. Même si j'avais été repêché quelques semaines auparavant et que je faisais partie des équipes québécoise et canadienne, Lloyd Simmons m'offrait une bourse d'études alors qu'il ne m'avait jamais vu jouer ! Il avait bien sûr fait quelques appels pour se renseigner à mon sujet. Mais n'empêche, il faut drôlement faire confiance à ses interlocuteurs pour recruter un joueur sans avoir eu l'occasion de le voir à l'œuvre une seule fois…

De mon côté, c'était un peu la même chose. Je n'avais aucune idée de l'endroit où se situait le collège Seminole ou l'Oklahoma. Je ne savais rien de la qualité du programme sportif ou académique. Par contre, je savais que je voulais jouer au baseball !

Je voulais tellement jouer, que des « détails » comme le fait de m'inscrire – moi, un élève moyen et peu porté sur la chose académique – dans un collège américain et de devoir étudier dans une langue qui m'était presque complètement étrangère, me semblaient tout à fait mineurs !

Après cet appel de Pierre Boisjoly, Lloyd Simmons est entré en communication avec moi. Et comme il n'y avait personne de bilingue à la maison, c'est le président de mon équipe junior à Repentigny, Flavio Prata, qui a gentiment accepté de me servir d'interprète auprès de lui.

C'est Flavio qui a posé toutes les questions d'usage sur le fonctionnement du collège et de son programme de baseball. Il s'est aussi assuré que je sois bien reçu, logé et nourri à Seminole, où l'on m'offrait miraculeusement une bourse d'études.

Cette bourse défrayait les coûts des études et de l'hébergement, mais pas les frais de subsistance. Comme mes parents n'étaient pas riches, il avait été convenu que j'allais effectuer divers petits travaux – une dizaine d'heures par semaine – pour payer la nourriture. Les étudiants qui résidaient sur le campus pouvaient prendre tous leurs repas à la cafétéria du collège.

Je me rappelle qu'il avait fallu quelques semaines pour compléter les formalités. Quand l'affaire s'était finalement bouclée, j'étais rendu à Brandon avec l'équipe canadienne.

Avec mon anglais très approximatif, voire nul, j'étais en train d'essayer de discuter avec le coach Simmons dans une cabine de téléphone publique et Alex Agostino était posté près de moi. Alex avait été choisi pour agir à titre d'adjoint au gérant John Haar avec l'équipe nationale. Dans la vie de tous les jours, Haar dirigeait le pendant anglophone de l'ABC, le National Baseball Institute, à Vancouver.

Après seulement une ou deux minutes, ma tentative de conversation téléphonique avec Simmons était devenue complètement inintelligible. En désespoir de cause, j'ai tendu l'appareil vers Alex.

— Je suis plus capable ! Je comprends rien à ce qu'il me dit !

Alex a alors saisi le combiné et c'est lui qui a poursuivi la conversation.

— Quelle sorte de jeune homme est-il ? a demandé Simmons.

— Il est *tough*. Il va te faire gagner des matchs. C'est un *gamer*. Son anglais n'est pas encore à point, mais il sera un atout pour ton équipe, a répondu Alex.

Sans le savoir, Alex Agostino avait probablement conquis Lloyd Simmons dès qu'il avait prononcé le mot *tough*.

— OK, alors dis-lui qu'il a officiellement sa bourse d'études, a rétorqué l'entraîneur.

Alex a raccroché l'appareil.

— Éric, tu t'en vas en Oklahoma ! m'a-t-il lancé.

— Je suis prêt !

J'étais content de partir. J'allais pouvoir jouer au baseball mais j'allais aussi pouvoir m'éloigner de la maison familiale, où l'ambiance était loin d'être enjouée. Je regrettais que Dominic doive rester seul pour traverser cette période. Mais je ne pouvais absolument pas rater l'occasion qui s'offrait à moi.

Le 18 août 1994, Éric Boisjoly fut le premier de nous deux à s'installer à Seminole. Coach Simmons lui avait aussitôt demandé de s'établir à la résidence étudiante dans le même appartement que Jeff Falardeau, le Franco-Ontarien que les Dodgers avaient repêché.

Boisjoly et Falardeau partageaient leur appartement avec deux gars de l'Oklahoma qui jouaient aussi au baseball, mais qui étaient membres de l'équipe de deuxième division (Junior Varsity) du collège. De notre côté, nous étions membres de la première équipe (Varsity Team).

Je suis arrivé à l'aéroport d'Oklahoma City une ou deux semaines plus tard. J'avais obtenu un billet d'avion grâce à mon oncle Denis Gagné, qui était employé chez Air Canada et qui bénéficiait d'un certain nombre de billets gratuits chaque année.

Lloyd Simmons était sur place pour m'accueillir. Il devait avoir hâte que j'arrive parce que depuis que Boisjoly avait débarqué à Seminole, Coach Z allait le voir presque tous les jours pour lui poser la même question :

— Ton chum, le lanceur qui s'en vient, est-ce qu'il est bon ?

Ou bien il avait hâte, ou bien Simmons craignait d'avoir remis une précieuse bourse d'études à un « jambon »…

Coach Z n'était pas du genre à faire dans la dentelle. C'était un dur de dur, un vrai *tough* ! Et un *tough* qui remportait beaucoup de matchs. Quand je suis arrivé à Seminole, il dirigeait l'équipe du collège, les Trojans, depuis 18 ans. Il était un citoyen connu de tous et extrêmement respecté dans toute la région.

D'ailleurs, quand il a quitté Seminole quelques années plus tard, en 2001 après sa 27e saison, il avait compilé une invraisemblable fiche de 1 643 victoires et 312 défaites ! Ce dossier, qui relève presque de la science-fiction, constitue un record du sport collégial américain, toutes disciplines et tous niveaux confondus !

Mon séjour en Oklahoma n'avait pas encore commencé que je ressentais déjà une sorte de choc culturel. Le coach Simmons m'a conduit vers son véhicule, un vieux pick-up brun, et nous sommes rentrés à Seminole. Cette petite ville du Sud, qui comptait quelques dizaines de milliers d'habitants, était située à un peu plus d'une heure de route d'Oklahoma City.

Durant le trajet, mon nouvel entraîneur essayait de faire la conversation. Sauf que je ne comprenais pas l'anglais. Et en plus, le coach Simmons ne parlait pas l'anglais que j'avais l'habitude d'entendre. Il avait un fort accent du Sud et cela faisait en sorte que je ne reconnaissais même plus les quelques mots de la langue de Shakespeare que j'avais appris dans le passé.

À bord de ce vieux pick-up brun, en regardant les champs à perte de vue qui longeaient la route, j'ai tout de suite commencé à me demander dans quoi je m'étais embarqué…

En arrivant à Seminole, Coach Z m'a déposé à la résidence étudiante et il m'a présenté les trois cochambreurs avec lesquels j'allais partager un appartement. Cette fois, ce n'était plus un choc culturel, c'était un cataclysme!

Mes nouveaux *roommates* étaient trois Noirs de l'Arkansas. À côté du *slang* qu'ils parlaient, l'accent du Sud de Lloyd Simmons ressemblait à celui d'un présentateur de nouvelles de la BBC!

Je ne provenais pas d'un milieu raciste, loin de là. Le choc que je ressentais était purement culturel. Je me sentais déjà très loin de Montréal ou de Mascouche quand j'étais assis à bord du vieux pick-up de Coach Z. Et voilà que je me retrouvais avec trois gars qui n'avaient aucune idée d'où je venais, qui n'écoutaient pas le même genre de musique, qui ne s'intéressaient pas aux mêmes émissions de télé et qui parlaient un dialecte incompréhensible. À mes oreilles francophones, en tous les cas.

L'un de mes cochambreurs s'appelait Gaylord Dixon. C'était un lanceur gaucher dont la rapide atteignait les 98 milles à l'heure. Mais ça n'allait pas très bien dans sa vie. Il semblait un peu mélangé. Le baseball ou les études ne semblaient pas figurer dans ses priorités.

Dixon avait déjà plusieurs enfants. Il s'absentait souvent et il avait été écarté du programme de baseball à quelques reprises dans le passé. Mais le coach Simmons passait souvent l'éponge. Il semblait savoir ce que Dixon traversait et il tentait de l'aider. D'autant plus que ce gars-là avait un potentiel immense.

Les deux autres gars avec qui je partageais l'appartement étaient des jumeaux dont je ne comprenais pas un traître mot.

Quelle galère!

Le lendemain de mon arrivée, un dimanche matin, le coach Simmons est venu me cueillir à la résidence pour m'emmener à l'église. Un autre choc culturel! Comme la grande majorité des familles québécoises, mes parents, mon frère et moi n'étions pas pratiquants. Nous fréquentions parfois l'église à Noël pour la messe de minuit, ou encore lorsqu'il y avait un mariage ou des funérailles.

Pendant la messe, le prêtre m'a demandé de me lever afin que tout le monde puisse mieux me voir. Je ne comprenais pas bien ce qu'il disait. J'étais planté là devant tous ces inconnus et je ne savais pas quoi faire.

J'ai conclu que le prêtre me présentait à ses paroissiens et qu'il leur expliquait que le coach Simmons m'avait recruté et que j'allais passer l'année à Seminole. Je me suis rassis. La messe a pris fin et je suis rentré à la résidence.

La semaine suivante, Coach Z m'a demandé si je voulais retourner à l'église.

— Ce ne sera pas nécessaire, ai-je répondu.

Les entraînements étaient assez difficiles comme ça… Je préférais profiter du dimanche matin pour dormir et reprendre un peu mes forces.

Une semaine après mon arrivée, Jeff Falardeau s'est blessé assez sérieusement, ce qui l'a contraint à quitter l'équipe et le collège. J'ai donc pu emménager avec Éric Boisjoly, ce qui a eu pour effet d'atténuer un peu le mal du pays que je ressentais. Mais à peine.

Avant d'arriver à Seminole, les seuls voyages que j'avais faits dans ma vie m'avaient mené en Floride, et c'était toujours pour y jouer au baseball. Je ne connaissais rien des États-Unis à part ça. Et là, je me retrouvais dans le Sud, une région qui est… comment dirait-on chez nous ? Distincte !

Pour moi, le fait de cohabiter avec Boisjoly était une sorte de bénédiction. Nous éprouvions tous deux de la difficulté à communiquer avec les autres durant la journée. Mais lorsque nous étions dans notre appartement, nous pouvions au moins jaser en français.

Pour favoriser notre apprentissage de la langue anglaise, Coach Z nous avait d'ailleurs interdit de communiquer en français entre nous. Mais nous dérogions à cette règle dès que nous refermions la porte de notre appartement.

Du côté des études, les choses ne se déroulaient pas vraiment bien pour nous. Nous avions débuté la session d'automne dans des classes normales. Mais comme nous ne comprenions pas grand-chose à ce qui nous était enseigné pendant les cours, nous avons rapidement été placés dans des groupes d'étudiants en difficulté. *Retarded* est un mot que nous avons appris bien rapidement !

J'enregistrais tous mes cours et je les réécoutais parfois durant la soirée afin d'assimiler le plus de matière possible. Mais soyons francs, je n'étais pas allé à Seminole pour décrocher un diplôme. J'y étais pour accroître mes chances de devenir un joueur de baseball professionnel.

C'était la même chose pour Éric Boisjoly. Comme nous avions plusieurs séances d'études obligatoires chaque semaine, nous faisions la plupart du temps nos devoirs ensemble. Les assistants de Coach Z surveillaient les joueurs d'assez près pour s'assurer que les travaux et devoirs soient faits. Mais très souvent, nous faisions plutôt semblant d'étudier.

Je me souviens très clairement que durant mes premiers mois à Seminole, j'avais constamment mal à la tête. Il y avait tellement de choses à assimiler en même temps ! Quand je me couchais le soir, je devais constamment penser à ce que j'allais dire le lendemain. Lorsque je me présentais au comptoir d'une chaîne de restauration rapide, je commandais tout le temps le *combo number one*. Et si la préposée avait le malheur de me demander si je voulais une frite de grande taille, j'étais tout mélangé.

Je me disais intérieurement :

« Veux-tu bien me donner mon *combo number one* et ne pas poser de question ! Avec un Coke diète, OK ? »

Au baseball, par contre, la barrière de la langue était plus facile à gérer. Mais à l'entraînement il était impossible de faire semblant de travailler !

Durant la session d'automne, tous les lundis, mercredis et vendredis matins, le coach Simmons nous conviait à des séances d'entraînement qu'il appelait les *morning weights*. Il fallait se lever au beau milieu de la nuit pour y participer parce que l'entraînement débutait à 4 h 30 !

La veille de notre première session de *morning weights*, un vétéran de l'équipe avait fait un drôle de pari avec Boisjoly.

— Je suis prêt à gager quelques dollars que si tu déjeunes avant de te rendre aux *morning weights* demain matin, tu vas vomir dans le gymnase.

Mon *roommate* l'avait trouvée bien bonne. Nous n'étions quand même pas des touristes. Nous étions d'anciens membres de l'ABC ! Des joueurs de l'équipe canadienne ! Des joueurs repêchés, de surcroît.

— Tu peux être certain que je vais déjeuner avant d'y aller ! Ce n'est quand même pas la première fois que je m'entraîne, avait répondu Boisjoly.

Le lendemain, à 4 h 30, un peu zombies, nous nous sommes présentés au gymnase. Le coach Simmons nous y attendait avec une fébrilité palpable. Contrairement à nous, il était totalement réveillé.

Aux quatre coins du gymnase, on retrouvait de grosses poubelles. Allez savoir pourquoi…

La charge d'entraînement était absolument brutale ! Pour commencer, il fallait compléter quelque chose comme neuf tours d'un vaste gymnase en moins de trois minutes. Ce rythme infernal nous vidait de notre énergie dès le départ. Et après ces trois minutes, sans la moindre pause, on enchaînait avec une très longue succession de sprints ou d'exercices d'arrêts/départs extrêmement intenses.

Quand la portion des sprints finissait, nous étions complètement à plat. Nous avions de la difficulté à marcher. On se faisait pousser, pousser, pousser.

Et tout le monde finissait par vomir. C'est à cela que servaient les poubelles installées aux quatre coins du gymnase. Si tu ne vomissais pas, ça signifiait que tu n'avais pas travaillé suffisamment fort.

Après avoir vomi, nous devions compléter un long circuit de musculation. Encore là, il n'y avait à peu près pas de pause. Pour chaque exercice, nous devions compléter le plus grand nombre de répétitions possible en l'espace de 30 secondes.

Les *morning weights* prenaient fin vers 6 h ou 6 h 30. Nous sortions de là complètement lessivés. Nous allions ensuite déjeuner, puis nous nous rendions à l'école pour assister à nos cours.

À midi, les cours se terminaient. Nous montions à bord de plusieurs véhicules et on nous conduisait jusqu'au terrain de baseball. Le complexe de Seminole était vraiment impeccable et bien entretenu. On s'y entraînait jusqu'à 17 h ou 18 h, sauf le dimanche qui était un jour de congé.

Les mardis et jeudis, l'école se terminait un peu plus tard. Ces jours-là, nous ne passions que deux heures sur le terrain de baseball, au milieu de l'après-midi. Mais en revenant au collège, nous retournions passer quelques heures à la salle de musculation.

Nous nous entraînions six jours par semaine, en plus des quatre ou cinq matchs préparatoires que nous disputions.

Au fil des semaines, Éric Boisjoly et moi avons commencé à développer des petites habitudes afin d'atténuer le plus possible les effets des fameux *morning weights*.

La veille de ces entraînements, l'expérience nous avait appris qu'il ne fallait pas se brosser les dents après 20 h parce que notre bouche devenait trop pâteuse durant les éreintantes séances de course. Il ne fallait pas manger après 20 h non plus parce que ça nous faisait encore vomir davantage le lendemain matin.

Jamais je n'ai autant souffert physiquement que durant ces entraînements à Seminole. Dans les rangs professionnels, je n'ai jamais vécu quelque chose qui s'approchait de ce niveau d'intensité. Dès que nous posions le pied dans le gymnase, nous savions que nous allions vomir. Coach Z nous accueillait tout le temps avec beaucoup d'enthousiasme. Puis il nous poussait jusqu'à ce que ça survienne.

Pour les joueurs qui avaient le malheur de contrevenir aux règlements de l'équipe, Lloyd Simmons avait aussi instauré ce qu'il appelait le Breakfast Club. Être membre du Breakfast Club signifiait qu'il fallait aussi se taper les *morning weights* les mardis et jeudis matins.

Les méthodes de Coach Z ont fait de moi un jeune homme nettement plus discipliné! Je n'ai d'ailleurs jamais eu le «plaisir» de faire partie du Breakfast Club.

De nos jours, un entraîneur préconisant des méthodes d'entraînement semblables à celles de Simmons défraierait sans doute les manchettes des journaux. Mais en tant qu'athlète, malgré le régime spartiate auquel il nous soumettait, il m'était difficile de lui en vouloir ou de le considérer comme un despote.

Coach Z se levait encore plus tôt que nous et il s'entraînait avec presque autant d'ardeur que nous, avant même que nous nous présentions au gymnase. Mieux encore, sa femme se levait aussi au petit matin et elle s'entraînait avec la même rigueur que lui. C'est pour cette raison que nous étions toujours accueillis par un entraîneur énergique pour faire nos fameux *morning weights*.

Si un coach est en mauvaise condition physique, qu'il boit et qu'il passe son temps à donner des ordres, ses joueurs ne le respecteront jamais. Mais Lloyd Simmons mettait en pratique ce qu'il nous prêchait. Il était donc normal de se laisser entraîner dans le sillon qu'il traçait devant nous.

Ces sessions matinales servaient aussi à créer un esprit de corps au sein de l'équipe. Machiavélique sur les bords, Coach Z avait trouvé le moyen de rendre tout le groupe responsable des performances individuelles à l'entraînement. Un certain temps nous était alloué pour compléter notre circuit d'entraînement. Et si un seul d'entre nous ne parvenait pas à s'y conformer, le groupe en entier devait tout reprendre à zéro.

Personne ne voulait être responsable d'une autre ronde d'entraînement. La première était déjà suffisamment difficile !

Au sein de l'équipe, il y avait un gars que nous avions surnommé Buddy. C'était un Autochtone grand, gros et vraiment fort. Une méchante pièce d'homme. Il évoluait au premier but et il cognait des circuits à des distances vraiment ahurissantes. Un vrai bon gars que tout le monde affectionnait. Une véritable force de la nature.

Malheureusement, ce que la nature lui avait donné en format, elle lui avait aussi enlevé en vitesse. Et il n'y a rien que nous pouvions faire pour changer cette réalité.

Et notre Buddy, bien entendu, ne finissait à peu près jamais dans les temps prescrits par l'entraîneur. Toute l'équipe le poussait. Nous ralentissions derrière lui et nous tentions de lui venir en aide. Il y avait un réel esprit d'équipe (et de survie) au sein du groupe. Mais nos efforts ne parvenaient pas à rendre Buddy plus rapide. Il nous en a fait baver, celui-là !

Mais il ne fallait surtout pas protester quand un coéquipier faillait à la tâche et nous forçait à recommencer un exercice. Ceux qui protestaient étaient aussitôt identifiés comme de mauvais joueurs d'équipe. Et Coach Z les enguirlandait vigoureusement pour leur faire savoir.

Parfois, à la fin de ces entraînements, le coach Simmons nous soumettait à une petite séance de chaise romaine. Cela consistait à s'adosser à un mur et à plier les genoux à 90 degrés, un peu comme si nous étions assis sur une chaise. Nous devions parfois tenir pendant près de dix minutes, jusqu'à ce que nos jambes se mettent à trembler et que la souffrance nous fasse crier toute notre douleur et notre combativité. Vers la fin de cet exercice, Coach Z se mettait généralement à nous encourager de sa grosse voix :

— *Let's go! Push yourself, you fuckin' pussies! If you can't finish here, how are you gonna finish the job on the field?*

Lloyd Simmons ne tolérait pas les demi-mesures. Il était intraitable là-dessus.

Une fois, durant un entraînement de la session d'automne, nous étions couchés sur le dos et nous faisions des « six pouces », un exercice qui consistait à soulever les pieds à six pouces du sol et à garder cette position le plus longtemps possible.

L'entraîneur nous encourageait :

— *Stay up! Stay up! Stay up!* criait-il.

Les joueurs étaient exténués et il restait encore une minute à écouler quand un lanceur, qui était destiné à occuper le rôle de releveur numéro un durant la saison régulière (la session d'hiver), a tout simplement abandonné et posé les pieds au sol.

Simmons s'est approché de lui. Il était furieux.

— Tu es notre lanceur responsable de la neuvième manche ! Si tu n'es pas capable de finir un exercice ici, comment pourras-tu finir le travail sur le terrain ? *Get the fuck out of here! Take your shit and go home! I don't want to see you again!*

Je crois qu'il y avait eu d'autres litiges entre ce joueur et le coach Simmons. En tous cas, cet incident semblait avoir fait déborder le vase. Ce lanceur, notre *closer*, venait de s'entraîner pour la dernière fois avec nous. Nous ne l'avons jamais revu par la suite.

Coach Z ne niaisait pas avec le *puck*.

En ce qui concernait l'exécution des jeux sur le terrain, il était tout aussi exigeant et pointilleux. La défaite ? Elle le rendait fou. Il était inconcevable pour lui de perdre un match de baseball, peu importe les circonstances.

Je ne dirais pas qu'il était un grand stratège ou un génie du baseball. Mais il savait comment pousser ses joueurs. Il répétait tout le temps :

— *If you do it harder, you'll win! Whatever you do, do it harder!*

Même si ses équipes se retrouvaient parfois en déficit de talent par rapport à leurs adversaires, elles trouvaient la plupart du temps le moyen de gagner. Nous ne perdions presque jamais.

Vers la fin de la saison 1995 (la session hivernale) nous avions subi une défaite à Connors State, un collège qui était situé dans l'est de l'Oklahoma, à une heure et demie de route de Seminole. En fait, ce n'était pas notre équipe qui avait perdu, c'était le Junior Varsity Team.

Le JV Team, comme on l'appelait, était notre équipe de deuxième division. Elle était composée de joueurs plus jeunes ou moins expérimentés que le collège développait afin de les faire graduer au sein de notre équipe, le Varsity Team, la saison suivante. Le JV Team disputait moins de matchs que nous, mais son calendrier comprenait des matchs contre les Varsity Teams et les Junior Varsity Teams des autres collèges.

Dans ce voyage à Connors State, donc, notre JV Team avait été vaincu dans son second match de la journée. Nous étions sur le point de monter à bord du bus quand Coach Z s'est fait entendre.

— *Fuck off!* On s'en va directement au terrain! Ne touchez pas à la nourriture!

Le trajet de retour s'est fait dans le silence. Après une journée complète passée sur le terrain, nous n'avions pas obtenu la permission de manger ou de nous changer et l'air climatisé avait été coupé. Nous étions assis dans de ce vieil autobus puant, avec une heure et demie de route à faire, et nous savions que notre journée était loin d'être terminée.

Il était 19 h ou 19 h 30 lorsque le bus s'est arrêté dans le stationnement du stade de Seminole. Il commençait à pleuvoir. Nous nous sommes déployés sur le terrain et nous avons couru sur place pendant des heures sous une pluie battante.

C'était un dimanche soir. Nous avions des cours le lendemain. L'issue de la rencontre s'était décidée sur un amorti raté. Et Lloyd Simmons criait :

— Nous n'avons pas remporté le match! Nous avons perdu!

À ses yeux, perdre un match pour avoir mal exécuté un jeu de base était impensable et impardonnable. À l'entraînement, nous consacrions d'interminables heures à passer en revue et à répéter ces jeux jusqu'à ce qu'ils soient exécutés parfaitement.

Coach Z était un grand apôtre des jeux de base. Déposer l'amorti, constamment faire avancer les coureurs qui atteignaient les sentiers, c'était son pain et son beurre. Ceux qui n'exécutaient pas correctement les jeux demandés obtenaient un billet, aller seulement, pour l'enfer.

Durant notre session automnale, dans le cadre d'un match préparatoire, le coach Simmons avait aussi pété les plombs à cause d'une histoire d'amorti mal déposé. Lors du match suivant, pendant les trois premières manches, il avait ordonné à tous les joueurs de déposer l'amorti !

— *I don't give a fuck. Everybody bunts! Everybody! Until I tell you to swing the bat.*

Pendant les trois premières manches, chaque joueur avait donc déposé un amorti. Et malgré tout, après la quatrième manche, nous détenions une avance insurmontable sur nos adversaires. Tout le monde avait saisi le message. L'entraîneur avait gagné son point.

C'était donc ça la philosophie de Lloyd Simmons : s'il y en avait un qui s'écartait de la ligne qu'il avait tracée, tout le monde payait. Tout le temps, et dans tous les aspects de la vie en équipe. Ça créait un esprit de groupe extrêmement fort mais je ne sais pas si des entraîneurs pourraient encore agir de cette façon aujourd'hui. Il y aurait probablement des joueurs qui chercheraient des épaules compatissantes pour se plaindre et se prétendre victimes d'abus.

Moi, le petit rebelle de Mascouche, j'avais un respect sans limite pour lui. Parce qu'il faisait ce qu'il demandait.

Au cours des six ou sept premières semaines, je me suis fort bien adapté au régime d'entraînement de Simmons. Au point où je me suis mis à en faire plus que le client en demandait !

Lors des sessions de *morning weights*, par exemple, j'essayais tout le temps d'être le premier à terminer le circuit d'entraînement. L'un des lanceurs de notre équipe, Clint Lawrence, était un athlète exceptionnel. Un vrai de vrai. Et il était tout le temps le premier à boucler le circuit des *morning weights*. D'ailleurs, ce grand gaucher s'est joint à l'organisation des Blue Jays de Toronto tout de suite après l'année scolaire. Il a fait carrière dans les mineures durant plusieurs années, sans toutefois avoir l'occasion d'atteindre les majeures.

Lawrence, donc, était en quelque sorte devenu ma cible à l'entraînement. Je voulais le battre ! Nous passions notre temps à nous pousser l'un et l'autre et nous étions toujours les deux premiers à terminer les entraînements matinaux. Mais Lawrence était la plupart du temps le premier parce qu'il était un meilleur athlète.

Aussi, à notre appartement, Éric et moi avions quelques ensembles d'haltères. Le soir venu, lorsque nous y retournions après notre journée, je m'en emparais et je faisais du temps supplémentaire. Ou encore, comme plusieurs de nos coéquipiers, j'enfilais mes espadrilles et j'allais faire de la course à pied.

Coach Simmons nous faisait aussi courir beaucoup. Nous avions un parcours de près de 13 kilomètres que nous arpentions assez régulièrement.

C'était la première fois de ma vie que je m'entraînais de façon aussi sérieuse. Je voyais là une occasion de m'améliorer davantage et de devenir plus attrayant aux yeux des dépisteurs des équipes professionnelles. Après avoir été expulsé de l'ABC, Seminole constituait en quelque sorte ma dernière chance, ma planche de salut.

Plusieurs joueurs de notre équipe et un grand nombre des adversaires que nous affrontions avaient déjà été repêchés et je me comparais constamment à eux. Je comparais la vitesse de mes lancers avec la leur, et j'essayais de déceler ce qu'un joueur sélectionné 15 ou 20 rondes avant moi pouvait avoir de plus que moi.

Mais il y avait une autre raison pour laquelle je faisais du temps supplémentaire à l'entraînement. Depuis mon arrivée, je n'étais jamais parvenu à me guérir du mal du pays. Je ne me sentais pas chez moi à Seminole. En fait, même si j'étais entouré de très bonnes personnes et de gens accueillants, je ne m'y suis jamais senti vraiment à l'aise.

Je me rappelle que je n'en pouvais plus de ne pouvoir parler le français qu'avec mon *roommate*. Et que je détestais la musique western, que tout le monde écoutait là-bas.

Quand je m'entraînais ou quand je partais faire du jogging, c'était un peu comme si le temps était suspendu. Je ne pensais pas au divorce de mes parents, à mon exil ou à mes problèmes d'adaptation dans ce nouvel environnement. C'était pour moi le meilleur moyen d'évasion possible. Dans ces moments d'efforts, je n'étais plus triste.

Mais je ne pouvais pas m'entraîner 24 heures sur 24. Dès que j'avais quelques instants de liberté, le cafard m'assaillait à bras le corps et je ressentais le besoin de parler à mes proches. Chaque jour, je passais donc énormément de temps au téléphone. La plupart du temps avec Karine. Ou encore avec ma mère.

Je m'ennuyais énormément de mon patelin. Boisjoly n'en revenait pas de la quantité de temps que je passais au téléphone. Les factures mensuelles dépassaient les 900 $ ou 1 000 $ par mois. Mais je ne les voyais pas passer parce que c'est ma mère qui les recevait à Mascouche.

De son côté, Éric Boisjoly s'adaptait mieux que moi. Il s'était fait de nouveaux amis. Il maîtrisait de mieux en mieux l'anglais et il était plus porté que moi à nouer des liens avec les gens. Nous passions donc de moins en moins de temps ensemble.

À notre arrivée, nous étions les deux Québécois inséparables qui avaient besoin l'un de l'autre. Mais à force de passer tout notre temps ensemble – nous dormions dans la même chambre dans des lits super-posés – nous avions tous deux fini par éprouver le besoin de prendre un peu l'air. Et c'était tout à fait normal. Peu à peu, notre relation à Seminole a donc tranquillement évolué. Et nous sommes davantage devenus des coéquipiers qui habitaient ensemble plutôt que deux gars se sentant obligés de passer tout leur temps ensemble.

Comme elle savait que j'avais du mal à m'adapter, ma mère n'a jamais protesté ou tenté de limiter le nombre d'appels que je pouvais effectuer dans une semaine. Elle voulait m'aider à surmonter cet obstacle et à réaliser mon rêve. Mais en même temps, elle avait peine à joindre les deux bouts. Mon père avait quitté le domicile familial et avec un salaire de serveuse de restaurant, ma mère ne parvenait pas à acquitter les frais d'hypothèque et toutes les dépenses reliées à la maison.

Elle a éventuellement fini par faire une faillite personnelle et par perdre la maison. En mon for intérieur, je me suis toujours considéré comme le principal responsable de cet événement, que je n'ai pu corriger que plusieurs années plus tard.

Au début du mois de novembre 1994, j'en avais ras le bol de Seminole. Ou plutôt, je m'ennuyais à mourir du Québec et des miens. Je suis donc allé cogner à la porte de Lloyd Simmons pour lui annoncer que je quittais le programme et que je rentrais à la maison.

Il a écouté mon petit boniment sans broncher. Puis il a répondu d'une voix calme et assurée :

— J'ai payé pour te faire venir ici et pour t'offrir une bourse d'études. Je ne vais certainement pas dépenser d'argent pour t'offrir un billet d'avion et te renvoyer chez toi.

Dans leur situation, mes parents n'avaient pas les moyens de me payer un billet de retour. Je n'avais aucun autre choix. J'ai donc continué à ronger mon frein et à chercher refuge dans l'entraînement.

J'avais déjà été repêché une fois et, plus que jamais, je savais quoi faire pour que ça survienne à nouveau. Des fois, je me disais que j'allais tout miser sur cette seule et unique saison. C'était tout ou rien. Si je n'étais pas repêché en 1995, j'allais probablement devoir passer les trois ou quatre années suivantes à l'école. Peut-être même dans ce collège. Alors, j'ai décidé de m'entraîner le plus possible dans l'espoir de sortir de là au plus sacrant.

De temps en temps, le découragement reprenait toutefois le dessus. Je suis allé voir Coach Z en quelques autres occasions pour lui signifier que je voulais rentrer à Montréal. Mais sa réponse était toujours la même :

— Je ne te renverrai pas chez toi.

À l'approche de Noël, mon vœu a fini par être exaucé. Tous les joueurs rentraient chez eux pour célébrer les Fêtes, et le coach Simmons nous a demandé de revenir au collège au plus tard le 5 janvier afin de peaufiner notre préparation pour la saison 1995.

Je me revois encore, assis à bord de l'avion qui me ramenait d'Oklahoma City à Montréal. J'avais cogité sur le sujet durant des mois. Il était clair dans ma tête que je n'allais jamais retourner à Seminole.

Boisjoly était sur la Rive-Sud avec sa famille et moi, j'étais à Mascouche avec ma mère et mon frère. Éric et moi ne nous sommes pas parlé durant toutes les vacances. Et le 5 janvier, mon *roommate* était de retour à Seminole, prêt à entamer la saison.

Le 12 janvier, je n'étais pas encore revenu au collège. L'entraîneur allait constamment voir Boisjoly pour tenter de savoir ce qui se passait.

— Il est où, ton chum ? Comment se fait-il qu'il ne soit pas encore revenu ?

Éric savait que j'avais traversé plusieurs périodes difficiles durant la session d'automne. Il était convaincu je ne n'allais pas revenir pour disputer la saison, mais il ne savait pas quoi répondre à l'entraîneur parce qu'il ne m'avait pas parlé.

Entre eux, les joueurs de l'équipe parlaient de mon retard et de mon absence non motivée. Et considérant la sévérité légendaire du Coach Z, ils se disaient que si je daignais remettre les pieds à Seminole, ils allaient assister à un véritable feu d'artifices.

Je me suis finalement présenté à Seminole le 13 janvier. Et je n'ai jamais été puni.

Coach Simmons avait une bonne idée de ce qui se passait au sein de ma famille. Et de tous les membres de notre équipe, il était l'un de ceux qui savaient le plus à quel point j'avais éprouvé des difficultés d'adaptation au cours de la session d'automne.

Incapable de me joindre au domicile familial, il avait fini par contacter Flavio Prata et il lui avait expliqué que je ne m'étais pas rapporté à Seminole à la date convenue. Flavio m'avait ensuite téléphoné, et il m'avait demandé de rappeler Coach Z afin de clarifier la situation.

Quand il m'a enfin eu au bout du fil, l'entraîneur m'a convaincu de retourner au collège et de terminer ce que j'avais commencé.

Le coach Simmons était vraiment une bonne personne. J'ai trouvé très difficile l'année que j'ai passée à Seminole. Plus tard, avec le recul, je me suis cependant rendu compte que c'est à cet endroit que ma vie avait vraiment tourné de bord. J'y ai acquis une discipline que j'ai encore aujourd'hui et sans laquelle je n'aurais sans doute jamais connu autant de succès.

Quand je suis retourné à Seminole en janvier 1995, je l'ai fait en me disant que si je parvenais à passer à travers cette année-là, j'allais pouvoir franchir n'importe quel autre obstacle dans la vie. Et aujourd'hui, je sais que je ne serais sans doute jamais devenu un baseballeur professionnel si les portes de Seminole ne s'étaient pas miraculeusement ouvertes devant moi et si je ne m'y étais pas accroché.

Ma carrière au baseball est maintenant terminée mais je m'entraîne encore quotidiennement et avec beaucoup d'ardeur. Et parfois, au gymnase, j'ai encore l'impression d'entendre Coach Z me crier que je dois travailler encore plus fort...

Pour la petite histoire, je dois dire que nous, les Trojans de Seminole, avons connu une saison extraordinaire durant l'hiver 1995. Une autre saison à la hauteur des attentes et de la réputation du coach Simmons.

En mars, alors que nos séries éliminatoires approchaient à grands pas, Baseball-Canada avait élaboré la liste de joueurs que la fédération souhaitait inviter au camp d'entraînement de l'équipe nationale senior.

Les Jeux olympiques d'Atlanta allaient avoir lieu l'année suivante et le baseball allait figurer au programme officiel pour la deuxième fois. Le grand tournoi des qualifications olympiques allait donc être disputé dans quelques mois plus tard, durant l'été 1995.

Un bon matin, Éric Boisjoly m'a appris qu'il venait de recevoir sa lettre d'invitation pour le camp d'entraînement. Je n'avais rien reçu. Puis en arrivant au terrain pour l'entraînement, nous avons appris que Clint Lawrence – le grand gaucher athlétique – avait aussi reçu la sienne.

En tout, quatre ou cinq Canadiens évoluaient au sein des deux équipes de Seminole : le Junior Varsity Team et le Varsity Team. Et en poussant l'enquête un peu plus loin, nous nous sommes rendu compte que tous avaient reçu une invitation, sauf moi.

Richard Émond avait été nommé assistant au gérant de l'équipe nationale, Jim Baba. Je n'ai pas mis de temps à conclure que deux et deux faisaient quatre et que mon renvoi de l'ABC avait laissé une tache noire dans mon dossier. Cette tache, de toute évidence, s'était répandue jusqu'aux officines de la Fédération canadienne.

J'avais fait partie de l'équipe canadienne junior au cours des deux années précédentes et j'avais offert un bon rendement à chaque fois. Comment pouvait-on me priver d'une chance de me faire valoir au camp d'entraînement de l'équipe senior ? Comment pouvait-on inviter des gars qui évoluaient au sein du JV Team de Seminole et m'ignorer malgré tous les efforts que je déployais à Seminole pour devenir encore meilleur ?

J'étais déçu, furieux et ébranlé par la tournure des événements. Allais-je être étiqueté comme un indésirable par Baseball-Canada durant le reste de ma vie parce que l'ABC avait statué que j'étais un adolescent indiscipliné ? Le baseball est un petit milieu où tout le monde se connaît. Cette tache à mon dossier allait-elle refroidir des recruteurs et les convaincre de ne pas me repêcher ?

En apprenant ce qui se passait, Lloyd Simmons avait simplement dit :

— Je vais m'occuper de ça.

Et le lendemain ou le surlendemain, j'avais reçu mon invitation pour le camp d'entraînement de l'équipe canadienne. J'imagine que Coach Z avait pris le téléphone et qu'il avait discuté avec des gens de Baseball-Canada pour leur expliquer qu'il s'agissait à la fois d'une erreur et d'une injustice.

Quoi qu'il en soit, sa démarche avait fonctionné. Il ne restait plus qu'à voir si les dirigeants de l'équipe canadienne allaient m'accorder une vraie chance à ce camp. En tous cas, j'allais avoir l'occasion de leur montrer ce que je savais faire.

La saison 1995 des Trojans de Seminole a pris fin sur la plus grande scène qui puisse être atteinte par une équipe de baseball collégiale : nous nous sommes qualifiés pour les Junior College World Series, qui étaient disputées à Grand Junction, au Colorado.

Nous n'avons toutefois pas été en mesure de remporter le tournoi.

Durant ses 27 saisons à la barre des Trojans, Lloyd Simmons a mené son équipe jusqu'à ce grand tournoi national à 13 reprises.

Et ironiquement, même si aucun entraîneur n'a remporté plus de matchs que lui dans l'histoire du baseball collégial américain, il s'est incliné en grande finale en quatre occasions et n'a jamais pu réaliser son rêve de remporter le titre.

Il est sans doute la personne qui a exercé le plus d'influence sur le déroulement de ma vie.

CHAPITRE 5

Un dépisteur, une poignée de main

Il s'est passé quelque chose d'étrange à la fin de mon séjour à Seminole. Alors que je m'attendais à être convoité par plusieurs organisations et à me faire sélectionner assez tôt au repêchage de 1995, toutes les équipes m'ont ignoré.

Comment cela pouvait-il être possible?

Je venais de passer la saison au sein d'un excellent programme de baseball, sous la férule d'un entraîneur qui m'avait inculqué des habitudes de travail solides et qui avait fait de moi un athlète plus complet et, surtout, un bien meilleur lanceur. J'avais compilé une fiche de 11-2 et une moyenne de points mérités de 3,02. Et j'avais obtenu près de trois retraits sur des prises pour chaque but sur balles accordé.

Comment avait-on pu me repêcher en 1994 et totalement m'ignorer l'année suivante, alors que je m'étais très nettement amélioré?

Je n'en revenais pas.

J'avais passé toute l'année à côtoyer et à affronter des joueurs qui avaient été repêchés au cours des dix ou douze premières rondes et, en toute sincérité, j'avais trouvé que très peu d'entre eux m'étaient supérieurs. La situation me semblait invraisemblable. Tout le plan que j'avais échafaudé (être sélectionné assez rapidement, quitter les études et faire le saut chez les professionnels) avait été réduit à néant en l'espace de quelques heures, durant le grand encan amateur de la Major League Baseball.

Dès mon retour à Montréal j'ai donc rejoint mon équipe junior, le Royal de Repentigny, en me fixant comme objectif de mériter un poste au sein de l'équipe du Canada. À défaut de pouvoir accéder aux rangs professionnels, j'allais au moins essayer de participer aux Jeux olympiques…

Pour mon premier départ avec le Royal, cinq ou six dépisteurs québécois représentant des organisations des ligues majeures s'étaient donné rendez-vous. Certains d'entre eux étaient particulièrement curieux de voir si mon séjour aux États-Unis avait été bénéfique.

Parmi ce groupe de dépisteurs, il y avait notamment mon ancien entraîneur Alex Agostino (qui faisait depuis peu du recrutement pour les Expos). Il y avait aussi Robert Isabelle des Braves d'Atlanta et Claude Pelletier, des Dodgers de Los Angeles.

L'information ne circulait pas facilement à cette époque. Les recruteurs ne pouvaient puiser leurs informations sur Internet. Ils ne pouvaient non plus s'échanger de courriels ou de messages textes. Et la téléphonie mobile ne faisait pas encore partie des mœurs.

Pour suivre la progression d'un joueur évoluant à l'extérieur de leur territoire, chacun devait donc s'en remettre au système de recrutement de son organisation et à ses collègues responsables des autres territoires.

Au cours de l'hiver, Claude Pelletier avait pris la peine de téléphoner à Lloyd Simmons afin de prendre de mes nouvelles. Mais selon Pelletier, Lloyd était resté très vague. Trop vague à son goût. Et le recruteur québécois des Dodgers était resté sur l'impression que mon entraîneur tentait peut-être de me « cacher », afin de pouvoir me garder à Seminole pour une deuxième saison.

Pelletier avait aussi pris la peine de téléphoner au directeur du recrutement des Dodgers pour lui demander de me suivre à Seminole.

— Éric Gagné est un lanceur du Québec que j'aime bien. Est-il possible d'envoyer quelqu'un le voir jouer et de me faire parvenir des rapports à son sujet ? avait-il demandé.

Il n'avait finalement jamais reçu de rapport.

Chez les Expos, Alex Agostino avait fait exactement le même genre de démarches. Il avait envoyé un rapport à son collègue chargé de superviser le territoire de l'Oklahoma et ce dernier lui avait répondu :

— Nous avons de la difficulté à obtenir, de la part de l'entraîneur de Seminole, les dates où Éric Gagné sera appelé à lancer. En plus, il paraît que Gagné exigerait une somme faramineuse pour quitter ses études s'il était sélectionné…

Agostino en était donc venu à la conclusion, lui aussi, que coach Simmons n'avait peut-être pas remué ciel et terre pour accroître ma visibilité en vue du repêchage.

Lors de ce premier match à Repentigny donc, Claude Pelletier a constaté que j'avais pris du coffre et que ma balle rapide filait autour de 92-93 milles à l'heure, soit deux ou trois milles à l'heure de plus que la saison précédente. Il était toutefois un peu déçu de constater que je n'avais pas encore développé de changement de vitesse ni de balle courbe, et que je misais encore sur une balle glissante, un lancer qui provoque souvent des blessures au coude.

Après ce match, Pelletier a téléphoné au directeur du recrutement des Dodgers, Terry Reynolds, pour lui faire part de ce qu'il avait observé.

— Écoute, Terry, c'est peut-être un *long shot*, mais j'ai vu les jeunes de notre organisation au camp d'entraînement et j'ai vu ceux qui ont participé à la Ligue d'instruction l'automne dernier. À mon avis, plusieurs d'entre eux sont moins bons qu'Éric Gagné…

Reynolds était perplexe.

— Claude, on parle ici d'un joueur que toutes les équipes du baseball majeur viennent d'ignorer au repêchage. Je ne remets pas en question tes connaissances ou ton évaluation mais il y a quelque chose d'étrange là-dedans.

— Les lanceurs canadiens lancent beaucoup moins que les lanceurs américains. Gagné a un bon bras et en jouant davantage, il ne peut que s'améliorer. J'aimerais vraiment obtenir une deuxième opinion à propos de ce joueur. Est-ce que tu serais d'accord pour envoyer un autre recruteur le voir lancer ? a demandé Pelletier.

— Aucun problème ! a répondu le directeur du recrutement des Dodgers.

Claude Pelletier avait emprunté un chemin bien particulier pour devenir dépisteur dans le baseball majeur. Il n'était pas un « homme de baseball » dans le sens classique du terme. Mais il était respecté au sein de l'organisation des Dodgers. Et lorsqu'il faisait des recommandations, ses patrons prenaient la peine de l'écouter.

Grand amateur de baseball, Pelletier faisait auparavant carrière dans un secteur manufacturier relié à l'industrie minière. Il était basé en Abitibi mais son travail l'emmenait à voyager un peu partout au Canada. Et pour assouvir sa passion envers le baseball, il avait pris l'habitude de faire coïncider ses vacances avec le camp d'entraînement des Dodgers, auquel il assistait à tous les printemps à Vero Beach.

Au fil des ans, il s'était lié d'amitié avec Ron Perranoski, l'entraîneur responsable des lanceurs des Dodgers. Et le soir, les deux hommes prenaient souvent un verre ensemble. Ils passaient des heures et des heures à discuter boulot ou baseball.

À un certain moment, au milieu des années 1980, Perranoski avait suggéré à Pelletier de proposer ses services aux Dodgers à titre de recruteur canadien.

— Tu voyages aux quatre coins du pays et quand ta journée de travail est complétée, tu n'as pas grand-chose à faire de tes soirées. Ça pourrait être une façon de joindre l'utile à l'agréable, avait suggéré Perranoski.

Il y a 25 ans, bien peu de joueurs canadiens accédaient au baseball majeur. Mais le directeur du recrutement des Dodgers à cette époque, Ben Wade, s'était quand même laissé convaincre par Pelletier de tenter l'expérience et de sonder davantage ce vaste territoire.

— Nous n'allons pas t'envoyer à l'école de recrutement pour te faire apprendre le métier, avait toutefois précisé Wade. Nous allons t'impliquer. Tu participeras au plus grand nombre de réunions possible avec nous et tu assisteras au camp d'entraînement tous les ans. Je veux que tu apprennes à reconnaître le type de joueurs que les Dodgers recherchent et non pas le type de joueurs qui intéresse les autres organisations.

C'est dans ces circonstances que Pelletier avait été embauché par les Dodgers en 1987. Il abordait donc la très inexacte science du recrutement avec beaucoup d'humilité. Il ne prétendait pas tout connaître, mais il prenait des notes.

Un an seulement après son embauche, Pelletier avait attiré l'attention au sein de l'organisation en orchestrant l'embauche du voltigeur québécois Marc Griffin.

— Nous avons ici un voltigeur qui est pas mal bon. Je pense qu'il vaudrait la peine qu'on lui offre un contrat, avait-il plaidé auprès de son superviseur, Dick Teed.

— Il est bon comment ? avait demandé Teed.

— Je ne peux pas te dire à quel point il est bon, avait rétorqué Pelletier. Mais je peux te dire qu'il est largement supérieur à tous les autres joueurs que je vois ici !

Quand les superviseurs des Dodgers avaient débarqué à Montréal pour évaluer Griffin, ils avaient découvert un joueur dont la vitesse et la force du bras étaient nettement au-dessus de la moyenne des joueurs des majeures.

Parce qu'il possédait deux des cinq qualités recherchées chez un joueur étoile, Griffin était donc l'équivalent d'un choix de première ronde aux yeux des dirigeants des Dodgers.

Ces derniers lui avaient donc consenti un contrat de 85 000 $, ce qui était énorme à l'époque. Pour un joueur québécois, cela ne s'était jamais vu. Et c'était le propriétaire des Dodgers, Walter O'Malley, qui avait personnellement donné son accord pour conclure l'entente et battre l'offre de Claude Brochu, des Expos.

Griffin est finalement devenu un joueur fort populaire au sein du réseau des ligues mineures des Dodgers. Il a atteint le niveau AA et, n'eût été de ses difficultés en attaque lorsqu'il a atteint ce palier, il aurait fait carrière dans les majeures.

Grâce à l'embauche de Griffin, Pelletier avait donc rapidement gagné beaucoup de crédibilité au sein de l'organisation. Il avait démontré qu'il pouvait reconnaître le talent et dénicher des joueurs. Sa crédibilité a contribué à m'ouvrir bien des portes quelques années plus tard.

Dans l'univers des dépisteurs, Claude Pelletier détonait aussi par sa prestance. En effet, même s'il est essentiel à la réussite d'une équipe professionnelle, le métier de recruteur dans le monde du baseball a toujours été assez mal payé.

Mais Pelletier avait très bien gagné sa vie dans l'industrie minière et il faisait du recrutement afin d'assouvir sa passion pour le baseball, et non pour joindre les deux bouts. Les autres recruteurs sursautaient toujours un peu lorsqu'ils le voyaient arriver dans le stationnement d'un stade au volant de sa rutilante Mercedes noire. Il était toujours bien vêtu, presque tiré à quatre épingles. De l'extérieur, il avait davantage l'air d'un cadre supérieur des Dodgers que d'un simple soldat.

Peu de temps après que Pelletier eut vanté mes mérites auprès de son supérieur (et bénéficié d'une oreille favorable), je me suis joint à l'équipe canadienne, avec laquelle j'ai vécu un été extrêmement enrichissant... et parfois rocambolesque.

Nous étions quatre joueurs québécois au sein de cette équipe. Il y avait d'abord Dominic Campeau, mon meilleur ami. Originaire du quartier Hochelaga-Maisonneuve à Montréal, Dominic était notre receveur et nous l'avions surnommé « Bo » – une référence à Bo Jackson – en raison de son physique « statuesque ».

Bo avait pris soin de moi du début à la fin de notre séjour avec l'équipe nationale. Comme les *per diem* qu'on nous versait n'étaient pas suffisants pour assurer notre subsistance, il partageait constamment avec moi l'argent de poche que sa mère lui faisait parvenir, ce qui me permettait de tenir le coup.

Les deux autres Québécois de l'équipe étaient Benoît Eudes, un grand lanceur gaucher de Laval, et Yan Lagrandeur, un droitier originaire de l'Estrie et qui a plus tard signé un contrat avec l'organisation des Braves d'Atlanta.

Nous avions d'abord rejoint l'équipe à Windsor (Ontario), où nous nous étions entraînés pendant quelques semaines. Nous nous étions ensuite rendus en Floride afin d'y affronter les équipes nationales des États-Unis, du Venezuela et de quelques autres pays. Et après notre séjour en Floride, nous étions revenus au Canada pour la phase finale de notre préparation en vue des qualifications olympiques.

Cette phase finale consistait en une vaste tournée pancanadienne qui restera longtemps inscrite dans ma mémoire.

Pour accroître la visibilité de leur programme national, les dirigeants de Baseball-Canada avaient eu l'idée de nous faire disputer des matchs préparatoires dans la plupart des régions du pays. Nous avions ainsi parcouru le Canada en autobus, d'est en ouest, jusqu'à Kelowna, en Colombie-Britannique.

La destination finale de cet été de nomades était Edmonton, où allait être disputé le tournoi de qualification olympique.

À chaque jour, nous montions à bord de l'autobus à l'aurore et nous mettions le cap sur une nouvelle destination. Et chaque nouvelle ville apportait son lot de surprises.

En certaines occasions, nous avons affronté des équipes de balle-molle auxquelles nous devions prêter quelques-uns de nos lanceurs, sans quoi il n'y aurait pas eu de match. Même qu'à un certain moment, nous avons affronté une équipe qui était en partie composée de filles.

À Winnipeg, notre match avait eu lieu sur un terrain de football ceinturé de clôtures temporaires. Et la clôture du champ gauche était située à environ 260 pieds du marbre, ce qui avait donné lieu à un véritable festival de coups de circuit. Puis à Red Deer, nous avons joué contre une équipe qui, visiblement, avait distribué des uniformes à trois ou quatre types, à la hâte, afin de pouvoir compléter un aligne-ment. Il nous est aussi arrivé de débarquer dans une ville et de décou-vrir que l'équipe adverse n'était composée que de quatre ou cinq joueurs. Nous avons alors séparé notre équipe en deux et joué les uns contre les autres.

Nous avons bien sûr affronté plusieurs équipes de fort calibre en cours de route. En Saskatchewan, notamment. Mais dans certains cas, c'était assez «broche à foin», disons qu'on avait vu mieux comme préparation en vue d'un grand tournoi international. En fait, il s'agis-sait davantage d'une tournée promotionnelle que d'une tournée préparatoire.

Malgré cela, nous avons assez bien représenté notre pays au tournoi de qualifications olympiques. Nous avons toutefois raté l'objectif en nous inclinant en demi-finale contre le Nicaragua. Une victoire dans ce match aurait confirmé notre présence aux Jeux d'Atlanta.

Le choix du lanceur partant pour cette rencontre décisive avait d'ail-leurs provoqué des remous au sein de notre personnel d'entraîneurs.

Richard Émond, qui m'avait pourtant expulsé de l'ABC l'année précédente, plaidait auprès du gérant Jim Baba et de l'entraîneur des lanceurs, Greg Hamilton, qu'il fallait me confier la balle contre le Nicaragua.

Émond était devenu l'un de mes plus fidèles supporters parce que dans le rôle de releveur numéro un, je n'avais accordé aucun point durant tout l'été.

— Gagné est jeune, il manque d'expérience, avait justifié Baba.

— Je m'en crisse qu'il soit jeune! C'est notre meilleur lanceur! arguait Émond.

— Tu veux faire lancer Gagné parce qu'il est Québécois, avait rétorqué Baba.

— Je ne défends pas un Québécois, hostie, je dis qu'il est notre meilleur lanceur!

Finalement, Baba et Hamilton avaient misé sur un lanceur d'Ottawa, un certain O'Connor. Ce dernier était un vétéran de longue date de l'équipe nationale et, en lui confiant cet important départ, les entraîneurs voulaient récompenser son engagement envers le programme.

Je n'étais pas au courant de ces tractations à l'époque. Finalement, au grand dam de Richard Émond, nous avons perdu le match au compte de 11 à 9.

En coulisse, cette tournée canadienne avait aussi donné lieu à toutes sortes de démêlés entourant la signature de mon premier contrat professionnel.

Au début de ce périple, l'équipe nationale disputait un match à North Bay, en Ontario. Et cette rencontre avait été organisée par les Blue Jays de Toronto, dont la plupart des recruteurs étaient sur place.

Il pleuvait ce soir-là, et les chercheurs de talent des Blue Jays ont dû donner un sérieux coup de main à l'équipe de préposés au terrain afin que le match puisse être disputé. Le personnel de l'organisation torontoise n'a donc pas eu autant de temps que d'habitude pour évaluer les joueurs.

Claude Pelletier, lui, était bien installé dans les gradins…

Après le match, il m'a demandé de passer le voir à sa chambre d'hôtel. Pelletier séjournait au même endroit que l'équipe, au Pinewood Hotel.

— Éric, tu as maintenant 19 ans et j'ai une chance de te faire signer un contrat professionnel. Il est temps que tu fasses le saut et je te conseille de ne pas attendre trop longtemps pour le faire. Tu es arrivé à cette étape, c'est le moment.

Le dépisteur des Dodgers m'a ensuite offert un boni de signature de 25 000 $. Même si je n'avais jamais négocié de ma vie, une réponse est sortie de ma bouche tout à fait spontanément:

— T'es pas mal gratteux !

Nous nous sommes quittés là-dessus en nous promettant d'en reparler le lendemain, avant que l'équipe quitte North Bay.

Je suis retourné à ma chambre et j'ai téléphoné à mon père pour lui annoncer la nouvelle. Mon père, qui aimait beaucoup Claude Pelletier, me recommandait de signer sur-le-champ. Il craignait que je perde une chance unique de graduer chez les professionnels.

J'en ai aussi parlé avec Dominic Campeau, qui était mon cochambreur. Tout comme moi, Bo trouvait que l'offre était trop basse.

J'avais entendu dire que l'un de mes anciens coéquipiers au sein de l'équipe nationale junior, Ryan Dempster, venait d'obtenir un boni de signature de 75 000 $ ou 100 000 $ de la part des Rangers du Texas. Or Dempster avait été un choix de troisième ronde et j'estimais que lui et moi étions des lanceurs de niveau comparable.

Le lendemain matin, je suis donc retourné voir Claude Pelletier avec une contre-proposition.

— J'ai réfléchi à ton offre. Voici ma position : je veux 100 000 $. Cent mille piastres *cash* ! Je ne veux pas que les Dodgers paient mes études ou quelque chose du genre. Je veux 100 000 $, point à la ligne.

Pendant un court moment, il a semblé désarçonné par ma demande.

— C'est un peu fort, mais nous allons travailler là-dessus, a-t-il répondu après une brève pause. À 25 000 $, nous savons qu'il n'y aura pas d'entente. Et je sais que mes patrons ne voudront pas débourser 100 000 $. À 50 000 $, je ne sais pas quelle sera leur réponse. Je vais poser des questions et te revenir là-dessus.

Juste avant que l'autobus de l'équipe mette le cap sur l'Ouest canadien, nous nous sommes revus une dernière fois. Claude avait reparlé à son patron et ce dernier lui avait dégagé un budget de 75 000 $.

— À 75 000 $, pouvons-nous considérer que nous avons une entente ? m'a-t-il demandé.

J'ai répondu par l'affirmative.

— Éric, vous partez vers l'Ouest et je ne te reverrai pas avant un mois. Je veux que ce soit clair entre nous, a-t-il tenu à préciser. J'ai un collègue qui ira te voir lancer sous peu. Et s'il donne son accord, nous aurons le feu vert pour signer un contrat. Si tout se passe comme prévu, est-ce que tu signeras pour 75 000 $?

— Oui, on signe, ai-je répondu.

Et nous nous sommes serré la main.

Je suis alors monté à bord de l'autobus et nous avons mis le cap sur Calgary. C'est dans cette ville que Eddie Bane, le superviseur qu'avait réclamé Claude Pelletier afin d'obtenir une deuxième opinion, est venu me voir lancer. En raison du décalage, Bane a téléphoné à Pelletier à 3 h du matin pour lui faire son rapport.

— Il faut qu'on fasse signer ce Gagné au plus sacrant parce qu'il y a déjà d'autres équipes qui rôdent autour! a-t-il annoncé.

Le verdict de Pelletier venait d'être confirmé. Bane avait été conquis à un point tel qu'il craignait que les Blue Jays se manifestent avant les Dodgers.

Quelques heures plus tard, Terry Reynolds a téléphoné à Pelletier pour le féliciter d'avoir eu autant de flair.

— *Congratulations, Claude! We're going to sign the kid!* a-t-il annoncé.

Lorsqu'un recruteur recommande un joueur à ses supérieurs et que cette recommandation se termine par une signature de contrat, il s'agit toujours d'un moment très spécial pour celui qui a initié la démarche. Les chercheurs de talent doivent souvent travailler pendant plusieurs années avant de dénicher un seul joueur susceptible d'atteindre les grandes ligues.

Et quand un jeune espoir parvient à se frayer un chemin jusqu'au sommet, l'exploit est à tout jamais inscrit dans le palmarès du recruteur. Dans les notes biographiques des joueurs, cette information est d'ailleurs toujours spécifiée et mise en valeur: «Untel a été mis sous contrat en telle année par le recruteur X.»

Et lorsqu'un dépisteur prend sa retraite, des décennies de carrière et des millions de kilomètres parcourus sont souvent résumés en quelques lignes: «Au cours de sa carrière, le recruteur X a notamment mis sous contrat les sept joueurs suivants…»

À la demande de Claude Pelletier, le patron du département de recrutement des Dodgers a ensuite mandaté Jim Chapman, son représentant en Colombie-Britannique, pour rejoindre l'équipe canadienne à Kelowna et me faire signer mon contrat au plus sacrant. Pelletier préférait que ce soit Chapman qui me fasse signer plutôt qu'un dépisteur américain. Chapman me connaissait et il connaissait mon histoire.

Nous étions à Kelowna pour y disputer un tournoi assez important. Le tournoi de qualifications olympiques – qui allait avoir lieu à Edmonton – était prévu dans les jours suivants.

Jim Chapman avait pris rendez-vous avec moi dès notre arrivée à Kelowna et nous avions convenu de nous rencontrer à son hôtel immédiatement après l'un de nos matchs.

Toutefois, je ne voulais pas être seul pour discuter des détails de ce contrat. Et le seul adulte bilingue que je connaissais dans l'entourage de l'équipe nationale était Richard Émond, avec qui j'avais assez peu de contacts.

Durant les matchs, Émond était l'instructeur au troisième but. Il supervisait aussi les joueurs de position. À titre de lanceur, je ne faisais presque jamais affaire avec lui.

Comme nous avions eu nos différends dans le passé, lui et moi restions assez distants. Par contre, je ne ressentais aucune tension entre nous depuis que nous avions été réunis au sein de l'équipe canadienne. Peut-être avait-il remarqué que j'avais gagné en maturité durant mon séjour à Seminole…

— Hey, Skip, est-ce que je pourrais te parler seul à seul ? lui ai-je demandé.

— Certainement, mon vieux, a répondu Richard.

Il était convaincu que je voulais régler une fois pour toutes les circonstances qui avaient menées à mon expulsion de l'ABC. Mais il n'en était rien.

— Les Dodgers veulent me faire signer un contrat.

— Câline, c'est une grosse organisation ! Quand prévois-tu signer ?

— Ce soir.

— Ce soir ?

— Oui.

— Voyons, Éric ! On approche d'une très grosse compétition internationale. Ce n'est peut-être pas le moment idéal pour signer un contrat professionnel.

Je lui ai expliqué que j'avais un rendez-vous après le match et que je voulais qu'il m'accompagne pour faciliter la transaction. Malgré l'année que j'avais passée en Oklahoma, je ne m'estimais pas suffisamment à l'aise en anglais pour finaliser seul une transaction de cette importance.

Richard, lui, ignorait que je m'étais formellement engagé à signer auprès de Claude Pelletier. Et compte tenu de ce qu'il me disait, je commençais sérieusement à me demander dans quoi je m'étais embarqué.

— Ça va me faire plaisir de t'aider. Éric. Mais est-ce que tu es vraiment certain de vouloir signer ce soir ? Nous sommes en tournoi présentement et il y a un paquet de dépisteurs dans les gradins. On s'en va ensuite aux qualifications olympiques à Edmonton. Toutes les équipes des majeures vont être là. Il y a sûrement quelqu'un d'autre qui va te faire une offre. Il me semble que ce serait plus sage d'attendre et de voir si quelqu'un te fera une meilleure offre.

Voyant que je n'étais plus sûr de mon affaire, Richard a proposé que l'on demande à Greg Hamilton, notre entraîneur responsable des lanceurs, ce qu'il en pensait.

Hamilton en a parlé à Jim Baba et tous les entraîneurs se sont mis à me dire que je devais attendre avant de signer. Nous étions à la veille de disputer nos matchs les plus importants et je n'avais pas accordé un seul point depuis le début de l'été. Émond voulait que j'attende parce qu'il voulait m'aider à obtenir plus d'argent. Mais Baba et Hamilton avaient d'autres motivations. Ils craignaient surtout que je rejoigne l'organisation des Dodgers avant les qualifications olympiques.

Lorsqu'il a su que j'étais sur le point de signer avec les Los Angeles, Richard Émond en a aussi profité pour prévenir Alex Agostino. Le recruteur des Expos a immédiatement appelé son patron, Fred Ferreira, pour lui annoncer ce qui se tramait. Ferreira, qui était responsable du recrutement international chez les Expos, devait justement assister aux qualifications olympiques.

— Nous avons un budget de 10 000 $ pour cette signature, avait répondu Ferreira.

— Dans ce cas, Fred, je ne rappellerai même pas Gagné. Les Dodgers lui ont offert 75 000 $. Nous n'avons aucune chance, avait rétorqué Agostino.

— Fais ce que tu veux.

Déçu de voir son organisation démontrer si peu d'intérêt envers le talent québécois, Agostino avait rappelé Émond pour lui faire savoir que les Expos n'avaient pas l'intention de bouger.

— S'il te plaît, dis à Éric de signer avec les Dodgers et de ne pas attendre après les Expos parce que ça n'aboutira nulle part. Dis-lui de signer.

Immédiatement après le match, Richard Émond et moi nous sommes donc présentés au rendez-vous fixé avec Jim Chapman.

Avant de franchir les portes de l'hôtel, Richard y est allé d'une dernière mise en garde.

— Écoute, Éric, tu ne signes pas. On va aller là-haut et tu ne signes pas. Nous allons écouter, je vais traduire ce que Chapman va dire mais tu diras que tu ne veux pas signer le contrat et que tu préfères attendre. Es-tu d'accord avec ça ?

— Euh, oui…

Peu après nous avoir accueillis dans sa chambre, Chapman a posé le contrat des Dodgers et un stylo sur la table.

— Il ne veut pas signer le contrat, a alors annoncé Richard avec son fort accent québécois.

Chapman était furieux.

— Comment ça, il ne veut pas signer ? Et quel est ton rôle au juste ? Es-tu son agent ?

— Nous sommes sur le point de jouer dans le tournoi de qualification olympique et Éric estime que ce serait préférable d'attendre, a répondu Émond.

— C'est pas sérieux ! On ne peut pas négocier de cette manière ! Comment Éric peut-il se présenter ici et dire qu'il ne veut pas signer alors qu'il a promis à Claude Pelletier qu'il allait le faire si nous lui obtenions le montant qui avait été convenu ?

Pour Émond, le chat venait de sortir du sac. J'avais bel et bien promis que j'allais signer ce contrat. Mais j'étais ébranlé par la manière dont les entraîneurs de l'équipe canadienne m'avaient présenté la situation. Je me demandais si je ne m'étais pas commis trop rapidement et si mon empressement et ma naïveté allaient effectivement me faire perdre une grosse somme.

Depuis le début, je voulais signer ce contrat et j'avais seulement demandé à Richard de m'accompagner pour m'assurer que tout ce que j'avais négocié figurait bel et bien dans le document. Mais je me sentais maintenant pris entre deux feux, incapable de déterminer qui, entre mes entraîneurs et les Dodgers, avait raison ou tort.

Richard et moi nous sommes alors mis à discuter en français, en présence de Chapman, pour tenter de clarifier la situation. Et Chapman, même s'il comprenait partiellement ce que nous disions, faisait mine de ne rien saisir.

Ça faisait près de deux heures que nous étions dans la chambre et l'impasse persistait. À bout de patience, le recruteur des Dodgers s'est emparé du téléphone et il a composé le numéro de Claude Pelletier. Après avoir brièvement échangé avec son collègue, il m'a tendu le récepteur.

— Écoute, Éric, quand deux hommes se donnent la main il faut qu'ils se respectent. Si tu es un homme respectueux, tu vas reconnaître que nous nous sommes serré la main en nous disant que nous allions signer ce contrat ensemble, a fait valoir Claude. Nous nous sommes serré la main à North Bay, n'est-ce pas? a-t-il ajouté.

— Oui, ai-je répondu. Signons ce contrat.

Le simple fait d'avoir pu reparler à Claude Pelletier avant de signer m'avait rassuré. Nous avions une bonne relation tous les deux et il m'inspirait confiance.

Je n'ai d'ailleurs jamais regretté d'avoir conclu cette entente avec lui. À compter de cette signature, Claude est en quelque sorte devenu mon ange-gardien au sein de l'organisation des Dodgers. Il s'est d'abord assuré d'ouvrir les bonnes portes afin que ma carrière puisse débuter sur des bases solides. Et puis, il n'a jamais cessé de m'encourager et de me conseiller jusqu'à ce que je finisse par m'établir dans les majeures.

Dès la conclusion de notre entente, Claude s'était donné pour mission de me faire participer aux activités de la Ligue d'instruction (Instructional League) au cours de l'automne.

La Ligue d'instruction n'est pas une ligue de baseball proprement dite. C'est plutôt une sorte de camp automnal qui dure environ trois semaines et qui permet à tous les entraîneurs de l'organisation de se familiariser avec les meilleurs jeunes joueurs qui chemineront au sein du réseau de filiales la saison suivante.

Pour les joueurs, il s'agit aussi d'un précieux stage de perfectionnement. Durant ces trois semaines, tous les matins, les joueurs doivent se présenter sur le terrain dès 7 h 30 pour parfaire différents aspects de leur jeu. Et en fin de journée, ils sont appelés à mettre leurs apprentissages en application dans des matchs.

Ces trois semaines sont assez exigeantes. Elles permettent à la fois aux joueurs de se développer et aux entraîneurs de jauger leurs habitudes de travail. Untel est-il un type agréable à côtoyer ? Est-il travaillant ? Est-ce qu'il se lève en retard le matin ? Et que fait-il de ses soirées ? Se repose-t-il en prévision du lendemain, ou préfère-t-il faire la fête ?

Claude Pelletier tenait donc à me faire connaître auprès de tous les entraîneurs de l'organisation. C'était son plan. Il avait compris que les entraîneurs sont des humains, en ce sens qu'ils préfèrent travailler avec des joueurs qui leur sont familiers et dont ils reconnaissent le potentiel.

Et il s'est bien débrouillé pour mettre son plan à exécution puisque les premiers entraîneurs de l'organisation qui m'ont vu lancer étaient Tommy Lasorda et son entraîneur des lanceurs, Dave Wallace !

Peu de temps après la signature de mon contrat, vers la fin d'août 1995, j'étais toujours à Montréal en attente de mon visa de travail américain. Et les Dodgers s'emmenaient en ville pour disputer une série de trois matchs contre les Expos.

Claude a logé un appel à son patron pour savoir s'il était possible de me faire lancer sur les lignes de côté avant la partie.

— Pas de problème, a-t-il répondu.

Je me suis donc présenté au Stade olympique, où j'ai enfilé un uniforme des Dodgers pour la première fois, avant de lancer sous la supervision de Lasorda et Wallace.

Tous les journalistes affectés à la couverture des Dodgers et des Expos étaient présents. C'était un *stunt* promotionnel parfait. Et Tommy Lasorda, qui possédait un sens inné du spectacle, semblait particulièrement savourer le moment.

— Nous avons ici un futur lanceur des ligues majeures ! s'est-il exclamé lorsque j'ai effectué mes premiers lancers.

Bien des années plus tard, j'ai appris qu'il disait cela de tous les jeunes joueurs qu'il voyait à l'œuvre. Il était ainsi certain de ne jamais se tromper.

À un certain moment, Lasorda s'est adressé à Dave Wallace :

— *Hey Dave! Show this kid how to throw a goddamn curve! This slider's gonna hurt his arm.*

Wallace s'est exécuté et j'ai ensuite lancé une courbe en exécutant du mieux que je le pouvais les consignes qu'il m'avait transmises. Ma courbe était plutôt flottante. Une courbe de débutant qui avait encore beaucoup à apprendre.

Lasorda s'est alors époumoné :

— *Oh Dave! Yo! This kid is learning very quick!*

Les journalistes étaient ravis.

Juste avant cette série de matchs des Dodgers à Montréal, Claude Pelletier avait reçu un message de Charlie Blaine, qui était le directeur du développement des joueurs chez les Dodgers.

« Cette année, nous ne récompenserons que les joueurs qui ont connu une bonne saison au sein de nos différents clubs-écoles. Ce sont les seuls joueurs qui participeront aux activités de la Ligue d'instruction », disait le message.

Immédiatement après ma prestation sur le monticule d'exercice, Claude est donc allé faire un brin de jasette au bureau de Lasorda, dans le vestiaire des visiteurs.

— C'est vraiment dommage, ce message que vient de nous envoyer Charlie Blaine, a-t-il lancé au gérant des Dodgers après avoir échangé quelques politesses.

— De quel message parles-tu ?

Claude lui a expliqué que la politique établie par Blaine allait m'empêcher de participer à la Ligue d'instruction.

— Laisse-moi ça entre les mains, a répondu Lasorda.

Deux jours plus tard, Claude Pelletier recevait un autre message de la part de Charlie Blaine.

« Il y aura une exception en ce qui concerne notre liste de joueurs invités à la Ligue d'instruction. Éric Gagné fera partie du groupe. »

CHAPITRE 6

Un coude, une femme,
les ligues mineures

Le scénario qu'avait imaginé Claude Pelletier s'est déroulé exactement comme prévu.

Après m'avoir vu à l'œuvre dans la Ligue d'instruction à l'automne 1995, les dirigeants des Dodgers m'ont directement assigné aux Sand Gnats de Savannah, leur club-école de la Ligue South Atlantic (calibre A), pour entamer la saison 1996.

Le calendrier de cette ligue comportait 141 matchs. On y retrouvait donc des joueurs qui comptaient une ou deux années d'expérience chez les professionnels. Pour les joueurs de l'organisation des Dodgers, Savannah était en quelque sorte le niveau qui se situait au milieu de la pyramide de développement menant aux les ligues majeures.

Cette saison-là, notre équipe regorgeait de talent. Elle regroupait 10 joueurs qui sont éventuellement parvenus à atteindre le *Show*, et nous avons tout balayé sur notre passage. Cette cuvée de joueurs était de toute évidence exceptionnelle et les responsables du réseau de filiales des Dodgers ont tout mis en œuvre, lors des saisons suivantes, pour favoriser la progression et le développement des membres de notre équipe.

Parmi les joueurs avec lesquels je me suis lié d'amitié à Savannah, il y avait Adrian Beltre, un troisième-but originaire de la République dominicaine qui n'était âgé que de 17 ans, mais dont le fabuleux talent sautait aux yeux.

Beltre était timide et il ne parlait pas beaucoup l'anglais. Dans son regard, je percevais parfois le même isolement que j'avais ressenti quand j'étais arrivé à Seminole, presque au même âge. Il s'agissait peut-être d'un réflexe normal mais j'étais naturellement porté à nouer des liens avec les joueurs qui vivaient des situations semblables à la mienne.

Je me suis lié d'amitié avec un grand nombre de Dominicains au cours de ma carrière. Et plusieurs d'entre eux étaient des joueurs qui éprouvaient de la difficulté à s'intégrer au sein du groupe à cause de la barrière de la langue.

Contrairement à la majorité des organisations de la MLB, les Dodgers investissaient beaucoup d'argent et consacraient beaucoup de ressources au recrutement de joueurs sur la scène internationale. J'ai donc cheminé chez les professionnels en côtoyant des Dominicains, des Mexicains, des Vénézuéliens, des Japonais et même des Australiens.

J'ai adoré vivre au milieu de ce véritable *melting pot*, qui m'a permis de découvrir d'autres horizons et d'autres cultures. Il y avait naturellement des petits groupes ethniques qui se formaient au sein des équipes et j'aimais bien cet environnement. Pour ma part, en tant que Blanc francophone, j'étais pas mal seul sur mon île…

À mon sens, il était normal que les Dominicains, qui éprouvaient souvent des problèmes d'adaptation, se regroupent, vivent ensemble et tentent de s'entraider. Les Québécois ne font-ils pas la même chose au hockey?

Adrian Beltre et moi nous sommes suivis au sein de l'organisation des Dodgers jusqu'aux ligues majeures, où il est devenu un joueur étoile. Il l'est encore aujourd'hui, en fait.

J'ai aussi développé une grande amitié avec Luke Prokopec, un lanceur australien qui s'est également hissé jusqu'aux grandes ligues.

Encore une fois, la situation de Luke ressemblait un peu à la mienne. Il provenait d'un milieu où l'on développait bien peu de joueurs de baseball. Et, par conséquent, il se sentait un peu isolé. Ce qui était comique dans son cas, c'est qu'il était anglophone mais qu'il devait aussi combattre une sorte de barrière linguistique. À cause de son fort accent, peu de gens comprenaient ce qu'il disait!

Prokopec était un vrai bon gars et les choses ont rapidement cliqué entre nous. Nous avons d'ailleurs partagé le même appartement pen-

Je savais à peine marcher quand mon père m'a mis une balle entre les mains pour la première fois. Sous son regard bienveillant, j'ai rapidement été initié à plusieurs sports.

Posant fièrement sur mon premier vélo devant la maison familiale à Mascouche.

Une rare photo de notre petite famille : mon père Richard, ma mère Carole et mon petit frère Dominic. Nos parents étaient assez stricts et nous n'étions ni plus ni moins gâtés que les autres enfants du quartier.

Dans l'uniforme du Royal de Repentigny, à l'époque où j'évoluais au niveau junior élite. Je ne disputais jamais de saison complète avec cette formation, que je quittais en cours de route pour porter les couleurs de l'équipe du Québec et de l'équipe canadienne.

Ce sont mes performances à titre de *closer* d'Équipe Canada qui ont convaincu les Dodgers de Los Angeles de m'accorder mon premier contrat professionnel, au terme d'un été et d'une tournée mémorables.

La très grande liberté dont j'ai bénéficié durant les dernières années de mon secondaire et ma réputation de rebelle ne m'ont pas empêché d'obtenir mon diplôme à Édouard-Montpetit, la seule école au Canada à avoir produit un gagnant du Cy Young et un receveur étoile des ligues majeures.

Mon passage au collège Seminole, en Oklahoma, a été déterminant dans ma vie. Il m'a formé en tant que baseballeur et en tant qu'homme. Je me suis dit que si je réussissais mon passage là-bas, plus rien n'allait pouvoir m'arrêter.

Jim Tracy regardait ses interlocuteurs droit dans les yeux et il dirigeait méticuleusement les Dodgers. Les joueurs le respectaient. Il m'a donné ma première chance à titre de *closer*, ce qui a changé le cours de ma carrière.

Avec notre receveur numéro un, Paul Lo Duca.

Le rôle de releveur numéro un m'a permis d'exploiter ma vraie personnalité. Marcher sur le fil de rasoir qui sépare la victoire de la défaite, l'adrénaline, l'obligation de tout donner. Pour vivre ces moments, je refusais systématiquement de bénéficier de jours de congé.

Posséder le statut de supervedette à Los Angeles, et être reconnu partout, comporte son lot d'avantages et d'inconvénients. J'appréciais le contact avec les partisans de l'équipe. Mais à quelques reprises, j'ai eu besoin du service de sécurité du baseball majeur.

Quand je rejoignais les autres membres de l'enclos des releveurs durant le match, je m'asseyais toujours à cette même place, que la routine avait fini par m'attribuer. Dès que je m'y installais, j'étais rongé par le trac, dans l'attente du coup de fil du gérant.

dant plusieurs années et nous sommes restés colocataires jusqu'à nos premières saisons dans l'uniforme des Dodgers. Il est l'une des personnes qui m'ont le plus aidé à m'adapter à la vie des ligues mineures et à m'y sentir à l'aise.

Lors de cette première année chez les pros à Savannah, Luke et moi vivions avec six autres joueurs dans un appartement de trois chambres. Il y avait deux Vénézuéliens, deux Dominicains, deux Américains, un Australien et un Canadien. Le tiers de notre équipe vivait dans cet appartement!

Il n'y avait cependant aucune stabilité dans cette drôle de maisonnée. Dans les ligues mineures, il y a constamment des joueurs qui se blessent, qui se font rétrograder ou qui graduent d'un niveau à l'autre. Nous avions donc parfois l'impression que notre porte d'entrée était tournante. À chaque fois, ou presque, que les Dodgers assignaient un nouveau joueur à notre équipe, il aboutissait dans notre appartement.

La vie des joueurs des ligues mineures est ainsi faite. Je gagnais environ 450 $ aux deux semaines, avant impôts. Je ne pouvais donc pas me permettre de dépenser 500 $ par mois pour me loger. Mes coéquipiers non plus.

Dans ces conditions, les joueurs se regroupaient. Ils consacraient environ 200 $ chacun à la location d'un appartement et ils louaient quelque chose de plus grand. À huit, cela nous permettait de mieux nous loger.

À l'époque, je ne réalisais pas vraiment la situation dans laquelle nous nous trouvions. J'étais heureux de mon sort. J'avais une chambre que je partageais avec un coéquipier et c'était tout à fait normal dans ce milieu, où nous tentions d'apprendre notre métier et de gravir les échelons.

En fait, cette situation était même plutôt luxueuse par rapport à ce que j'avais connu à mon premier camp d'entraînement à Vero Beach.

À leur complexe d'entraînement, les Dodgers avaient un grand nombre de chambres qui pouvaient accueillir jusqu'à quatre joueurs chacune. Mais comme le réseau des ligues mineures était vaste, il manquait toujours plusieurs dizaines de places pour accueillir tout le monde.

Les plus jeunes joueurs étaient alors logés dans un vestiaire qu'on aménageait en dortoir de fortune. Et nous y dormions sur des lits de camp militaires.

Quand j'y ai séjourné, mes cochambreurs étaient à peu près tous Dominicains. Nous avions une seule télé et nous ne disposions que d'un casier pour ranger tout notre linge pour toute la durée du camp d'entraînement.

À mes yeux, notre appartement de Savannah avait donc des allures d'hôtel quatre étoiles !

Contrairement à mes coéquipiers des Sand Gnats, j'étais une verte recrue en 1996. Et il m'a fallu un certain temps pour m'adapter à ce nouvel environnement.

J'ai entrepris la saison avec plusieurs défaites consécutives. Je lançais vraiment mal. Je commettais des erreurs qui ne pardonnaient pas contre des frappeurs professionnels. Puis à un certain moment, je me suis blessé en lançant. Mon bras est devenu tout bleu et ma balle rapide a perdu une grande partie de sa vélocité. Elle a chuté jusqu'à 83 ou 85 milles à l'heure.

Comme je ne voulais pas me plaindre, j'ai donc persisté à lancer malgré la douleur. C'était d'ailleurs le conseil que m'avait donné le soigneur de l'équipe.

Ironiquement, cette blessure m'a forcé à m'ajuster et à développer un changement de vitesse pour confondre les frappeurs. Et ce lancer m'a plus tard permis de devenir l'un des releveurs les plus dominants de tous les temps. Celui qui a un jour affirmé que « le besoin crée l'organe » n'avait pas tout à fait tort…

C'est notre entraîneur des lanceurs, Ed Correa, qui m'a enseigné l'art subtil du changement de vitesse. Ed, un Dominicain format géant, avait lancé durant quelques saisons chez les Rangers du Texas. Il possédait un bras canon et ses lancers dépassaient les 100 milles à l'heure. Toutefois, une blessure à une épaule avait mis fin à sa carrière.

Pedro Martinez m'avait aussi donné quelques précieux conseils pour développer ce lancer. Le changement de vitesse consiste à transmettre à la balle la même rotation que celle que les frappeurs peuvent percevoir sur une balle rapide, tout en lui retirant un maximum de vitesse. Confondus, les frappeurs s'élancent alors trop tôt.

Martinez était un très grand maître du changement de vitesse et j'avais été fort impressionné par sa prise sur la balle, qui était particulièrement détendue.

Bref, en faisant un amalgame des conseils donnés par Ed Correa et Pedro Martinez, il en a résulté un lancer dévastateur. La balle, en plus de perdre de la vitesse, tombait tel un objet inanimé juste avant d'atteindre le marbre.

À mes plus belles années, ce lancer était quasiment impossible à frapper.

Ma blessure me faisait souffrir mais, comme j'étais partant, je ne lançais qu'aux cinq jours. Entre deux départs, j'essayais donc de préserver mes énergies. Je m'abstenais de lancer à l'entraînement de façon à pouvoir gravir le monticule quand mon tour dans la rotation survenait.

Ed Correa savait que j'étais blessé mais je crois qu'il appréciait mon cran. Il répétait à qui voulait l'entendre que j'allais assurément atteindre les majeures.

Grâce aux enseignements de Correa, et malgré ma blessure, je suis parvenu à m'ajuster et à trouver le moyen de remporter des matchs. Parce que j'étais incapable de lancer avec force, je n'avais pas le choix de miser sur ma précision, ma courbe, ma glissante et mon changement de vitesse pour survivre.

Malgré mon début de saison pénible, j'ai terminé le calendrier avec une fiche de 7-6 et les Dodgers m'ont récompensé en me renvoyant dans la Ligue d'instruction à l'automne.

Quand la morte-saison est finalement arrivée, je me suis dit que deux mois de repos allaient me permettre de guérir et de revenir en force. Et quand je me suis présenté au camp d'entraînement en 1997, j'ai tout de suite été assigné au club-école de Vero Beach, qui évoluait dans la Florida State League.

La Ligue de la Floride était une ligue de calibre « A fort ». Et le calibre « A fort » était en quelque sorte le dernier palier avant d'atteindre le niveau AA et de figurer parmi les jeunes espoirs que l'organisation destinait aux ligues majeures.

Au cours d'un match préparatoire, Claude Pelletier était posté derrière le marbre avec son lecteur radar. Il avait entendu de bons commentaires à mon sujet et il était venu me voir jouer afin de pouvoir juger lui-même de ma progression.

Sauf que le radar n'indiquait rien de bon. Et Claude s'inquiétait de me voir secouer mon bras droit entre chaque lancer. Après ma présence au monticule, il s'est tout de suite dirigé vers Ed Correa.

— Ed, il y a quelque chose qui ne va pas avec Gagné. Ses lancers ont perdu beaucoup de vélocité.

Comme d'habitude, je suis rentré au vestiaire afin d'immobiliser mon bras dans la glace. Mon coude était presque entièrement bleu. Puis un entraîneur est arrivé et il m'a demandé pourquoi mon bras était dans un tel état.

— Ça fait six mois que mon bras est comme ça. Mon coude est tout engourdi et je n'ai pas de force. Je n'ai aucune idée de ce que c'est parce que je n'ai jamais rien eu de tel auparavant. Mais le soigneur m'a dit que je devais apprendre à lancer malgré la douleur.

Le soigneur qui avait établi ce diagnostic, m'a-t-on raconté, a été congédié sur-le-champ. Et les Dodgers m'ont immédiatement soumis à une imagerie par résonance magnétique, ce qui n'avait jamais été fait.

L'examen a révélé qu'un ligament de mon coude droit, le ligament collatéral ulnaire, était foutu. À défaut de subir une greffe – la fameuse opération à la Tommy John –, ma carrière était finie. Et si j'acceptais de subir cette opération, il fallait envisager une période de rééducation qui allait s'étaler sur un an. Peut-être même 18 mois.

Je n'étais pas vraiment du genre à faire des plans à long terme, ni même à faire des plans tout court. Mais soudainement, l'avenir me semblait tout embrouillé. J'ai donc téléphoné à Claude pour lui annoncer la nouvelle et pour trouver un peu de réconfort.

— Est-ce que tu crois que ma carrière est en jeu? Est-ce que je vais me remettre de ça? lui ai-je demandé.

— Ta carrière n'est pas terminée, Éric! Au contraire, les lanceurs qui subissent cette opération reviennent encore plus forts qu'ils ne l'étaient auparavant! Ça va prendre du temps, par exemple. Il faudra que tu sois patient…

L'orthopédiste Frank Jobe, celui-là même qui avait été le premier à tenter cette greffe sur le lanceur Tommy John en 1974, a procédé à l'intervention. Il a prélevé un tendon assez volumineux dans mon poignet gauche et l'a utilisé pour remplacer le ligament endommagé dans mon coude droit.

Puisque le tendon greffé était plus épais que le ligament blessé, le docteur Jobe avait corroboré les dires de Claude en soulignant qu'il était tout à fait possible que je puisse lancer encore plus fort qu'auparavant au terme de ma période de rééducation.

Quand je me suis réveillé après l'opération, je souffrais le martyre. On aurait dit que quelqu'un s'amusait à faire tourner un couteau à l'intérieur de mon coude. Et j'avais l'impression qu'il n'y avait jamais suffisamment de morphine à ma disposition pour chasser l'extrême douleur que je ressentais.

— Claude, si je dois un jour repasser par une opération comme celle-là, je quitte le baseball ! Tu ne peux pas imaginer à quel point ça peut faire mal, me suis-je lamenté au téléphone.

Ma saison 1997 était totalement perdue. Et mon cheminement au sein de l'organisation me semblait compromis. Après l'opération, j'ai passé deux mois à San Diego afin de me soumettre à des traitements et je suis rentré à Mascouche en attendant que la nature et le temps fassent œuvre utile.

Et c'est exactement ce qui est arrivé…

Dès mon retour au Québec, j'ai repris contact avec Valérie Hervieux. Valérie et moi étions pas mal aux antipodes dans nos vies. Mais, assez étonnamment, une belle et solide amitié s'était développée entre nous au cours des trois ou quatre années précédentes.

Je provenais d'une famille éclatée ; elle était issue d'une famille stable et unie. Je détestais les études ; elle fréquentait les HEC, où elle était sur le point d'obtenir un diplôme en *management*. Je me promenais aux quatre coins de l'Amérique sans trop me soucier de quoi allait être fait le lendemain ; elle habitait chez ses parents et travaillait fort durant l'été pour faire des économies. J'ambitionnais de jouer dans les majeures. Elle rêvait de mener une grande carrière, sans toutefois s'empêcher de fonder une grande famille.

J'avais rencontré Valérie alors que je portais les couleurs du Royal de Repentigny, dans la Ligue junior élite. Elle fréquentait à cette époque l'un de mes coéquipiers, Danny Prata, qui a aussi lancé dans les rangs professionnels mineurs. Danny était aussi l'un de mes bons amis.

Notre équipe de baseball junior était alors composée de joueurs âgés entre 17 et 20 ans. Nous passions tous nos étés ensemble sur les terrains de la province et nos petites amies suivaient l'équipe. Et comme nous étions à peu près tous des étudiants savourant leurs vacances estivales, les occasions de faire la fête étaient nombreuses. Nous avions une vie sociale assez occupée, merci !

C'est dans ce contexte que Valérie et moi nous étions connus quelques années auparavant.

Quand je suis revenu au Québec après ma greffe, Valérie ne fréquentait plus Danny depuis longtemps. Mais nous avions quand même gardé le contact, sans la moindre arrière-pensée, par simple amitié.

Au cours des saisons précédentes, il m'était souvent arrivé de lui téléphoner quand j'étais sur la route. Pour donner de mes nouvelles, pour prendre des siennes, ou simplement pour jaser de tout et de rien. Depuis mon séjour à Seminole, j'étais resté l'un des très bons clients des compagnies de téléphone. C'était essentiel pour moi de rester en contact avec le Québec. Un appel interurbain n'attendait pas l'autre !

Val et moi avions beaucoup de plaisir à discuter ensemble. Nous pouvions passer des soirées complètes au téléphone à débattre de toutes sortes de sujets ou à se raconter nos vies. Certains soirs, quand nous avions épuisé nos sujets de conversations, nous jouions au dictionnaire. Chacun notre tour, nous soumettions un mot complexe et l'autre devait proposer une définition.

Moi qui n'avais pas vraiment de penchant pour les études… il fallait vraiment quelqu'un de spécial pour me faire jouer au dictionnaire !

Mais durant cet été de 1997, à cause de mon intervention chirurgicale, j'étais au Québec, libre comme l'air, et nous pouvions nous rencontrer au lieu de nous en remettre au téléphone.

Valérie et moi passions à peu près toutes nos soirées ensemble, au restaurant, au cinéma ou avec nos amis, dans des bars ou des boîtes de nuit.

Pauvre Valérie ! J'exerçais presque une mauvaise influence sur elle. Elle travaillait toute la journée au siège social d'une grosse agence de sécurité et elle devait se présenter au bureau très tôt le matin. Or nous sortions ensemble tous les soirs et nous rentrions souvent aux petites heures du matin.

Même si je me suis beaucoup ennuyé du baseball, ce fut un été absolument magnifique.

À la fin du mois d'août, alors que l'état de mon bras s'améliorait de jour en jour et que Valérie s'apprêtait à rentrer à l'université, nous avons décidé d'officialiser l'évidence.

Nous avions tous deux envie d'être plus que des amis…

Quelques semaines plus tard, je suis retourné à la Ligue d'instruction afin de poursuivre ma période de rééducation. Et c'est là-bas, en Arizona, que j'ai recommencé à lancer.

Mon programme de remise en forme s'est poursuivi durant l'hiver jusqu'au camp d'entraînement de 1998. Et au terme de ce camp, les Dodgers m'ont à nouveau indiqué le chemin de Vero Beach, en classe « A fort », afin que je puisse reprendre là où j'avais laissé l'année précédente.

Valérie et moi vivions notre relation à distance. Tout en tenant compte des séjours de notre équipe à domicile, elle parvenait à aménager son horaire et à se libérer pour me visiter tous les deux mois environ.

À la fin de sa dernière session universitaire, elle a même préféré ne pas assister à sa cérémonie de graduation afin de pouvoir venir me rejoindre en Floride. La fin de ses études lui avait permis de négocier une petite semaine de répit avec la firme de sécurité qui l'embauchait durant l'été.

Pour un lanceur qui revenait d'une opération au coude, j'ai connu une excellente saison : fiche de 9-7, moyenne de points mérités de 3,74 et 144 retraits sur des prises en 139 ⅔ manches.

Mon ratio de retraits sur des prises était presque quatre fois supérieur au nombre de buts sur balles que j'avais accordés. Il s'agissait d'un signe évident de domination. L'excellence de mon jeu m'a d'ailleurs valu une invitation au match des étoiles de la Florida State League.

Par contre, ces chiffres et ces résultats cachaient quelque chose. Je ressentais encore de la douleur au coude. L'articulation n'était plus aussi fluide que par le passé et, quand je lançais, je ressentais toujours une espèce d'écorchure ou d'égratignure à l'intérieur de mon bras.

Cette fois, les spécialistes m'encourageaient à lancer malgré la douleur.

— Ce sont des tissus cicatriciels qu'il faut briser. N'aies pas peur! Lance avec force et tout finira par se replacer, disaient-ils.

Je voulais bien les croire, mais ça ne se replaçait pas.

Pour les séries éliminatoires, les Dodgers ont décidé de me faire graduer au niveau AA avec leur club-école de San Antonio, dans la Ligue du Texas.

Le gérant des Missions de San Antonio était Lance Parrish, un homme imposant, un ancien receveur étoile qui avait connu une brillante carrière de 19 ans dans les majeures.

Quand je suis arrivé là-bas, Parrish a retiré un lanceur partant de sa rotation pour me faire une place. Le type s'appelait Casey Deskins. C'était un lanceur qui n'en était qu'à sa troisième saison dans les rangs professionnels mais qui était âgé de 26 ans.

Deskins ne me connaissait pas. Mais comme j'arrivais de nulle part pour prendre sa place en séries (alors qu'il avait lancé toute la saison), il avait davantage envie de me casser la gueule que de devenir mon ami. Il me l'a lui-même raconté quelques années plus tard…

À la fin de la saison, Deskins a été libéré par les Dodgers et sa carrière a pris fin sur cette note. L'organisation l'a toutefois gardé dans son giron en lui confiant le poste de responsable de la vidéo de l'équipe des ligues majeures.

Quand je suis arrivé chez les Dodgers un an plus tard, c'est dans ces circonstances que Casey et moi avons davantage appris à nous connaître. Et il est devenu l'un de mes meilleurs amis. Presque un membre de la famille, même.

Pour ma part, je ne m'étais pas posé de questions quand les Dodgers m'avaient assigné à San Antonio. On me demandait de lancer et j'obéissais tout simplement.

Je n'ai finalement obtenu qu'un seul départ lors de ces séries éliminatoires et je n'ai accordé que deux coups sûrs en sept manches.

Durant la morte-saison, les Dodgers ont inscrit mon nom sur leur liste de 40 joueurs, ce qui signifiait que je figurais parmi les 40 membres de l'organisation susceptibles de jouer dans les ligues majeures durant la saison 1999.

J'étais extrêmement fier lorsque j'ai appris la nouvelle. Mais sur le coup, je ne comprenais pas toute l'ampleur de cette décision. Tout ce qu'elle signifiait pour moi, c'était que j'allais pouvoir gagner un peu plus d'argent, soit 16 000 $ par année.

Je ne comprenais pas bien les étapes menant aux grandes ligues. Dans mon esprit, la ligne menant vers le baseball majeur était loin d'être directe. Je croyais que j'étais destiné à passer deux saisons au niveau AA et que j'allais ensuite passer deux autres saisons dans le AAA. Et avec un peu de chance, qui sait, peut-être allait-on ensuite me faire lancer dans les majeures de temps en temps ?

Cet hiver-là, Valérie et moi avons habité dans le sous-sol de ses parents à Repentigny. Comme je gagnais peu d'argent au baseball, elle m'a aidé à dénicher un poste de gardien de sécurité au sein de l'agence qui l'embauchait.

Je n'ai pas occupé cet emploi très longtemps. Je m'ennuyais à mourir à rester assis toute la journée à regarder des écrans ou à faire des rondes de surveillance. Aussi, comme je faisais partie de la liste de 40 joueurs des Dodgers, j'ai fini par décider qu'il valait mieux me consacrer entièrement à l'entraînement et me reposer avant de me présenter au camp.

À la fin de 1998, Val et moi avons convenu que le temps était venu de partager notre vie à temps complet. Je lui ai donc demandé de me suivre aux États-Unis et de vivre l'aventure du baseball professionnel à mes côtés plutôt que par l'entremise du téléphone.

En février 1999, juste avant le début du camp d'entraînement à Vero Beach, elle est montée à bord de ma vieille Cutlass avec beaucoup d'enthousiasme pour venir m'y rejoindre. Elle a fait le trajet en compagnie de mon frère Dominic, qui s'était offert pour conduire ma voiture jusqu'au Sunshine State.

Valérie n'avait pas encore de permis de conduire, elle ne parlait à peu près pas l'anglais et nous ne savions pas dans quelle ville nous allions aboutir. Heureusement, elle ne connaissait pas le sens du mot « insécurité ». De toute évidence, nous étions faits l'un pour l'autre !

Notre vie commune a commencé sur les chapeaux de roue, mon camp d'entraînement aussi.

Cela faisait alors près de deux ans que j'avais subi ma greffe de tendon au coude droit, et je lançais la balle avec une certaine puissance.

Toutefois, mon bras n'avait toujours pas retrouvé sa fluidité ni son élasticité d'antan et cela me rendait craintif.

La douleur revenait parfois me hanter et j'avais peur que mon nouveau tendon lâche si je le soumettais à un effort maximal.

À la fin du camp, les Dodgers m'ont assigné à leur club-école AA de San Antonio, où j'avais terminé la saison 1998.

J'étais content de mon sort. La plupart des villes qui abritent des équipes de niveau AA sont des localités où il n'y a pas grand-chose à faire. L'équipe de baseball est souvent la plus grande attraction de la région.

Mais San Antonio était différente. Aujourd'hui considérée comme la septième plus grande ville des États-Unis, située au centre-sud du Texas, San Antonio aurait aussi bien pu être le domicile d'une équipe du baseball majeur.

D'ailleurs, on y retrouve une équipe de basketball de la NBA, les Spurs, depuis le début des années 1970.

Il était agréable de vivre à San Antonio. Et le River Walk, cette promenade où sont établis nombre de bars et de bons restaurants, était particulièrement agréable à fréquenter.

Quand les dirigeants des Dodgers m'ont indiqué le chemin de San Antonio, je suis monté à bord d'un avion avec mes coéquipiers. Mon frère et Valérie sont remontés à bord de ma vieille Cutlass noire (et dépourvue d'air conditionné) pour venir me rejoindre au Texas.

— Heureusement, votre trajet ne sera pas très long. San Antonio est à environ six heures de route, les avais-je assurés avant de partir.

Mes notions de géographie étaient toutefois déficientes. Il leur avait fallu 16 ou 17 heures avant de parvenir à destination !

Aussitôt arrivés sur place, nous nous sommes mis à la recherche d'un appartement. Il était déjà convenu que nous allions habiter avec Luke Prokopec. Nous avons finalement opté pour un complexe de condos où la plupart des joueurs de l'équipe habitaient.

L'endroit était tout à fait correct. Notre appartement était équipé d'un barbecue et il y avait une piscine autour de laquelle les familles se réunissaient. Quelques-uns de nos coéquipiers avaient des enfants. L'ambiance était agréable. En plus, nous n'habitions qu'à une vingtaine de minutes du stade.

Cette saison-là, le calendrier de notre équipe débutait avec un séjour de trois semaines sur la route. Valérie a donc découvert assez rapidement en quoi consistait la vie d'une femme de baseballeur professionnel.

Quand nous avons entrepris ce premier voyage, elle ne connaissait personne. Mais une à une, les femmes des autres joueurs étaient venues se présenter à elle, quitte à communiquer à l'aide de signes lorsque la barrière de la langue s'interposait. L'épouse d'un de mes coéquipiers vivait exactement la même situation, sauf qu'elle était unilingue espagnole.

Très rapidement, des liens se sont tissés au sein du groupe. À chaque soir de match, sept ou huit conjointes se réunissaient dans le même appartement (souvent dans le nôtre) pour écouter le match à la radio.

Valérie s'installait alors avec sa feuille de pointage et elle marquait chaque rencontre dans les moindres détails. Quand je revenais à la maison, je savais exactement combien j'avais lancé de balles et de prises !

Avant le match, nos conjointes passaient faire des emplettes à l'épicerie et elles se préparaient un modeste souper communautaire. La vie des ligues mineures n'avait vraiment pas beaucoup de luxe à offrir.

Parfois, pour briser la routine, nos femmes se regroupaient et faisaient le décompte de toute la monnaie dont elles disposaient. Et si le nombre de pièces de 25 cents était suffisant, elles s'offraient un repas chez McDonald's…

Ce rythme de vie – et ces budgets très serrés – était toutefois compensé par un fort sentiment d'appartenance à l'équipe et par l'esprit de camaraderie qui unissait les joueurs et leurs familles.

Quand l'équipe était en ville, Valérie m'accompagnait à tous les matchs. Nous allions nous entraîner ensemble le matin, puis nous allions au match durant la soirée. Elle vivait comme moi au rythme de l'équipe.

Assez tôt durant la saison il s'est produit un événement, à la fois banal et magique, qui a changé le cours de ma carrière et sans doute le cours de ma vie.

Nous étions en train de nous entraîner sur le terrain et je ressentais encore et toujours des douleurs au coude qui m'empêchaient de lancer comme je le voulais. J'ai alors décidé que j'en avais plein mon casque. Et je me suis dit :

« *Fuck off!* Je vais m'arracher le bras puis ce sera fini. Je ne suis plus capable d'endurer ça. »

Ça faisait des mois et des mois que le personnel médical me recommandait de lancer la balle le plus fort possible afin de me débarrasser des tissus cicatriciels qui s'étaient fort probablement formés dans mon coude après l'intervention chirurgicale. Mais à la façon dont mon corps réagissait, j'avais l'impression que mon bras allait lâcher si je forçais la note.

Ce jour-là, j'ai demandé au partenaire avec qui j'étais en train de lancer la balle de s'éloigner à 250 ou 300 pieds.

— Si ça fonctionne, tant mieux. Sinon, ça prouvera aux médecins que leurs maudits tissus cicatriciels n'y étaient pour rien et que mon bras ne pouvait pas tenir le coup.

Pendant de longues minutes, j'ai lancé la balle avec une rare violence. Je voulais que ça finisse. Que la douleur parte ou que l'articulation lâche, et qu'on n'en parle plus.

Puis à un certain moment, j'ai entendu un effroyable bruit de déchirure. Et j'ai sérieusement cru que c'était la fin des émissions.

J'ai ensuite tenté un autre lancer, histoire de bien mesurer l'ampleur des dégâts. Et, comme par enchantement, tout semblait être revenu à la normale !

Le lendemain, abasourdi, je ne ressentais plus la moindre douleur. Incrédule, je ne cessais de me répéter :

« Tabarnac, j'ai plus mal ! »

À partir de là, je me suis mis à lancer la balle avec beaucoup plus de force que par le passé. Du même coup, on aurait dit que cette déchirure et la disparition de la douleur avaient libéré une bête qui sommeillait en moi depuis deux ans.

Comme je le mentionnais plus haut, l'équipe de San Antonio était dirigée par Lance Parrish, qui était un gérant vraiment intense.

Parrish voulait que ses joueurs démontrent beaucoup de combativité. Par exemple, il faisait courir ses joueurs dans n'importe quelle circonstance, que le pointage soit de 1-1 ou de 8-0 en notre faveur.

Les gérants adverses, cependant, n'appréciaient pas cette manière de voir les choses.

— Voyons donc! On ne vole pas de buts quand le pointage est de 8-0! protestaient-ils.

Mais Parrish répondait que notre mandat ne consistait pas à remporter ou perdre des matchs.

— Nous sommes ici pour apprendre, plaidait-il. À chaque présence sur le terrain vous avez la chance d'impressionner quelqu'un. Alors il n'est pas question de se soucier du respect ou de la susceptibilité de l'adversaire. Nous nous en foutons et nous allons faire ce que nous avons à faire.

Incroyablement, notre entraîneur des lanceurs Dean Trainor était encore plus intense que Parrish. Dans les ligues mineures, beaucoup de gens disaient de lui qu'il était un chasseur de têtes.

— *If you can't control your fastball, you can't pitch in the big leagues*, prêchait-il.

Et il avait parfaitement raison. C'est pourquoi, sous sa direction, environ 95 % de nos lancers étaient des balles rapides. Et encore là, Trainor nous incitait à lancer de façon très combative.

— *If a hitter hits you on time, hit him back!* répétait-il souvent.

J'appréciais beaucoup Dean Trainor. Il est l'un des entraîneurs qui m'ont le plus influencé au cours de ma carrière. C'est sous sa direction que j'ai vraiment commencé à comprendre toute la complexité du métier de lanceur.

Pour survivre, un lanceur qui utilise presque uniquement sa balle rapide n'a pas le choix d'atteindre les coins du marbre. Ses options se limitent alors à atteindre le coin extérieur et le coin intérieur, avec un lancer haut ou avec un lancer à la hauteur des genoux.

Au fond, je n'avais donc que quatre choix à ma disposition.

La combativité de mes entraîneurs et leur manière d'enseigner le baseball me convenaient parfaitement. Mais en même temps, cela créait une situation tout à fait explosive.

Pendant deux années complètes, j'avais été comme une espèce de lion en cage, incapable de lancer la balle avec puissance. Et soudainement, je me retrouvais équipé d'un bras-canon, supervisé par des entraîneurs qui professaient les bienfaits de l'intimidation et des lancers hauts à l'intérieur.

— *High level! Throw at his fucking face! Throw at his fucking face!*
répétait souvent Dean Trainor.

En plus, Trainor n'avait pas fait ses classes dans le monde, disons
un peu plus aseptisé, du baseball professionnel. Il était issu du baseball
collégial américain et il ne cessait de narguer nos adversaires durant
les matchs. J'adorais ça! C'était comme une ambiance de match de
hockey!

D'ailleurs, nous nous bagarrions assez régulièrement avec nos
adversaires.

Cette saison-là, je me suis certainement battu plus souvent que la
plupart des joueurs de la Ligue de hockey junior majeur du Québec!
Chaque fois que j'étais désigné pour entreprendre un match, il y avait
de fortes chances que la bagarre éclate.

Je me souviens particulièrement d'une rencontre que nous disputions contre les Diablos d'El Paso, le club-école des Diamondbacks de
l'Arizona. Nous détestions les joueurs de cette équipe.

À un certain moment, l'un de leurs joueurs latinos a cogné un
double à mes dépens. Et lorsqu'il est arrivé au deuxième coussin, il se
faisait aller la trappe. Je connaissais beaucoup de succès cette saison-là
et le type était visiblement fier de lui. Il me provoquait et, malheureusement pour lui, j'avais la mèche plutôt courte.

— Si tu ne fermes pas ta gueule, je vais atteindre le prochain gars
qui va se présenter au bâton!

— Ouais, ouais! Essaye donc pour voir! a-t-il répondu.

Ma promesse s'est vite réalisée. J'ai atteint le casque du frappeur
suivant. Et aussitôt que la balle a atteint la cible, je me suis retourné
et j'ai chargé en direction du deuxième but!

Les bagarres qui surviennent au baseball sont souvent extrêmement
sournoises. Généralement, les premiers instants se passent assez bien
parce que les coups s'échangent à un contre un. Mais les bancs des deux
équipes se vident très rapidement et quand les autres joueurs arrivent
en courant, on se fait la plupart du temps tabasser de tous les côtés.

Durant cette fameuse bagarre, je me suis donc retrouvé sous une
importante mêlée, incapable de me servir de mes bras pour m'en
extirper. J'étais couché sur le dos, littéralement enseveli sous un
paquet de types qui se battaient. Soudainement, au cœur de ce tour-

billon de coups, d'insultes et d'empoignades, une petite ouverture s'est dégagée au-dessus de ma tête.

Je vois encore la scène au ralenti. L'un des joueurs adverses, Erubiel Durazo, s'est alors approché. Durazo, un Mexicain qui faisait 6 pieds 3 pouces et qui pesait 240 livres, a clairement vu que j'étais sans défense. Et il m'a asséné deux solides coups de pied au visage, en prenant bien soin d'y enfoncer ses crampons.

Il n'y a pas de mots assez forts pour décrire à quel point j'ai tenté de lui remettre la main au collet par la suite. Après le match, j'ai même tenté de m'introduire dans le vestiaire des Diablos. Disons les choses comme elles sont. Je ne voulais pas lui donner une raclée. Je voulais lui câlisser la volée de sa vie !

Je ne me rappelle pas du nombre de types qui ont dû s'interposer pour m'empêcher de franchir la porte de ce vestiaire, mais ils étaient nombreux !

En quittant le stade, Valérie et moi nous sommes rendus à l'hôpital. J'avais des contusions à un rein ainsi qu'à la cage thoracique. Je pissais du sang. Témoin de la scène, Valérie a failli s'évanouir pendant que je subissais mon examen.

Elle avait beaucoup d'admiration pour la combativité que je déployais durant les matchs et elle était toujours d'accord quand je vengeais un coéquipier qui avait été atteint par le lanceur adverse. Mais elle n'aimait pas quand je me battais…

Peu de temps après cette mémorable mêlée, nous avons disputé une autre série de matchs contre les Diablos et j'étais désigné pour lancer l'une de ces rencontres. Les Diamondbacks ne m'ont toutefois pas laissé la chance de recroiser Erubiel Durazo, qu'ils ont fait graduer au niveau AAA tout juste avant de nous affronter.

Durazo n'était pas un vilain joueur. Frappeur gaucher, premier-but, il a passé sept saisons dans les ligues majeures, avec les Diamondbacks et les Athletics d'Oakland.

Je ne l'ai affronté que six fois dans les majeures. Peut-être craignait-il des représailles lorsqu'il se présentait à la plaque ? Quoi qu'il en soit, il n'a jamais obtenu de coup sûr à mes dépens.

Nous n'avons certainement pas manqué d'action durant cet été 1999.

Un autre soir, une nouvelle mêlée générale est survenue alors que nous affrontions l'équipe de Wichita. Je lançais ce soir-là mais je n'étais pas responsable du déclenchement de la bagarre puisqu'elle avait éclaté alors que nous étions en attaque.

J'étais simplement assis sur le banc, une serviette autour du bras, quand les abris des deux équipes se sont vidés en un clin d'œil.

Un photographe de presse a alors capté une fabuleuse photo de cette mêlée, où l'on me voyait dans les airs, la serviette toujours enroulée autour de mon bras, en train de joyeusement sauter dans le tas. Dans les jours suivants, mes coéquipiers ont récupéré cette photo et ils l'ont fait reproduire sur des t-shirts!

Lance Parrish et Dean Trainor nous demandaient de jouer de façon très combative, mais je crois qu'en plusieurs occasions, nous avons nettement dépassé leurs attentes!

À cette époque, il y avait toutefois un lourd tribut à payer pour jouer de cette façon. Mon salaire mensuel s'élevait à environ 1 200 $ cette saison-là mais je me souviens d'avoir tenu seulement un ou deux chèques de paye entre mes mains. J'ai été suspendu et mis à l'amende quatre ou cinq fois. La première fois, l'amende minimale s'élevait à 500 $ et elle doublait à chaque nouvelle sanction. Ça creuse un profond trou dans le budget…

Heureusement, Valérie avait accumulé quelques économies en occupant divers boulots durant ses études. C'est donc grâce à elle que nous sommes parvenus à tenir le coup durant la saison 1999. Je n'y serais jamais parvenu si elle n'avait pas été là.

Nous dépensions le strict minimum pour nous nourrir, payer notre loyer et mettre un peu d'essence dans notre vieille Cutlass. Heureusement, nous pouvions quand même aller manger au restaurant une ou deux fois par semaine.

Les joueurs de San Antonio à qui l'on décernait le titre de «joueur du match» ou de «joueur de la semaine» recevaient des certificats-cadeaux du Sawgrass Steakhouse. Et comme j'avais beaucoup de succès, on m'en a remis plusieurs.

Munis de nos certificats de 50 $, Val et moi profitions donc de cette manne pour aller manger en tête en tête. C'était notre petit luxe de la semaine.

Notre équipe a maintenu une décevante fiche de 67 victoires et 73 défaites durant cette saison, mais je suis tout de même parvenu à boucler le calendrier avec un dossier de 12 victoires et 4 défaites.

Avec un bras en parfaite condition – et même en meilleure condition qu'avant mon opération –, j'avais le sentiment que plus rien ne pouvait m'arrêter.

Jusqu'à la toute fin de la saison, j'ai été dans la course pour décrocher la triple couronne (le plus grand total de victoires, le plus grand total de retraits sur des prises et la meilleure moyenne de points mérités).

J'ai raté l'objectif de peu en ce qui concernait les victoires et la moyenne de points mérités. J'ai toutefois terminé au premier rang au chapitre des retraits au bâton, avec un total de 185 en 167 ⅔ manches, soit 52 de plus que mon plus proche rival.

À la fin du mois d'août, mon séjour à San Antonio a cependant pris fin d'une manière assez abrupte.

J'étais au monticule et nous étions en cinquième manche. Il ne me restait plus beaucoup de départs à effectuer et je voulais absolument remporter cette fameuse triple couronne. J'étais donc motivé et concentré comme jamais.

En cinquième manche, donc, j'étais en train de réaliser un méchant carnage. J'avais déjà 11 retraits sur des prises en poche quand Lance Parrish a quitté l'abri. En le voyant marcher dans ma direction, je me demandais ce qu'il pouvait bien avoir à me dire.

Quand il est arrivé à mes côtés, il m'a simplement tendu la main pour que je lui remette la balle.

J'étais assommé. Je n'en revenais pas.

— Pourquoi me sors-tu du match ? Ça va bien ! Je me sens bien, tout est OK !

— Ferme-la et va t'asseoir dans l'abri.

Je lui ai remis la balle et je suis rentré au banc d'un pas décidé, furieux.

Lorsqu'il est revenu à son tour, j'ai tenté de retrouver un peu mon calme et je suis retourné le voir.

— Est-ce que tu peux m'expliquer ce qui se passe ?

— Si je ne te sors pas du match, tu ne pourras pas lancer en Floride dans quatre jours. *You're on a pitch count. You're going to the Majors!*

— T'es pas sérieux!

J'étais tellement heureux! Je n'en revenais pas, j'étais incapable d'arrêter de sourire. Mes coéquipiers sont alors venus à ma rencontre, me signifiant leur joie par de solides accolades et de retentissants *high five*.

En revenant à la maison, j'ai appelé ma mère. J'étais incapable de mesurer l'ampleur de cette annonce. Et je me répétais sans cesse:

«Calvaire! Ça se peut pas, câlice!»

Je n'avais jamais pensé ou envisagé que les Dodgers allaient me rappeler. Même si je connaissais une saison extraordinaire au niveau AA, je ne m'étais même jamais imaginé en train de graduer dans les majeures.

Dans ma tête de petit gars de Mascouche, elles étaient tellement loin, les grandes ligues.

CHAPITRE 7

The Delivery Man

Miller Park de Milwaukee, le mardi 9 juillet 2002

Il était clair dans ma tête que je n'allais pas lancer une courbe ou un changement de vitesse dans le cadre du match des étoiles. Même si j'en étais à ma toute première participation à cette prestigieuse classique, je ne m'étais pas présenté à Milwaukee avec l'intention d'impressionner ou de récolter des retraits sur des prises.

J'avais récolté mon 32ᵉ sauvetage de la saison trois jours auparavant, ce qui me plaçait au premier rang des releveurs de la Ligue nationale, tout juste devant le vétéran John Smoltz (31), des Braves d'Atlanta.

Smoltz avait connu une carrière absolument phénoménale à titre de partant dans les années 1990, période durant laquelle les Braves faisaient la pluie et le beau temps dans la Ligue nationale. En 1996, une saison de 24 victoires lui avait même valu le trophée Cy Young.

Malheureusement, sa carrière avait été interrompue durant toute la saison 2000 parce qu'une blessure au coude l'avait contraint à subir une greffe de tendon. À son retour au jeu, comme cela avait été le cas pour moi, son articulation était nettement plus forte, ce qui lui permettait de lancer la balle avec plus de puissance. Et les Braves, qui misaient sur un bon mélange de vétérans et de jeunes bras au sein de leur rotation de partants, avaient décidé de faire tourner cette situation à leur avantage en convertissant Smoltz en *closer*.

La cadence que Smoltz et moi avions maintenue en première moitié de saison était nettement au-dessus des normes établies dans le passé.

Jamais le baseball majeur n'avait été le théâtre d'un tel duel entre deux *closers*. À la mi-saison, nous menacions tous deux d'éclipser le record de la Ligue nationale (53 sauvetages en une saison) établi par Randy Myers des Cubs en 1993.

En fait, nous étions même en mesure de viser le record du baseball majeur (57 sauvetages) que Bobby Thigpen, des White Sox de Chicago, avait réalisé 12 ans auparavant, en 1990.

Quand nous sommes arrivés à la pause du match des étoiles, les Dodgers détenaient une avance de deux matchs et demi en tête de la division Ouest de la Nationale. Et comme il l'avait promis, Jim Tracy me confiait la balle chaque fois qu'une occasion de préserver une victoire survenait. La charge de travail était énorme mais je carburais encore à l'adrénaline. J'étais parvenu à établir une routine d'entraînement et de repos qui me permettait de livrer la marchandise de façon constante, mais je m'attendais à ce que la deuxième moitié de la saison soit encore plus ardue.

Comme la quasi-totalité des joueurs, j'abordais donc le match des étoiles comme une sorte d'événement social. Presque comme des vacances. Je me disais que j'allais y faire ma petite apparition, lancer une manche et inscrire mon nom dans le grand livre de l'histoire du baseball pour officialiser le fait que j'avais un jour été une étoile.

Pour le reste, ce match ne revêtait pas beaucoup d'importance. La plupart des lanceurs que je croisais me disaient :

— Au match des étoiles, on lance des rapides. C'est un festival offensif, ce n'est pas un match pour nous ! C'est un spectacle conçu pour les frappeurs.

Telle était la règle tacite qui existait entre nous.

Le match des étoiles de Milwaukee était le 73e de l'histoire du baseball majeur. Quand le gérant Bob Brenly (des Diamondbacks de l'Arizona) m'a désigné pour entreprendre la cinquième manche, la partie se déroulait normalement, comme tous les affrontements passés entre l'Américaine et la Nationale.

Nous étions alors loin de nous douter que ce match allait se terminer en queue de poisson et que cette embarrassante situation allait à jamais changer le statut de la *midsummer classic*.

Nous détenions une avance de 4 à 1 quand je me suis présenté sur la butte pour affronter Torii Hunter (Twins du Minnesota), Alfonso Soriano (Yankees de New York) et Garrett Anderson (Angels d'Anaheim).

Hunter a été retiré sur un faible ballon. Puis avec un compte de 0-1, Soriano a retroussé une «bombe» loin de l'autre côté de l'allée de gauche. Il avait visiblement compris que je n'avais pas fait le voyage pour lancer des courbes et des changements de vitesse!

Garrett Anderson s'est ensuite fait retirer sur un roulant au premier but. Puis Randy Winn a enchaîné avec un double dans la gauche. Pour clore ma présence, j'ai ensuite retiré sur élan Robin Ventura, des Yankees.

J'avais lancé ma petite manche et les frappeurs avaient solidement cogné la balle. Bref, tout le monde était content!

Ce match «offensif» s'est corsé en huitième manche, alors que nous détenions une mince avance de 7-6 sur l'Américaine. Opposé au droitier Rob Nen des Giants de San Francisco, Omar Vizquel (Indians de Cleveland) a créé l'égalité en cognant un triple dans la droite qui a poussé Robert Fick (Tigers de Detroit) au marbre.

Les deux gérants, Bob Brenly et Joe Torre, ont alors continué à utiliser tout leur personnel comme si de rien n'était. Le match des étoiles étant considéré comme une sorte d'événement socio-sportif, il était tout à fait normal pour eux de s'assurer que chaque joueur participe à l'événement.

Après neuf manches c'était toujours l'égalité 7-7 et Torre n'avait plus qu'un seul lanceur disponible: Freddy Garcia des Mariners de Seattle. Brenly était dans la même situation. Il ne lui restait que Vinny Padilla, des Phillies de Philadelphie.

Au terme de la onzième manche, la marque était toujours la même et Torre ne pouvait plus utiliser Garcia davantage sans risquer de chambarder la rotation de partants des Mariners. Même chose pour Brenly, qui avait aussi utilisé Padilla durant deux manches.

Bref, les deux équipes n'avaient plus suffisamment de joueurs pour terminer la rencontre…

Après de longues minutes de délibérations, le commissaire Bud Selig a dû se rendre à l'évidence et décréter la fin de la rencontre sans qu'il soit possible de déterminer un gagnant. Les 41 871 joyeux spectateurs se sont aussitôt transformés en 41 871 clients insatisfaits. Ils étaient totalement outrés de voir la fête se terminer sur une telle note. Et ils ont hué à pleins poumons pendant que les joueurs des deux équipes battaient en retraite en direction des vestiaires.

Bud Selig, qui venait de se faire chahuter dans sa ville natale, s'est dit qu'il ne revivrait plus jamais une soirée semblable. Quelque temps après cette drôle de soirée, il a annoncé que le match des étoiles allait désormais servir à déterminer l'identité de la ligue qui allait jouir de l'avantage du terrain durant la Série mondiale.

Depuis ce temps, les gérants des équipes d'étoiles doivent donc tenir compte de cet enjeu, qui est tout de même important, et ils doivent utiliser leur personnel en conséquence et s'assurer de pouvoir compter sur des lanceurs en toutes circonstances pour terminer le match.

Quand j'ai rejoint l'équipe après la pause du match des étoiles je me sentais en parfaite symbiose avec mon sport. Mon statut était désormais établi chez les Dodgers. Et toute ma vie tournait autour d'une routine religieusement suivie qui, jour après jour, ne visait qu'un seul et même objectif : sauvegarder un autre match.

Je n'étais plus un conjoint, un mari ou un père. J'étais celui qui devait préserver la prochaine avance des Dodgers de Los Angeles.

Les jours de match, j'arrivais au Dodger Stadium un peu plus tôt que les autres joueurs de l'équipe, vers 14 h.

Je commençais à m'entraîner à 14 h 30. Mon programme normal comportait des exercices de musculation pour le haut du corps et pour les jambes, ainsi qu'une bonne séance d'étirements. Par contre, mes fonctions de releveur étaient tellement exigeantes physiquement qu'il me fallait souvent écouter mon corps et modifier ma séquence d'exercices en conséquence.

Par exemple, si mon épaule droite était endolorie au lendemain d'un match, je limitais les exercices de musculation impliquant les épaules et j'insistais davantage sur les exercices d'assouplissement.

Par contre, les exercices de musculation étaient vraiment importants à mes yeux. La musculation semblait contracter mes muscles, raccourcir ma mécanique et avoir un effet bénéfique sur le contrôle que j'exerçais sur chacun de mes lancers.

Vers 15 h 30, la plupart du temps, je visionnais des séquences de matchs. Surtout des séquences du dernier match dans lequel j'avais été impliqué. Et je me concentrais uniquement sur les bonnes choses qui étaient survenues pendant ma présence au monticule. Je ne voulais pas revoir ce qui n'avait pas fonctionné. Ensuite, je regardais un montage rassemblant des présences au bâton (récentes) de tous les frappeurs que j'étais susceptible d'affronter durant la soirée.

Je me rendais ensuite sur le terrain pour capter les balles que mes coéquipiers frappaient durant l'exercice au bâton. Ce moment de la journée me permettait de jaser avec certains coéquipiers et de me détendre un peu. À la fin de l'exercice au bâton, les releveurs se regroupaient et nous allions courir. Les cinq partants avaient l'habitude de courir ensemble. Les cinq releveurs aussi. Nous, les gars du *bullpen*, formions une famille tissée serrée. Nous tentions de faire le plus de choses possible ensemble, à l'entraînement ou à l'extérieur du terrain.

Quand nous étions à domicile, l'exercice au bâton prenait fin aux alentours de 17 h 45 alors que le match ne débutait que 75 minutes plus tard. Nous retraitions donc au vestiaire pour manger et relaxer un peu. Nous en profitions aussi pour regarder la télévision. La plupart du temps, les nouvelles du sport.

Après les nouvelles, je m'offrais une autre séance de visionnement. Cette fois, il s'agissait d'un montage de tous mes retraits au bâton et des autres bons jeux dans lesquels j'avais été impliqué. Encore là, je ne voulais voir que des images positives.

Puis, un à un, mes coéquipiers quittaient le vestiaire pour s'installer dans l'abri en prévision du match. Pour leur part, la quasi-totalité des releveurs se rendaient dans l'enclos pour assister au premier lancer du match.

Lorsque le match débutait, je me retrouvais vêtu d'un short et d'un *sweat shirt*, sandales aux pieds, seul au milieu de ce vestiaire rempli d'histoire. J'appréciais beaucoup ces moments de quiétude et d'anticipation.

Je regardais le match à la télé. Mon pantalon était par terre tout près de moi. En fait, tout mon équipement restait à portée de main :

mon chandail numéro 38, mes souliers à crampons, ma casquette, mes lunettes, ma ceinture. Je ne sais trop pourquoi, mais je ressentais *physiquement* le besoin de garder toutes les pièces de mon uniforme à proximité plutôt que de les laisser au fond de mon casier. Ma routine avait été programmée ainsi et je ne pouvais y déroger.

Je préférais regarder le match à la télévision parce que ça me permettait de mieux identifier la zone de prises de l'arbitre. Je voulais aussi emmagasiner le plus d'informations possible, et la télévision me procurait un meilleur point de vue pour observer les tendances des frappeurs adverses. Assis au bout du banc, il était parfois difficile de déterminer si un frappeur s'était élancé sur un lancer à l'extérieur ou à l'intérieur. Ou encore, si le lancer qui l'avait déjoué était une courbe ou une glissante.

À la fin de la cinquième manche, quand le dernier retrait des Dodgers était enregistré, je me rendais à la salle de thérapie pour faire une séance d'étirements. Par la suite, histoire d'activer mon métabolisme, je prenais place sur un vélo stationnaire pendant une quinzaine de minutes. Toujours en regardant le match à la télé.

En sixième manche, parfois en septième, tout dépendant de l'allure du match, je m'engouffrais enfin dans le vieux tunnel longeant le côté gauche du terrain et menant à l'enclos des releveurs. Durant cette marche solitaire, il m'arrivait très souvent de croiser des rats. Il semblait y en avoir beaucoup dans les environs mais ils n'étaient pas agressifs.

J'atteignais le *bullpen* par l'arrière, en empruntant les grosses portes situées près des palmiers. Dès que j'y posais le pied, la frénésie s'emparait des spectateurs installés dans les gradins situés autour de nous. Par leur seule réaction, tout le monde dans le stade savait que j'étais arrivé à mon poste.

La même scène se répétait match après match. Au point où les autres releveurs de l'équipe, comme Paul Quantrill, Guillermo Mota, Paul Shuey (et, à compter de 2003, Tom Martin) en sont venus à jouer des rôles dans mon rite préparatoire. Il existait une belle complicité et une belle solidarité entre nous. Et personne ne voulait modifier une routine ou des habitudes qui semblaient nous maintenir sur la route du succès.

Aussitôt que j'entrais dans l'enclos, tout juste avant de m'asseoir à ma place, je leur lançais toujours la même phrase :

— *What's up, you fuckers ?*

Quantrill, que nous surnommions « Q », répondait alors invariablement :

— *What's up, goon ?*

Mota, pour sa part, me lançait d'une voix calme :

— *And you know it…*

Lorsqu'il s'est joint au *bullpen* en 2003, Tom Martin avait aussi ajouté une phrase amusante à notre scénario. Pour souligner que j'étais toujours le dernier à me présenter dans l'enclos, il m'apostrophait sur un ton à moitié indigné :

— *Nice that you show up !*

Nous étions comme cinq gamins. Et pour agrémenter les innombrables heures que nous passions ensemble, nous ne manquions pas d'imagination.

L'une des plus amusantes traditions que nous avions dans l'enclos consistait à élire le releveur par excellence de la partie et à inscrire son nom sur un mur.

Au début de chaque mois, chacun de nous déposait une centaine de dollars dans un pot. Et tout au long du mois, nous élisions un releveur par excellence à la fin de chacune de nos parties. Quand le mois prenait fin, nous faisions le décompte.

Le *running gag* dans cette histoire, c'était que le titre de releveur du mois (et le magot) était toujours décerné à un autre releveur que moi. Je ne suis jamais parvenu à remporter un seul titre ! J'étais celui qui amassait la quasi-totalité des sauvetages de l'équipe mais les gars ne votaient jamais pour moi. En plus, comme j'étais très souvent au monticule pour terminer les matchs pendant que les autres votaient, je n'avais même pas la chance de faire pencher la balance en ma faveur.

Quand nous faisions le décompte à la fin du mois, je faisais tout le temps semblant d'être indigné.

— C'est sûr que c'est un vote de popularité votre affaire !

Ces « activités parallèles » nous occupaient et elles créaient une belle chimie entre nous.

Et puisque nous avions encore beaucoup de temps à tuer, nous avions aussi formé un tribunal kangourou qui ne s'adressait qu'aux membres de l'enclos.

Ainsi, n'importe lequel d'entre nous pouvait porter n'importe quelle accusation à l'endroit d'un autre releveur, et l'affaire finissait éventuellement par être plaidée devant les juges du tribunal kangourou.

Le type de causes qui étaient débattues?

Shuey c. Quantrill : J'accuse Quantrill d'avoir formulé un commentaire inapproprié durant un match. Il a dit (...) et je demande au tribunal de lui imposer une amende de 25 $.

Quantrill c. Gagné : Gagné ne connaissait pas l'identité de l'arbitre au troisième but lors de notre premier match face aux Mets. Je recommande 20 $ d'amende.

Carrara c. Mota : Mota a oublié sa casquette dans l'enclos. 25 $ d'amende.

Quand nous avions accumulé un certain nombre d'accusations, le tribunal kangourou était appelé à trancher. Trois juges étaient choisis parmi les joueurs et ce sont eux qui prenaient les décisions finales.

Si l'accusé choisissait de ne pas se défendre, il était tenu de payer l'amende. Mais si l'accusé choisissait de se défendre mais qu'il était tout de même reconnu coupable, il était tenu de payer l'amende en double. Par contre, si les juges finissaient par donner raison à l'accusé, c'est celui qui avait porté les accusations qui devait payer l'amende en double.

Nous amassions ainsi de bonnes sommes d'argent. Nous en versions la moitié à des œuvres de charité. L'autre moitié servait à financer notre party de fin d'année, ou encore à payer un souper réunissant tous les membres de l'enclos.

Nous passions plus de temps ensemble qu'avec nos familles et nous faisions en sorte que chaque moment soit le plus agréable possible. C'est d'ailleurs cette belle solidarité qui nous a permis, durant quelques années, de former l'un des meilleurs groupes de releveurs du baseball majeur.

Quand je rejoignais mes coéquipiers dans l'enclos, par contre, je n'avais pas vraiment le cœur à rire. Après les salutations qui étaient prévues dans notre routine, je m'assoyais toujours à la première place près de la fenêtre. Et j'étais incroyablement nerveux.

Quand le téléphone sonnait, je connaissais le pointage et je savais automatiquement si l'appel m'était destiné. Je retirais alors le chandail que je portais par-dessus mon uniforme, je m'emparais de mon gant et je faisais exactement cinq rotations avec mon bras droit. Je m'étirais ensuite à l'aide d'un anneau suspendu au mur.

Puis je commençais à lancer avec Rob Flippo, le receveur attitré à l'enclos. Je me préparais toujours avec Rob, et ma routine de lancers était toujours exactement la même.

C'était surréaliste. Dès que je commençais à effectuer des lancers, tous les gens assis autour du *bullpen* se levaient d'un trait. C'était complètement fou. La foule s'animait juste à me regarder m'échauffer! Cette réaction spontanée des partisans me procurait à chaque fois une importante décharge d'adrénaline.

Rob et moi ajustions mon échauffement selon l'allure de la rencontre. Comme j'étais utilisé dans un très grand nombre de matchs, j'essayais d'éliminer tous les lancers superflus qu'il était possible d'effectuer dans l'enclos. J'attendais donc que nos frappeurs commencent à se présenter à la plaque en huitième pour entreprendre ma préparation.

Lorsque ma rapide avait atteint sa pleine vitesse, après une quinzaine de lancers, je simulais un affrontement avec un frappeur gaucher. Et dès que je parvenais à lancer trois prises consécutives, le temps était venu de simuler un affrontement avec un droitier.

Quand la rapide était parfaitement à point, je tentais d'atteindre chaque coin du marbre avec trois changements de vitesse de suite. J'étais cependant moins pointilleux avec ce lancer. Si je ratais la cible de Rob mais que la rotation et le mouvement de la balle étaient à mon goût, et si je ressentais parfaitement la balle entre mes doigts, je m'estimais prêt à entrer dans le match.

Je terminais ensuite mon échauffement en lançant une ou deux courbes. Ce lancer n'était pas vraiment important dans mon répertoire. Mais j'en lançais quelques-unes simplement pour faire tourner la balle et ressentir ce lancer, juste au cas où j'aurais envie de m'en servir pour déstabiliser un frappeur.

La plupart du temps, j'aimais revêtir mon blouson, me rasseoir quelques instants et boire un verre d'eau avant de faire mon entrée sur le terrain.

Quand le dernier retrait des Dodgers était enregistré, c'était la grosse affaire, comme je le racontais dans un chapitre précédent.

Les premières notes de la musique de Guns N' Roses retentissaient dans les haut-parleurs, les slogans *Game Over* flashaient sur tous les écrans du Dodger Stadium, et un employé des Dodgers – toujours le même – finissait par ouvrir les portes de l'enclos.

Ce moment de transe collective était un spectacle en soi. À un tel point qu'à un certain moment, les diffuseurs des Dodgers ont cessé de présenter des messages publicitaires entre la huitième et la neuvième manche afin que les téléspectateurs puissent aussi assister à mes entrées sur le terrain. Au lieu de diffuser une pub télé, une publicité du service de courrier DHL intitulée *The Delivery Man* avait été accolée sur les portes de l'enclos. On m'a raconté que l'annonceur dépensait près d'un demi-million de dollars pour être associé à ce moment très précis de la rencontre.

Quand la porte s'ouvrait, je tenais mon gant dans ma main droite et je courais tranquillement vers le monticule en prenant soin de ne pas m'essouffler. Ma routine était à ce point précise que j'essayais de compter chacun des pas qu'il me fallait franchir entre le *bullpen* et l'avant-champ. Il me fallait entre 23 et 25 pas pour atteindre le gazon à l'avant-champ, tout dépendant de la vitesse à laquelle j'avais quitté le *bullpen*. À l'arrivée, il fallait toujours que j'atteigne le gazon de l'avant-champ sur le même pied.

Aussitôt arrivé dans l'*infield*, je cessais de courir et je marchais lentement jusqu'au monticule. Avant de m'y installer, je donnais deux coups de pied sur la plaque, juste pour m'assurer de sa solidité. Je m'emparais alors de la balle et je la «flippais» aussitôt en l'air en la faisant virevolter sur elle-même. Mon niveau de concentration était tellement élevé, j'avais une telle conscience de chacun de mes gestes, que je ressentais chacun des muscles de mon visage.

C'est alors que ma séquence finale de préparation commençait. Et chacun de mes lancers était parfaitement coordonné avec le rythme de *Welcome to the Jungle : three fastballs, two change-ups, two curves. Fast-ball. Fast-ball.*

Après cela, plus rien ne pouvait m'arrêter.

CHAPITRE 8

La séquence

Tous ceux qui ont déjà vécu une saison complète de baseball professionnel connaissent la véritable signification de l'expression *dog days of summer.*

Les *dog days of summer* déterminent une période d'une quarantaine de jours qui s'étale du début du mois de juillet jusqu'au début de la deuxième semaine du mois d'août. C'est le temps de l'année où la température et le taux d'humidité atteignent leurs plus hauts sommets. Et jouer au baseball tous les jours durant cette période est une expérience en soi. Certaines fois, on peut quasiment trancher l'écrasante humidité ambiante au couteau. Et en d'autres occasions, la chaleur vous soulève presque de terre. Quand les matchs sont disputés en après-midi et que le thermomètre dépasse les 110 degrés Farenheit à la hauteur du terrain, on sent même la chaleur quitter le sol et transpercer les semelles de nos souliers à crampons.

Mentalement, c'est aussi la période de la saison au cours de laquelle les joueurs ressentent le plus de lassitude. Les équipes franchissent alors le cap des 81 matchs disputés, et l'enthousiasme du début de la saison s'est depuis longtemps évanoui. Et puis, la fébrilité du dernier droit de la saison et d'une possible course au championnat est encore trop loin dans le temps pour faire grimper le taux d'adrénaline, ne serait-ce que d'un seul iota.

Les joueurs de baseball sont des marathoniens. Et durant les *dog days of summer*, ils se retrouvent psychologiquement au milieu d'un long tunnel. Un peu machinalement, ils s'efforcent donc de tenir le fort et de maintenir une certaine constance en attendant que la fièvre du dernier segment du calendrier les atteigne.

En 2002, nos espoirs de participer aux séries éliminatoires se sont malheureusement évanouis durant ces *dog days of summer*.

Quand nous sommes revenus de la pause du match des étoiles, nous détenions une avance de deux matchs et demi sur les Diamondbacks de l'Arizona. Mais étonnamment, nous n'avons remporté que six de nos 19 derniers matchs du mois de juillet. Notre personnel de lanceurs et notre attaque sont tombés à plat en même temps et nous avons éprouvé pas mal de difficulté à redresser la barque.

Les Diamondbacks ont pour leur part terminé juillet en force, décrochant pas moins de 14 victoires lors de leurs 20 dernières parties.

Au début du mois d'août, nous accusions donc cinq matchs de retard sur le premier rang de notre division. Il restait encore beaucoup de baseball à disputer et il était encore possible de remonter la pente. Par contre, il fallait rapidement ouvrir la machine. Nous n'avions plus beaucoup de marge de manœuvre.

Parce que nous avions un excellent esprit d'équipe, nous nous sommes regroupés et nous avons réagi en remportant 22 matchs sur 29, entre le 3 août et le 6 septembre.

Malheureusement, les Diamondbacks se sont accrochés durant cette période et nous n'avons jamais pu réduire l'écart qui nous séparait du premier rang.

Le 26 août 2002, il y avait huit matchs d'écart entre les deux équipes quand les Diamondbacks nous ont infligé une défaite qui a marqué ma carrière et signifié le début d'une des plus extraordinaires séquences de l'histoire du baseball majeur.

Ce qui s'est produit dans ce match illustre à quel point les *closers* marchent parfois sur un mince fil dans les derniers instants d'une rencontre. Cela met aussi en perspective toute l'improbabilité des événements qui se sont produits au cours des deux années suivantes.

Le match était disputé au Dodger Stadium et nous détenions une avance de 3 à 2 en huitième, quand Jim Tracy a décidé de me faire sortir de l'enclos. Il y avait un retrait au tableau, mais Paul Quantrill venait d'accorder un simple et le prochain joueur des D'Backs à se présenter à la plaque était leur troisième frappeur, Luis Gonzalez.

Gonzo, comme le surnommaient ses coéquipiers, était alors le frappeur le plus redoutable de leur alignement. La saison précédente, il avait d'ailleurs terminé troisième au scrutin visant à élire le joueur le plus utile à son équipe dans la Ligue nationale.

Le défi était pour le moins intéressant. Je comptais 44 sauvetages à ma fiche et mon prochain match préservé allait me permettre d'éclipser le record des Dodgers que détenait Todd Worrell depuis 1996. Par ailleurs, la chasse au titre de meilleur releveur de la Ligue nationale (et la chasse aux records) qui m'opposait à John Smoltz, des Braves, était toujours aussi serrée. Smoltz avait alors 45 sauvetages à sa fiche.

Trois lancers après mon entrée dans le match, Gonzalez était retiré sur décision.

Le gérant des Diamondbacks, Bob Brenly, a alors décidé de remplacer son prochain frappeur, Greg Colbrunn (un droitier), par mon *ami* Erubiel Durazo, qui frappait de la gauche.

Le souvenir de Durazo, qui m'avait délibérément piétiné le visage à l'occasion d'une mêlée générale trois ans plus tôt, était encore bien frais à ma mémoire. Mais pour l'instant, j'avais un match à préserver.

Durazo s'est élancé sur quatre des cinq lancers auxquels il a fait face et il est rentré à l'abri avec son bâton sur l'épaule.

En neuvième, j'ai retiré Matt Williams et Mark Grace sur des prises. Toutefois, le deuxième frappeur de la manche, Steve Finley, était parvenu à soulever un très faible ballon dans le champ droit alors que son compte était complet, et notre voltigeur de droite Shawn Green n'avait eu aucune chance de rejoindre la balle pour la capter.

Le dernier retrait de la soirée s'annonçait donc être le frappeur d'urgence David Dellucci, un gaucher de 5 pieds 10 pouces qui présentait à ce moment-là une moyenne de ,234. Brenly avait misé sur Dellucci pour frapper à la place du lanceur Mike Koplove.

Après cinq lancers, le compte de Dellucci s'élevait à trois balles, deux prises. Il y avait deux retraits au tableau et Finley allait évidemment décoller vers le deuxième dès que j'allais entreprendre mon prochain élan. Le vétéran Tony Womack, un frappeur droitier, attendait son tour dans le cercle d'attente.

J'ai servi à Dellucci une excellente rapide qu'il a retroussée loin, hors de la portée de notre voltigeur de centre Dave Roberts. Dellucci s'est arrêté au deuxième pour un double. Finley a croisé le marbre pour créer l'égalité 3-3.

Je venais de saboter mon quatrième match de la saison. Et deux de ces sabotages étaient survenus contre les Diamondbacks. Avant cette soirée du 26 août, les partisans des Dodgers m'avaient vu préserver 22 rencontres de suite au Dodger Stadium. Ils ne m'avaient jamais vu échouer sur *mon* terrain.

J'ai retiré Womack sur un faible ballon pour boucler la neuvième et mettre fin à ma soirée de travail. Les Diamondbacks nous ont finalement vaincus au compte de 6 à 3 en 12 manches.

Pour moi, il n'y avait pas de pire sensation que celle que je ressentais lorsque je gâchais le travail accompli par mes coéquipiers durant les sept ou huit manches précédant mon arrivée dans le match. Dans ma tête, un sabotage ne devait jamais survenir, point à la ligne.

La confiance que je ressentais avait pris des proportions gigantesques. Au point où je savais la plupart du temps comment j'allais retirer chaque frappeur avant même qu'il quitte le cercle d'attente et qu'il entende l'annonceur-maison prononcer son nom. La maîtrise de mes lancers et mon niveau d'efficacité étaient si élevés qu'ils se situaient parmi les meilleurs de toute l'histoire du baseball.

Mon rôle consistait à m'assurer que nos avances, aussi minces soient-elles, nous glissent le moins souvent possible entre les doigts. Mais dans l'état de grâce où je me trouvais, il était difficile d'envisager que l'échec puisse, même très occasionnellement, faire partie de l'équation.

Nous avons finalement bouclé la saison 2002 au troisième rang de la division Ouest en vertu d'un dossier de 92 victoires et 70 défaites. Quand nous avons atteint le fil d'arrivée, nous accusions six matchs de retard sur les Diamondbacks, qui ont été couronnés champions de la division.

John Smoltz a remporté le duel de *closers* qui nous opposait en sauvegardant 55 matchs, établissant ainsi un record de la Ligue nationale.

Pour ma part, j'ai protégé les huit dernières avances qui m'ont été confiées après le fameux match du 26 août. J'ai terminé la saison avec 52 sauvetages et une moyenne de points mérités de 1,97, ce qui constituait tout de même à l'époque la cinquième meilleure performance de tous les temps.

Valérie, qui m'avait réprimandé au début de la saison quand je lui avais révélé que je m'étais fixé un objectif de 48 sauvetages, n'en revenait tout simplement pas que je sois parvenu à surpasser cette marque. Je m'étais fixé une cible aussi ambitieuse simplement parce que j'étais convaincu d'avoir été placé dans mon élément.

Mes statistiques personnelles de 2002 indiquaient aussi que j'avais maintenu une moyenne de 12,46 retraits au bâton par tranche de neuf manches. Dans l'histoire du baseball, seulement trois releveurs ayant participé à 70 matchs ou plus (Armando Benitez, John Rocker et Rob Dibble) étaient parvenus à faire mieux.

J'avais par ailleurs maintenu un ratio de 7,13 retraits au bâton pour chaque but sur balles accordé. Il s'agissait de la troisième meilleure performance de tous les temps, toujours chez les lanceurs ayant pris part à un minimum de 70 rencontres au cours d'une même saison.

Au terme de la saison, les dirigeants de la MLB m'ont invité à me joindre à une équipe d'étoiles qui allait se rendre au Japon au début de novembre afin d'y disputer une série de matchs contre des vedettes des ligues majeures nipponnes. J'ai accepté. Mais auparavant j'avais un autre important engagement à remplir. Valérie et moi devions rentrer au Québec pour nous marier...

Comme tant d'autres couples québécois, nous n'avions pas vraiment envisagé le mariage au début de notre relation. Nous nous aimions et ça nous suffisait amplement. Toutefois, le fait de ne pas avoir officialisé notre union nous avait causé quelques ennuis à mes premières saisons chez les Dodgers.

À l'époque, les femmes des joueurs pouvaient monter à bord de l'avion de l'équipe chaque fois que nous nous rendions disputer une série de matchs à l'étranger. Il n'y avait aucune restriction quant au nombre de voyages que les conjointes pouvaient effectuer au cours de la saison. Il y avait toutefois une règle d'or à respecter : pour monter à bord de l'avion de l'équipe, les femmes devaient être mariées.

Ce règlement avait été mis de l'avant pour assurer une certaine discipline et un certain décorum dans la vie que nous menions en équipe. On évitait ainsi que des joueurs célibataires emmènent une petite amie différente à chaque envolée. Ou encore, comme cela s'était déjà produit au sein d'autres organisations dans le passé, pour éviter que des joueurs un peu plus volages s'offrent une escapade avec une copine à bord de l'avion du club pendant que leur épouse restait à la maison.

Lors de la saison 2000, Val était enceinte de notre premier enfant, Faye. Et je l'avais invitée à m'accompagner durant un voyage de l'équipe afin de lui faire découvrir une autre facette de ma carrière dans le baseball majeur.

Les dirigeants des Dodgers s'étaient toutefois objectés à ce qu'elle fasse le voyage parce que nous n'étions pas mariés. Et cette situation m'avait grandement irrité.

— *Come on !* Si c'est vraiment une question de mariage votre affaire, allez me chercher un prêtre ! Je vais la marier sur-le-champ, elle montera à bord de l'avion et on n'en parlera plus.

Les entraîneurs savaient que Val et moi étions sérieux et que nous vivions ensemble depuis quelques années. Ils avaient finalement décidé de faire une entorse au règlement. Non sans prendre soin de me rappeler qu'aucune autre femme que Val ne pourrait m'accompagner à bord.

La saison suivante, en 2001, alors que j'avais été rétrogradé au niveau AAA à Las Vegas, Valérie et moi avions tenté de nous marier dans l'une de ces chapelles qui offrent le « mariage au volant ». Deux couples d'amis étaient en visite à Las Vegas à ce moment-là et l'idée de nous marier à l'improviste nous avait séduits.

Il faut dire toutefois que notre situation familiale nous avait incités à réfléchir à cette question au cours des mois précédents. Nous avions l'intention éventuellement d'obtenir la Carte verte afin de pouvoir résider aux États-Unis en permanence. Et le fait d'être mariés semblait pouvoir faciliter nos démarches. Par ailleurs, nous avions désormais un enfant et nous désirions en avoir plusieurs autres. Et le statut de conjoints de fait ne semblait pas aussi bien cadrer dans la législation américaine qu'au Québec.

Dernier argument, et non le moindre, Val m'avait avoué qu'elle rêvait de se marier un jour.

Nous sommes donc montés à bord de la voiture et nous avons mis le cap sur l'un des nombreux *Drive Thru Wedding* de Vegas. Nous nous disions que nous allions nous marier à Vegas pour le *kick*, et que nous allions plus tard célébrer un mariage religieux au Québec en présence de nos familles et de nos amis.

En arrivant à la hauteur du guichet du *Drive Thru Wedding*, j'ai baissé la fenêtre de ma voiture.

— Avez-vous votre licence? m'a demandé le type.

Après avoir fouillé dans nos portefeuilles respectifs, nous lui avons tendu nos permis de conduire.

— Non, non! Ça ne fonctionne pas avec le permis de conduire! Vous devez vous rendre au palais de justice pour obtenir une licence de mariage, d'expliquer notre interlocuteur.

Je trouvais que quelque chose clochait dans leur système.

— Ça n'a pas d'allure votre affaire, monsieur! Ça sert à quoi de se marier à bord de notre voiture s'il faut en sortir pour aller chercher une licence au palais de justice?

Notre projet de mariage instantané avait donc pris fin sur cette drôle de note et le sujet s'était par le fait même retrouvé sur une tablette. Cela ne figurait pas parmi nos priorités. Toutefois, les attaques terroristes du 11 septembre nous ont rapidement incités à reconsidérer notre position.

Dans les jours suivant ces actes barbares, un véritable vent de panique régnait au sein des agences de sécurité canadienne et américaine. Il semblait clair que les déplacements aériens et les passages aux douanes allaient désormais être plus compliqués. Les autorités américaines laissaient aussi entendre qu'elles allaient rendre plus sévères les conditions permettant aux citoyens d'autres pays d'obtenir des visas.

Le 18 septembre 2001, en compagnie de notre petite Faye, Val et moi nous sommes donc mariés civilement à Los Angeles.

Les vœux ont été formulés un peu machinalement, dans un anglais parfois très approximatif. Et l'homme qui nous servait de témoin était un quidam que nous n'avions jamais vu de notre vie.

Mais c'était parfait.

Nous ne voulions surtout pas avoir l'impression qu'il s'agissait de notre « vrai » mariage parce que nous avions l'intention de le célébrer au Québec.

Un peu plus d'un an plus tard, le 2 novembre 2002, nous nous disions « oui » dans un contexte beaucoup plus solennel, devant 215 amis et membres de nos deux familles dans l'enceinte de la pittoresque église Saint-Henri de Mascouche.

Val et moi avions décidé de rédiger nous-mêmes nos vœux à cette occasion. Et même si le curé nous avait conseillé de nous limiter à quelques lignes, Valérie avait pris soin de rédiger une assez longue déclaration. Pour ma part, je m'étais efforcé d'aller directement à l'essentiel :

— Je te donne mon cœur et mon bras droit, avais-je annoncé, ce qui n'avait pas manqué de susciter quelques rires parmi nos invités.

La cérémonie a été suivie d'un banquet absolument mémorable. Le genre de party de mariage qui aurait pu se poursuivre toute la nuit. Mais ce ne fut pas le cas. À 3 h du matin, Valérie et moi étions en route vers l'aéroport parce que je devais rejoindre l'équipe d'étoiles de la MLB à Los Angeles, le temps d'une séance d'entraînement, avant le grand départ pour le Japon.

La morte-saison fut donc plutôt courte entre les campagnes de 2002 et 2003. Nous sommes revenus du Japon à la mi-novembre et j'étais déjà de retour à Vero Beach à la fin de janvier pour compléter ma préparation en vue du camp d'entraînement.

Je me suis d'ailleurs présenté à ce camp dans un contexte bien différent de ce que j'avais connu au cours des années précédentes. Pour la première fois de ma carrière, mon poste au sein des Dodgers était assuré. Je n'avais donc plus à me battre, à m'inquiéter ou à surveiller ce que les autres lanceurs de l'organisation faisaient. Mon job consistait simplement à bien me préparer afin de pouvoir fonctionner à pleins gaz à compter du match d'ouverture.

Malheureusement, une blessure mineure à un genou m'a empêché de lancer durant la majeure partie du camp. Je n'avais d'ailleurs lancé que sept manches dans la Ligue des pamplemousses quand le calendrier 2003 s'est mis en branle.

Malgré cela, j'ai repris exactement là où la saison précédente avait pris fin. Il a fallu attendre ma 13e sortie et mon 10e sauvetage de la saison, le 4 mai, avant que j'accorde un premier point à l'adversaire.

J'étais le même lanceur que la saison précédente mais je me sentais investi de plus grandes responsabilités. Quand j'étais assis dans l'enclos et qu'une situation de sauvetage survenait, je me sentais comme un animal en cage. Il fallait absolument que j'en sorte pour aller préserver notre avance.

Entre le 16 et le 22 mai, en l'espace de 7 jours, j'ai sauvegardé 6 matchs de suite! Après cette hallucinante séquence, je comptais 18 sauvetages à ma fiche, soit 3 de plus qu'à pareille date l'année précédente.

Mes très nombreuses présences au monticule faisaient toutefois grimacer les observateurs les plus avertis. Utiliser le même lanceur six fois au cours d'une même semaine, qui plus est dans une période aussi peu significative que la mi-mai, est considéré comme une hérésie dans le monde du baseball : les risques de blessures pouvant découler d'une telle surutilisation sont énormes.

Mais je me sentais invincible et je refusais systématiquement de prendre des jours de congé. Lorsqu'une possibilité de sauvetage survenait, je voulais qu'on me remette la balle. Point à la ligne. Par conséquent, je n'ai jamais accepté qu'on m'impose une journée de congé.

J'ai donc passé les plus belles années de ma carrière à mentir. Quand le gérant ou l'entraîneur des lanceurs me demandait comment je me sentais dans les heures précédant un match, je savais exactement ce qu'il avait derrière la tête. Alors je ne leur disais jamais que je ressentais de la douleur ou de la fatigue.

— Tout est parfait ! *No problem !*

Cette attitude a d'ailleurs donné lieu à plusieurs accrochages avec mes entraîneurs, qui n'étaient tout de même pas nés de la dernière pluie. Il arrivait parfois que notre entraîneur des lanceurs, Jim Colborn, me dise :

— Éric, n'enfile même pas tes souliers à crampons aujourd'hui. Nous te donnons congé. Tu ne joueras pas.

Et je lui répondais :

— *Fuck you*, hostie *! I'll put my cleats on and I'm going out !*

Il y a des gens qui m'ont fortement conseillé d'être plus prudent et de ménager mon corps. Mais j'étais comme une sorte de cheval sauvage qui refusait systématiquement de laisser qui que ce soit tirer sur les guides.

Je me rappelle notamment de quelques réunions au cours desquelles mon agent, Scott Boras, m'a parlé dans le blanc des yeux pour tenter de me faire entendre raison.

— Éric, ça n'a pas d'allure ! Il faut que tu arrêtes ! Il faut que tu dises aux entraîneurs de l'équipe qu'ils ne peuvent pas t'employer dans plus de trois matchs consécutifs. Si tu continues comme ça, tu vas raccourcir ta carrière de cinq ou six ans !

— Scott, tu ne me feras jamais dire que je ne veux pas lancer. Ça irait complètement à l'encontre de ma personnalité. Je ne serais pas capable d'aller dans le bureau du gérant et de lui dire une chose pareille. Ça ferait de moi le type de joueur que j'ai toujours détesté.

Jim Colborn, que nous surnommions «Colby», s'était joint aux Dodgers en 2000. Il me connaissait donc depuis le début de ma carrière dans les majeures et il était un excellent entraîneur des lanceurs.

Colby avait connu une carrière d'une dizaine d'années dans les ligues majeures, au cours de laquelle il avait notamment signé des saisons de 20 victoires avec les Brewers de Milwaukee (1973) et de 18 victoires, cette fois en 1977 dans l'uniforme des puissants Royals de Kansas City. Cette saison-là, le 14 mai, il était d'ailleurs devenu le premier lanceur de l'histoire des Royals à lancer un match sans point ni coup sûr au Royals Stadium (une victoire de 6-0 aux dépens des Rangers du Texas).

Dans le sport professionnel, il est extrêmement difficile d'avoir des conversations d'homme à homme avec un entraîneur ou avec un directeur général, car il y a presque toujours un agent ou un intermédiaire entre les deux. J'appréciais donc beaucoup Jim Colborn parce que lui et moi faisions les choses à l'ancienne. Nous pouvions avoir une sérieuse confrontation, nous parler dans la face et ensuite passer à autre chose sans que subsiste la moindre animosité.

Nous nous respections pour cela. J'imagine que nous étions tous les deux conscients que dans notre univers, bien des joueurs préféraient parler dans le dos de leurs entraîneurs au lieu de leur faire face directement.

Jim Tracy et Colby savaient qu'ils avaient un cheval sauvage entre les mains. Et je suis certain qu'ils appréciaient de pouvoir compter sur un *closer* qui frappait littéralement sur les murs de l'enclos afin qu'on lui permette de faire son travail le plus souvent possible. Pour des entraîneurs œuvrant dans un milieu aussi compétitif que le base-ball majeur, il est beaucoup sécurisant de devoir contrôler les ardeurs d'un joueur plutôt qu'être obligé de constamment lui pousser dans le dos.

Avec le recul, je conçois toutefois que j'ai parfois poussé la note un peu fort. Il m'est même arrivé en certaines occasions de me lever dans l'enclos et de commencer à m'échauffer sans qu'on me l'ait demandé.

Quand je voyais la situation se dégrader sur le terrain, j'avais beaucoup de mal à rester assis et à apprécier le spectacle. Mais en bout de ligne, cette conduite interférait avec la gestion de la rencontre.

— Éric, tu ne peux pas faire ça! Tu ne peux pas t'échauffer et te préparer à entrer dans le match sans qu'on te le demande. Tu nous places dans une situation inacceptable. *You're showing me up!* déplorait Tracy.

Je ne voulais pas le faire mal paraître. Je me disais qu'aucun autre joueur de l'équipe ne savait si j'étais supposé m'échauffer dans telle ou telle situation. Parce que Tracy et moi communiquions beaucoup et que, souvent, nous nous entendions avant le match sur la procédure à suivre. Par exemple, il pouvait me dire :

— S'il y a un retrait en huitième manche et que nous sommes dans le pétrin, il est fort possible que je t'utilise dans cette situation ce soir.

Si je commençais à m'échauffer de mon propre chef et que personne ne savait que la commande ne provenait pas du gérant, je n'avais pas l'impression de saper son autorité.

Mais Trace voyait les choses différemment. À juste titre, d'ailleurs.

— Moi je sais que je ne t'ai pas demandé de t'échauffer. Tu n'es donc pas supposé le faire, arguait-il.

Le 21 juin 2003, alors que nous disputions le deuxième match d'une série interligues contre les Angels d'Anaheim, j'ai préservé mon 29ᵉ match de la saison. Depuis le 26 août 2002, je n'avais pas encore saboté une seule avance, ce qui portait à 37 ma séquence de sauvetages consécutifs.

Lors de mes premières saisons dans le baseball majeur, les vétérans des Dodgers m'avaient enseigné à quel point il était important de prendre soin des plus jeunes joueurs de l'équipe et de s'assurer qu'ils n'aient jamais à sortir leur portefeuille de leurs poches.

J'ai plus tard perpétué avec bonheur cette fabuleuse tradition, qui m'avait beaucoup marqué lors de mon premier rappel dans les majeures. Mais en 2003, ce temps n'était pas encore venu. Même si j'avais connu une saison exceptionnelle l'année précédente et que j'étais le releveur numéro un du club, les Dodgers m'avaient imposé un salaire de 550 000 $ durant l'hiver. Parce que je n'avais pas l'ancienneté nécessaire, je n'avais ni droit à l'arbitrage, ni pouvoir de négociation. Par conséquent, parmi les dix lanceurs de l'équipe, j'étais le lanceur le moins payé.

N'empêche, j'avais un statut particulier dans le *clubhouse* et j'aimais beaucoup organiser des activités qui permettaient aux joueurs de se côtoyer à l'extérieur du terrain. Cela m'apparaissait essentiel pour créer une cohésion au sein de notre groupe de joueurs et, ultimement, pour connaître encore plus de succès sur le terrain.

J'avais une vision un peu romantique de la vie en équipe. Je l'ai toujours d'ailleurs.

Sept mois par année nous passions plus de temps ensemble qu'avec les membres de notre famille. Mais quand nous étions au stade nous n'avions pas vraiment le temps d'apprendre à nous connaître les uns les autres. Nous nous connaissions en tant que coéquipiers mais nous ne savions pas grand-chose de la vie que chacun menait à l'extérieur du terrain.

Régulièrement, nous organisions donc des soupers d'équipe. J'adorais préparer ce genre de soirées, pour lesquelles j'ai d'ailleurs fini par développer une sorte d'expertise. Je connaissais les bonnes adresses aux quatre coins de la ligue.

Par exemple, si notre avion se posait à Montréal à 19 h, nous avions déjà une réservation pour 30 personnes dans l'un des meilleurs restaurants en ville. Nous nous y rendions tous ensemble, nous mangions un peu, buvions quelques verres de vin puis nous retournions à l'hôtel. Pour l'esprit d'équipe, c'était génial.

En d'autres occasions, les membres de l'enclos des releveurs se rassemblaient pour un bon repas et nous invitions les receveurs ainsi que les entraîneurs à se joindre à nous. Nous faisions en sorte d'inviter les entraîneurs le plus souvent possible, ce qui nous permettait mutuellement de prendre le pouls des uns et des autres.

Notre *bullpen* était vraiment uni et solide durant la saison 2003. Nous avons bouclé la saison avec une moyenne de points mérités collective de 2,48 alors que les équipes adverses n'ont maintenu qu'une anémique moyenne au bâton de ,207 contre nous. Certains sabermétriciens ont d'ailleurs analysé que nous avions formé l'enclos des releveurs le plus dominant depuis la Seconde Guerre mondiale.

Lors de nos rares journées de congé, j'aimais beaucoup organiser des barbecues familiaux. Plusieurs joueurs étaient en couple et avaient des enfants. Les activités de ce genre nous permettaient de faire connaissance avec les enfants ou de discuter avec les épouses de nos coéquipiers autrement qu'en les saluant rapidement au terme d'un match.

Il était parfois fort intéressant de voir à quel point les joueurs se comportaient différemment lorsqu'ils se retrouvaient dans un contexte de fête familiale.

Kevin Brown, par exemple, était un joueur extrêmement intense lorsqu'il avait son uniforme sur le dos.

En 1999, à l'âge de 34 ans, Brown avait paraphé avec les Dodgers un contrat de sept ans d'une valeur totale de 105 millions. En plus, la direction de l'équipe lui avait consenti une foule d'autres avantages, comme par exemple l'usage par sa famille d'un jet privé pour un certain nombre de voyages. Il pouvait par ailleurs se présenter au camp d'entraînement quand il le voulait. Bref, on lui avait déroulé le tapis rouge.

Brown était notre partant numéro un. Il s'entraînait extrêmement fort et il prenait ses responsabilités très au sérieux. Mais il était colérique au possible et ne tolérait aucune contrariété.

S'il était en train de s'entraîner au gymnase et que les *dumbells* n'étaient pas placés exactement dans la position où il les voulait, à la seconde où il les voulait, il pouvait tout démolir dans la pièce.

La pire crise à laquelle j'ai assisté de sa part est survenue à Pittsburgh à la suite d'un match qui avait mal tourné. Il y avait dans le vestiaire un immense frigidaire à bière, l'un de ses grands frigos dotés de portes vitrées coulissantes.

Brown l'avait violemment renversé au sol. Enragé, il s'était ensuite emparé d'un bâton de baseball et il avait détruit le mur au grand complet.

Disons que c'était un joueur avec lequel les gars de l'équipe n'étaient pas très portés à discuter de leur vie privée quand nous étions au stade. Par contre, quand nous nous retrouvions ensemble à l'occasion d'un barbecue familial, c'était incroyable de voir Kevin Brown interagir avec ses enfants. Il était un père incroyablement enjoué et dévoué.

Pour une deuxième année de suite, nous avons connu un affaissement important au cours du mois de juillet 2003, durant les fameux *dog days of summer*. Nous n'avons remporté que 9 des 27 matchs disputés durant cette période, ce qui nous a fait glisser à 13 ½ matchs des Giants et de la tête de notre division.

Par conséquent, je n'ai été appelé à sauvegarder que 6 rencontres durant ce mois, ce qui a porté mon total de la saison à 35, soit exactement le même nombre qu'à pareille date la saison précédente. Ma séquence de sauvetages consécutifs, elle, s'élevait alors à 43.

Avec le succès vient la célébrité. Et avec la célébrité viennent… toutes sortes de choses.

À cette époque, je dirais que les deux vedettes sportives les plus célèbres à Los Angeles étaient Kobe Bryant et moi. Bryant était vraiment au top et je venais au second rang en termes de notoriété.

Cela m'a permis de rencontrer toutes sortes de gens et, surtout, de profiter de nombreux petits privilèges. Comme le fait de ne jamais avoir à faire la file pour entrer dans les boîtes les plus branchées de Sunset Boulevard ou d'avoir « ma » table dans la plupart de mes restaurants préférés.

Valérie et moi fréquentions énormément les restaurants. Et la plupart du temps, à partir du moment où nous posions le pied dans l'un de nos établissements favoris, des femmes, des hommes et des enfants se succédaient à notre table pour me serrer la main ou pour obtenir un autographe. Il m'est même arrivé de voir des gens quitter leur table au beau milieu de leur repas afin d'aller chercher un chandail des Dodgers à la maison et le rapporter au restaurant pour que je puisse le signer.

Je n'avais pas de problème avec ce genre de situation. Je me considérais privilégié d'être encouragé et appuyé de la sorte par les partisans des Dodgers. J'aimais avoir ces contacts directs avec les gens.

L'un des restos que nous aimions le plus fréquenter, le J.J. Steakhouse, fermait ses portes à 22 h, à peu près au même moment où la plupart de nos matchs prenaient fin. Vers 21 h 30, Val téléphonait souvent à Rose, la gentille dame qui dirigeait le restaurant, et elle lui disait que nous avions envie de nous y rendre afin de savourer un repas après la rencontre.

Rose faisait alors en sorte que le restaurant reste ouvert jusqu'à minuit, juste pour nous accommoder.

Les plus grands promoteurs de bars et de boîtes à la mode de Los Angeles, comme Bramboat House, téléphonaient constamment à la maison pour m'inviter à l'ouverture de leurs nouveaux établissements ou à l'occasion de certains partys.

Val et moi avions une vie sociale passablement active à l'époque. Notre maison était constamment remplie d'amis québécois ou de membres de la famille qui venaient nous visiter. En fait, nous n'étions presque jamais seuls. Nous n'avions pas de véritable vie de couple ou de vie familiale.

Et le soir venu, nous sortions beaucoup avec les amis qui étaient de passage à la maison. J'ai toujours été un oiseau de nuit et j'ai toujours aimé sortir. En ce sens, la vie de joueur de baseball était faite sur mesure pour moi. Je pouvais sortir tant que je le désirais et me lever à 11 h ou 11 h 30 tous les matins, frais et dispos, prêt à retourner sauvegarder un autre match.

Quand nous faisions la file pour entrer dans les bars les plus en vogue de L.A., les portiers venaient nous chercher directement et nous faisaient passer devant tout le monde.

— Éric, tu ne feras jamais la queue ici! disaient-ils, alors que d'autres célébrités attendaient pourtant leur tour à l'arrière.

C'est de cette manière que Los Angeles me gâtait et je l'appréciais à chaque fois. Je n'ai jamais tenu ces traitements de faveur pour acquis et je crois que c'est ce qui m'a permis de vraiment savourer cette période. Je savais que ma domination n'allait pas durer 20 ans. Il y avait un côté de moi qui se croyait indestructible et qui croyait pouvoir lancer tous les soirs. Mais quelque part dans ma mémoire, j'avais aussi le souvenir de la greffe de tendon que j'avais subie six ans plus tôt. J'étais donc parfaitement conscient que tout ce que je vivais reposait sur quelque chose de très fragile.

Au fond, ce n'était pas le fait d'avoir ma table dans tous les restaurants ou de pouvoir éviter les files d'attente des boîtes de nuit qui me faisait plaisir. C'était le simple fait de savoir que partout en ville, les gens appréciaient ce que j'accomplissais sur le terrain.

Vivre la célébrité à Los Angeles est certainement une expérience unique. C'est l'endroit dans le monde où l'on retrouve la plus grande concentration de vedettes au kilomètre carré. Toutes les rock stars et toutes les stars de cinéma baignent dans cet environnement. Un joueur étoile des Dodgers se trouve donc à faire partie de ce décor. Les gens le reconnaissent absolument partout mais, en même temps, ce n'est jamais lui qui occupe l'avant-scène. Ça rend les choses plus faciles et agréables à vivre.

C'est différent de Boston, par exemple, où l'acteur Ben Affleck était à peu près la seule vedette que l'on voyait dans l'entourage de l'équipe. À Beantown, les plus grandes vedettes sont les athlètes qui défendent les couleurs des équipes professionnelles de la ville. Et c'est sans doute plus difficile à porter.

Malgré tous les avantages dont je bénéficiais, je ne me suis jamais considéré comme un membre du jet-set. Au contact des stars hollywoodiennes par contre, j'ai noté une amusante tendance : la plupart des grandes stars de la musique ou du cinéma semblent vraiment admirer les vedettes sportives. À l'inverse, la plupart des athlètes fantasment à l'idée de mener une vie de *rock star* ou de *movie star*. C'est sans doute ce respect mutuel qui fait en sorte que les deux groupes font aussi bon ménage à Los Angeles.

Mon statut chez les Dodgers m'a notamment permis de rencontrer des vedettes comme Tom Cruise, Cameron Diaz, Justin Timberlake et de très nombreuses autres. J'ai même rencontré… Wayne Gretzky ! D'ailleurs, cette rencontre avec la « Merveille » est restée gravée dans ma mémoire. Ce fut un moment à la fois étrange et drôle parce que personne dans mon entourage ne le reconnaissait.

Les Dodgers invitent très souvent des vedettes du monde de la musique ou du cinéma sur le terrain avant les matchs de l'équipe. Et la plupart de ces célébrités demandent à rencontrer des joueurs. Quand cela se produit, des joueurs sont mandatés pour leur faire un brin de jasette et leur offrir une visite du vestiaire.

Le jour où Gretzky est venu nous voir, je m'attendais à ce que tout le monde le reconnaisse puisqu'il avait porté les couleurs des Kings pendant plusieurs saisons, mais non ! Moi, en tous cas, j'étais très heureux de le rencontrer parce que je l'avais beaucoup admiré durant mon enfance. Après avoir jasé pendant cinq minutes avec lui, j'ai donc demandé à Gretzky s'il avait envie de visiter notre vestiaire et je l'ai accompagné.

Durant notre parcours, je lui ai présenté plein de gens. Et en lui serrant la main, tous avaient ce petit point d'interrogation dans le regard m'indiquant qu'ils n'avaient aucune idée de l'identité ou de l'importance du type que je leur présentais. Je n'en revenais pas ! Une fois à l'intérieur du vestiaire, le taux de notoriété du 99 n'était guère plus élevé. Il y a peut-être un joueur ou deux qui étaient originaires du nord des États-Unis qui ont réagi en disant :

— Ah oui, c'est Wayne Gretzky.

Sans plus.

Je marchais aux côtés du plus grand hockeyeur de l'histoire et j'avais envie de crier :

— Hey, sacrament ! Vous ne vous rendez pas compte ? C'est un dieu qui marche devant vous !

Durant ma période de quasi-invincibilité, les partisans des Dodgers voyaient constamment mon visage à la télévision ou sur de grands panneaux publicitaires aux abords des autoroutes. En plus des pubs des Dodgers, au sein desquelles je figurais toujours, j'étais devenu porte-parole d'un manufacturier de lunettes (Oakley) et j'étais associé à des équipementiers comme Nike, Easton et Under Armour.

Au stade, on me disait que le département de marketing des Dodgers faisait des affaires d'or avec mon image d'intraitable rebelle. Les t-shirts arborant le numéro 38 se vendaient comme des petits pains chauds, tous comme les t-shirts arborant mon visage et sur lesquels était cousue une barbichette bleue. Les fausses lunettes et les fausses barbichettes étaient aussi des articles très populaires aux boutiques de souvenirs.

Cette grande notoriété avait de bons côtés mais elle provoquait parfois des réactions étranges ou inquiétantes au sein du public.

Par exemple, alors que nous quittions un bar ou une boîte à la mode, il est arrivé que des filles se « garrochent » littéralement sur ma voiture pour attirer l'attention, parfois après avoir retiré quelques pièces de vêtements !

Quand elle assistait à des scènes du genre, Val réagissait de la bonne manière. Elle s'étonnait toujours que la popularité d'une personne puisse entraîner des comportements aussi extrêmes auprès de parfaits étrangers.

En d'autres occasions, alors que ma femme et moi étions ensemble dans des endroits publics, il est aussi arrivé que des filles viennent à ma rencontre pour engager la conversation, pour plus ou moins flirter en feignant d'ignorer que j'étais accompagné. Je m'efforçais alors de mettre un terme à ces intrusions de façon polie, tout en faisant preuve de fermeté.

Val trouvait ces comportements totalement pathétiques. Mais elle n'en faisait pas vraiment de cas.

D'autres événements ont toutefois été plus graves et j'ai dû faire appel à de l'aide extérieure pour y mettre fin.

Ainsi, dès le début de la saison 2003, Valérie a commencé à recevoir des appels importuns à chaque fois que je faisais mon entrée sur le terrain durant les matchs. À chaque fois, c'était la même voix féminine à l'autre bout du fil. Et à chaque fois, c'était le même genre de message :

— Je vais rencontrer ton mari après le match et je vais coucher avec lui.

Les propos de cette *stalker* étaient souvent incohérents et agressifs. Et ces appels survenaient plusieurs fois par semaine.

Comment une harceleuse compulsive avait-elle pu se procurer le numéro de cellulaire de ma femme ? Lorsqu'on fait le décompte du nombre d'endroits où nous laissons nos numéros de téléphone dans la vie de tous les jours (chez le dentiste, au club vidéo, chez le médecin, à la banque, au gym où l'on s'entraîne, au magasin de meubles lorsqu'on demande une livraison, etc.), les possibilités sont multiples.

Quand Val m'a fait part de cette situation au début, je lui ai répondu qu'il s'agissait sans doute d'une « dérangée » et qu'elle allait probablement se lasser rapidement.

Mais j'avais tout faux. La situation a perduré durant près de deux mois. Et les appels sont devenus de plus en plus nombreux et de plus en plus méchants.

À un certain moment, durant le mois de mai, j'étais au Dodger Stadium dans le vestiaire de l'équipe. J'avais mon uniforme sur le dos. Le match était censé débuter dans une heure et j'étais en train de me préparer quand le préposé au vestiaire m'a tendu le téléphone.

— Éric, ta femme veut te parler.

Depuis mes débuts dans le baseball professionnel, Valérie n'avait jamais, au grand jamais, tenté de m'appeler dans le *clubhouse* avant un match. Elle savait que ça ne se faisait pas. Il fallait qu'il se passe quelque chose de très sérieux pour qu'elle agisse ainsi.

Quand j'ai pris l'appareil, je l'ai tout de suite entendue sangloter.

— Je m'en retourne à la maison. Je ne suis plus capable ! Cette fille me harcèle tout le temps et je n'ai plus la force d'endurer ça. Je n'en peux plus !

Le vase était plein. Pour la première fois, Val étalait devant moi toute la peine et l'angoisse que lui infligeait ce harcèlement incessant. Elle était vraiment désemparée et il est tout de suite devenu clair que je ne pouvais ignorer ou mettre de côté ce qu'elle me disait, même pour quelques heures.

J'ai donc quitté le stade à la hâte et je suis rentré à la maison, toujours vêtu de mon uniforme des Dodgers.

Quand nous nous sommes retrouvés, je l'ai prise dans mes bras et j'ai fait du mieux que j'ai pu pour la réconforter.

Je pense que le seul fait de constater que j'avais quitté le Dodger Stadium quelques minutes avant le début d'un match lui a fait réaliser à quel point je prenais la situation au sérieux et à quel point je considérais que nous étions dans le même bateau par rapport à cette situation.

Quand je suis revenu au Dodger Stadium, le match était déjà commencé. Heureusement, je n'ai pas eu de victoire à préserver ce soir-là.

Après la rencontre, j'ai pris les grands moyens et j'ai fait appel au service de sécurité du baseball majeur.

J'avais appris l'existence de ce service de sécurité au printemps 2000, quelques mois après avoir disputé mes premiers matchs au sein du *Show*. En compagnie de plusieurs dizaines de jeunes espoirs provenant de toutes les organisations de la ligue, j'avais été convoqué à Washington, où on nous avait offert un impressionnant séminaire. Le sujet à l'odre du jour : les nombreux pièges qui guettent les joueurs du baseball majeur.

J'avais alors appris que la MLB embauchait des policiers, souvent des membres du FBI, dans toutes les villes de la ligue afin de s'assurer que des individus peu recommandables ne puissent rôder autour des joueurs et des vestiaires.

Le service de sécurité a rapidement retracé la *stalker* qui nous empoisonnait la vie. Menacée d'être poursuivie au criminel, elle a rapidement disparu du portrait.

Un autre cas de ce genre s'est produit alors que j'arrivais au Dodger Stadium et que j'empruntais l'ascenseur menant à l'étage où se trouvait le vestiaire de l'équipe.

À bord de l'ascenseur, une jeune femme m'avait remis une balle et elle était descendue à un autre étage que le mien. Cela faisait plusieurs fois que cette femme se trouvait à bord de l'ascenseur quand j'y entrais. En fait, quand j'y ai repensé par la suite, je me suis rendu compte qu'elle s'y trouvait presque tout le temps.

Sur la balle, il était écrit : *J'espère que nous serons seuls dans l'ascenseur la prochaine fois.*

Le message avait déjà de quoi inquiéter. Mais la calligraphie était encore plus troublante. Les lettres étaient anormalement déformées comme si la personne qui les avait faites avait beaucoup tremblé.

Qu'est-ce que cette femme avait voulu me dire en me refilant ce message ? Qu'avait-elle en tête ? Les gens sont parfois prêts à n'importe quoi pour faire de l'argent. C'est facile de sortir d'un ascenseur en criant et en prétendant qu'un athlète s'y est mal comporté.

J'ai donc remis la balle au service de sécurité en leur racontant ce qui s'était passé. Encore une fois, ils ont retrouvé l'auteure de cet étrange message et ils se sont rendu compte qu'elle réservait souvent des chambres aux mêmes hôtels que notre équipe quand nous étions sur la route.

Je n'ai plus jamais revu cette femme par la suite.

Le 5 septembre, nous amorcions une série de trois matchs contre les Rockies du Colorado, au Coors Field. Quand j'ai été inséré dans le match en neuvième, nous jouissions d'une mince avance de 8 à 7.

Après deux retraits, les Rockies avaient un coureur au deuxième et Ronnie Belliard, le premier frappeur de l'alignement, s'est présenté à la plaque. Avec un compte de deux balles, une prise, il a cogné un roulant en direction du troisième. Retrait 5-3, a inscrit le marqueur officiel, sur la feuille de pointage.

C'est ainsi que j'ai récolté mon 48e sauvetage de la saison. Le 100e de ma carrière. Dans l'histoire du baseball, aucun lanceur n'avait atteint la marque des 100 matchs préservés en aussi peu de temps. Ma séquence de sauvetages consécutifs s'élevait désormais à 56.

Pour un jeune athlète professionnel, Los Angeles est un endroit où les occasions et les pièges sont nombreux. Il est très facile de s'y égarer. J'ai toutefois eu la chance d'être marié et d'avoir des enfants, ce qui m'a évité pas mal de distractions durant ma carrière.

Mais comme le dit le vieil adage, *boys will be boys*.

Nous passions la moitié de notre vie à sillonner les plus belles villes d'Amérique. Alors quand l'équipe était en voyage, je n'étais certainement pas du genre à m'enfermer dans ma chambre d'hôtel. Je sortais tous les soirs.

Les deux personnes dont j'étais le plus proche dans l'organisation étaient Casey Deskins, notre responsable de la vidéo, et Todd Clausen, notre entraîneur responsable du conditionnement physique. Nous étions toujours ensemble, au point où les gars de l'équipe nous avaient surnommé les Trois Mousquetaires.

Notre routine était pas mal toujours la même. Après les matchs, nous nous rassemblions et nous allions finir la soirée au restaurant. Je préférais aller souper au restaurant en fin de soirée plutôt que de manger au stade, où je passais déjà 10 ou 12 heures par jour. Ça me faisait du bien de changer d'air.

Il arrivait aussi que je sorte avec des coéquipiers, mais c'était moins fréquent.

Les bons restaurants où il était possible d'aller souper vers 22 h 30 ou 23 h restaient généralement ouverts jusqu'aux petites heures du matin. Alors quand nous finissions de manger, nous en profitions pour prendre quelques verres. C'était notre précieux rituel.

Il nous arrivait parfois de nous accrocher les pieds quelque part et de connaître des soirées assez débridées. Mais c'était très rare. Ce sont les resto-bars et les lounges qui nous allumaient le plus.

À Chicago, par exemple, nous allions presque toujours manger au Gibsons Bar & Steakhouse, sur North Rush Street. Et nous y restions jusqu'à 2 h du matin. Nous parlions du match que nous venions de jouer et des autres rencontres qui avaient eu lieu ailleurs dans le baseball majeur. Nous regardions les faits saillants à la télé. Et comme nous étions ensemble chaque jour, nous discutions pas mal de tout ce qui se passait dans nos vies.

Les femmes de certains de mes coéquipiers passaient parfois des remarques à Valérie :

— Tu es pas mal tolérante, je trouve. Moi, je ne permettrais jamais à mon mari de sortir tous les soirs...

Mais Val me connaissait depuis l'adolescence. Elle savait qui j'étais.

— OK, ça ne fait pas nécessairement mon affaire. Mais si je lui demandais de ne pas sortir après les matchs, je sais qu'il sortirait quand même et qu'il me mentirait. En quoi serais-je plus avancée s'il me mentait ? répondait-elle.

La seule chose qu'elle me demandait, c'était de lui téléphoner quand je rentrais à ma chambre à la fin de la soirée.

— Appelle-moi à 1 h, à 2 h ou à 6 h du matin, mais téléphone-moi, insistait-elle.

Il y avait un peu d'insécurité de sa part dans cette demande. Je savais qu'elle ne dormait pas beaucoup quand l'équipe était à l'étranger. Mais en même temps, elle comprenait que la vie d'un joueur de baseball n'était pas celle d'un employé de bureau.

Cela dit, Val n'était pas naïve. Je savais pertinemment qu'elle allait sortir de ses gonds si je l'appelais après la fermeture des bars. Quand cela survenait, elle était très contrariée et elle ne se gênait pas pour me le faire savoir. Elle me rappelait alors de ne pas trop exagérer, par respect pour elle et pour l'organisation qui me permettait de bien gagner ma vie.

En ce qui concernait le baseball, elle savait toutefois que ses arguments étaient presque vains. Je ne ressentais pas le besoin de mener une vie plus tranquille puisque je performais tout le temps sur le terrain.

Cela dit, les fêtes les plus hallucinantes dont je me rappelle étaient des partys qui rassemblaient tous les membres de l'équipe et qui étaient organisés à l'initiative des vétérans.

Au début de juillet 2000, au cours de ma première saison complète dans les majeures, nous avons complété une série de matchs contre les Giants à San Francisco. C'était un dimanche après-midi et notre prochain match n'était prévu que 48 heures plus tard à San Diego. Dans le baseball majeur, les jours de congé surviennent généralement le lundi.

Nous sommes donc arrivés au Hyatt de San Diego en tout début de soirée. Une fois sur place, j'ai appris que les vétérans avaient organisé une fête tout à fait spéciale dont la thématique était un *beach party*.

Les gars de l'équipe avaient loué la plus grande suite de l'hôtel, qui devait faire quelque chose comme 3 000 pieds carrés. Ils avaient ensuite commandé des milliers de kilos de sable qui avaient été répandus à la grandeur de l'appartement. Il y avait du sable partout !

Des huttes, des *tiki bars* et des petits palmiers avaient été disposés pour compléter le décor. Et un bon nombre de serveurs et serveuses avaient été embauchés pour l'occasion.

Quand j'ai franchi la porte de cette suite, je n'en croyais pas mes yeux. Il y avait entre 100 et 150 personnes dans la place et l'ambiance était vraiment à la fête. La musique était bonne et l'alcool coulait à flots ! C'était incroyable. Surréaliste.

J'étais une recrue à l'époque. Je me tenais donc bien tranquille dans mon coin. Mais je me rappelle clairement avoir balayé la pièce principale du regard et de m'être dit :

« *Wow ! This is the fuckin' Big League !* »

Juste pour commander le sable et assurer le nettoyage de la pièce après cette fête, la facture avait dû s'élever à plusieurs dizaines de milliers de dollars. Mais quel *beach party* ce fut !

De nos jours, à l'ère des téléphones intelligents et des réseaux sociaux, il est presque devenu impossible d'organiser des événements comme celui-là. Les images et les cancans se propageraient à la vitesse de l'éclair.

Lorsque j'ai à mon tour atteint le statut de vétéran quelques années plus tard, j'ai aussi organisé quelques soirées qui sortaient de l'ordinaire afin de rassembler tous les membres de l'équipe.

Au cours de mes dernières saisons chez les Dodgers, j'ai invité tous les joueurs de l'équipe au Stereo Lounge, un bar huppé qui était situé sur la 29ᵉ rue à New York.

— Venez-vous-en les boys ! On est à New York, alors on sort à soir !

Les soirées qui finissaient le plus tard survenaient souvent dans les plus grandes villes du baseball majeur. À New York, on dirait que les bars ne ferment jamais.

Nous sommes donc arrivés au Stereo Lounge et nous nous sommes mis à commander des bouteilles de champagne. Les serveurs arrivaient avec des plateaux remplis de bouteilles de Crystal Rose, que les gars s'empressaient de boire joyeusement.

Quand nous avons quitté les lieux quelques heures plus tard, la facture s'élevait à… 37 000 $. Rien qu'en alcool !

Quand Val voyait passer les relevés de cartes de crédit et qu'elle apercevait des factures semblables, elle posait évidemment des questions. Mais quand 25 gars débarquent dans un bar et qu'ils boivent des bouteilles de champagne à plus de 1 000 $, l'addition grimpe rapidement.

Il n'y avait pas de comportements déplacés durant ces sorties en équipe. Les athlètes professionnels doivent produire jour après jour et ils mènent des vies beaucoup plus rangées que les rock stars. La plus grande extravagance de nos soirées de groupe était plus souvent qu'autrement le montant final de l'addition.

J'aimais beaucoup organiser des soirées de ce genre pour mes coéquipiers. Je m'estimais chanceux de gagner beaucoup d'argent et ce réflexe, cette envie de gâter tout le monde, me venait tout naturellement. C'était essentiel à mes yeux de créer des occasions qui nous permettaient de nous côtoyer dans un contexte différent et de mieux nous connaître les uns les autres.

Le 24 septembre 2003, nous occupions le deuxième rang de la division Ouest mais nos espoirs de participer aux séries d'après-saison s'étaient depuis longtemps évanouis puisque nous tirions de l'arrière par 14 matchs sur les Giants.

Nous étions ce soir-là au Qualcomm Stadium de San Diego, où nous disputions le troisième d'une série de quatre matchs face aux Padres. Nous sommes parvenus à briser une égalité de 1-1 en 11ᵉ manche quand Jim Tracy m'a donné le mandat, pour la 55ᵉ fois de la saison, de préserver notre avance.

Les frappeurs des Padres se sont toutefois battus avec ardeur et il m'a fallu 22 lancers pour en venir à bout. Le premier-but Phil Nevin a entrepris la manche avec une longue présence au terme de laquelle il m'a soutiré un but sur balles. Et après deux retraits, l'arrêt-court Ramon Vasquez a cogné un simple dans la gauche.

Nevin et Vasquez occupaient respectivement le deuxième et le premier coussin quand le receveur Gary Bennett a mis fin aux espoirs des Padres en cognant un ballon au champ centre.

C'est ainsi que j'ai égalé le record qu'avait établi John Smoltz la saison précédente pour le plus grand nombre de sauvetages en une saison dans la Ligue nationale. L'aspect intéressant de l'affaire, c'était qu'il nous restait encore cinq matchs à disputer et que j'allais sans doute avoir l'occasion d'établir une nouvelle marque.

Avec un peu de veine, j'allais même pouvoir m'attaquer au record des ligues majeures (57 sauvetages) que détenait Bobby Thigpen, des White Sox, depuis 1990.

À mon grand désarroi, nous avons complété le calendrier en encaissant quatre défaites décisives et en décrochant une victoire de 5 à 0. Je n'ai donc jamais eu l'occasion de préserver une autre rencontre avant que le rideau tombe sur notre saison.

N'empêche. D'un point de vue statistique, je venais de connaître une saison encore plus impressionnante que la précédente. Mon bilan, en gros, se résumait comme suit :

- 55 sauvetages (deuxième meilleure performance de tous les temps) ;
- 63 sauvetages consécutifs (record des majeures) ;
- premier releveur de l'histoire du baseball majeur à connaître deux saisons consécutives de 50 sauvetages et plus ;
- releveur ayant atteint le plus rapidement la marque des 100 matchs préservés dans l'histoire du baseball ;
- moyenne de points mérités de 1,20 (la plus faible moyenne de l'histoire parmi les lanceurs ayant été impliqués dans un minimum de 70 rencontres) ;
- moyenne de 1,66 *strikeout* par manche lancée (plus de la moitié des frappeurs qui m'avaient affronté au cours de la saison [55 %] avaient été retirés sur des prises) ;
- moyenne offensive des frappeurs adverses : ,133 (la plus faible moyenne de l'histoire face à un lanceur ayant été impliqué dans un minimum de 70 rencontres) ;
- moyenne de 4,04 coups sûrs accordés par tranche de neuf manches (la plus faible moyenne de l'histoire).

Le matin du 13 novembre, un peu avant 9 h, la sonnerie du téléphone a retenti à notre résidence de Los Angeles. J'avais encore peine à ouvrir les yeux quand j'ai attrapé le combiné. Il m'a fallu quelques secondes avant de saisir que la voix de mon interlocuteur était celle du responsable des relations publiques des Dodgers.

— Toutes mes félicitations, Éric, tu as remporté le trophée Cy Young !

En entendant cette phrase, je me suis redressé d'un seul coup dans mon lit. Il m'a expliqué que j'avais obtenu 28 votes de première place sur une possibilité de 32 et que j'avais devancé le partant Jason Schmidt, des Giants.

Il m'a ensuite donné un aperçu de l'horaire de ma journée : une suite d'entrevues individuelles avec les plus grands réseaux et quotidiens américains ; une conférence téléphonique en début d'après-midi avec les membres de l'Association des chroniqueurs de baseball d'Amérique ; et pour couronner le tout, une mégaconférence de presse au Dodger Stadium à l'intention des journalistes affectés à la couverture de l'équipe.

Avec la saison que j'avais connue, je m'étais accordé de bonnes chances de mettre la main sur le Cy Young. Par contre, je n'aurais certainement pas vendu la peau de l'ours avant que les membres de l'ACBA aient voté. Cela faisait 11 ans qu'un releveur avait gravé son nom sur le prestigieux trophée. Et, historiquement, les voteurs avaient presque systématiquement favorisé les lanceurs partants pour l'obtention du Cy Young.

J'étais totalement heureux. Mais j'avais peine à réaliser l'ampleur de la chose et à bien assimiler ce que représentait le fait de perpétuer la grande tradition des Dodgers et d'avoir mon nom gravé sur le même trophée que les plus grandes légendes de l'histoire de l'organisation, comme Don Drysdale, Sandy Koufax, Mike Marshall, Don Newcombe, Fernando Valenzuela et Orel Hershiser.

Une heure plus tard, en lisant le *Los Angeles Times* au petit déjeuner, j'ai pris connaissance d'une déclaration de mon agent Scott Boras. Scott était l'agent le plus puissant du baseball majeur. Clairement, il aiguisait déjà ses couteaux en vue de la négociation de mon prochain contrat.

Scott se disait d'avis que les Dodgers s'étaient montrés injustes à mon endroit après la saison 2002 en m'imposant un salaire annuel de 550 000 $ alors qu'ils m'avaient vu sauvegarder 52 parties. Cette fois, par contre, la partie s'annonçait fort différente parce que pour la première fois de ma carrière, j'avais droit à l'arbitrage salarial.

« Les performances d'Éric démontrent que nous sommes en présence d'un talent unique. L'organisation devra considérer Éric comme tel quand nous commencerons à négocier », avait aussi plaidé Scott dans son entrevue avec le *Times*.

Lors des nombreuses interviews que j'ai accordées par la suite, j'ai pris soin de remercier les chroniqueurs qui avaient voté pour moi. Et par-dessus tout, j'ai rendu hommage à mes coéquipiers, sans lesquels je n'aurais sans doute pu connaître une saison aussi extraordinaire.

Quand je suis arrivé au Dodger Stadium en fin d'après-midi, Vin Scully, le légendaire descripteur des matchs des Dodgers, était présent. Il m'a tendu la main et m'a chaleureusement félicité.

— J'espère que tu resteras le même et que tu garderas ta belle humilité malgré le grand honneur qui t'est fait aujourd'hui, m'a-t-il lancé.

— Ne vous inquiétez pas. Je n'ai pas l'intention de changer ! l'ai-je rassuré.

Jim Tracy était aussi sur place. Il m'a serré dans ses bras en me disant à quel point il était fier de ce que j'avais accompli. Et lorsqu'il m'a présenté aux journalistes, Tracy leur a raconté la scène qui était survenue au début de la saison 2002 à San Francisco, lorsque j'avais refusé de lui remettre la balle pour compléter l'un de mes premiers sauvetages. C'est à ce moment qu'il avait décidé de me confier les responsabilités de *closer*.

Tout au long de la journée, plusieurs questions m'ont été posées sur mes attentes salariales en vue de la prochaine saison. Chaque fois, ma réponse était la même :

— Ce qui s'est passé l'an dernier est oublié. Les Dodgers ont pris une décision d'affaires qui respectait les dispositions de la convention collective et j'ai beaucoup de respect pour les règles du baseball. Toutefois, j'ai maintenant droit à l'arbitrage et les règles sont maintenant en ma faveur. J'espère juste qu'on m'accordera ce que je mérite.

Un mois plus tard, en décembre, les Dodgers ont déposé une proposition de contrat. Leur position et la nôtre étaient considérablement éloignées. Il était clair que nous allions nous retrouver en arbitrage.

Scott comparait ma valeur à celle des meilleurs releveurs du baseball majeur et il estimait que mon salaire en 2004 devait s'élever à 8 millions. Les Dodgers, de leur côté, limitaient leur comparaison avec les contrats qui avaient été accordés, dans le passé, à des *closers* qui en étaient à leur troisième année. Ils fixaient donc la barre à 5 millions.

Le 19 février 2004, nous nous sommes donc retrouvés devant les arbitres Steven Goldberg, Elliot Shriftman et Dan Brent. J'ai alors découvert à quel point le baseball majeur était un business au sein duquel presque tous les coups étaient permis.

Les règles de notre audition étaient simples : chaque partie disposait d'une heure pour faire son plaidoyer. Par la suite, chaque partie avait jusqu'à une demi-heure pour répondre aux arguments de la partie adverse. Les arbitres devaient ensuite trancher en faveur de l'une ou l'autre des parties et fixer mon salaire en conséquence. Ils ne pouvaient pas, par exemple, opter pour un compromis et décider que mon salaire devait s'élever à 6,5 millions.

Trois jours avant cette audience, les Dodgers avaient annoncé l'embauche d'un nouveau directeur général, Paul DePodesta. C'est la directrice générale adjointe, Kim Ng, qui était chargée de plaider la cause de l'équipe lors de notre audience.

Cette dernière avait l'expérience des arbitrages salariaux. Avant de passer chez les Dodgers, Ng avait occupé les fonctions de directrice générale adjointe chez les Yankees de New York. Et à ce titre, elle avait déjà eu gain de cause dans un arbitrage salarial opposant les Yankees à leur releveur numéro un, Mariano Rivera.

J'étais présent à l'audience. Les arguments des deux parties étaient clairs et je n'avais pas de problème avec cela.

Les Dodgers prétendaient que mon salaire devait être fixé en fonction de ce que les meilleurs releveurs de troisième année avaient encaissé dans le passé. Et Scott plaidait la clause des « accomplissements extraordinaires ». Selon lui, les performances que j'avais réalisées avaient à ce point surpassé les normes que mon salaire devait se comparer avec les salaires des meilleurs releveurs du baseball majeur, point à la ligne.

À titre comparatif, Rivera avait touché 10,5 millions en 2003, alors qu'il était âgé de 33 ans.

J'ai sérieusement commencé à déchanter, toutefois, quand Ng a commencé à démolir tout ce que j'avais accompli au cours des deux dernières saisons. Elle voulait ainsi démontrer aux arbitres que la clause des «accomplissements extraordinaires» ne s'appliquait pas à moi. Les dirigeants de mon équipe, de toute évidence, n'avaient absolument aucune reconnaissance à mon endroit. Et pourtant, me disais-je intérieurement, ils ne s'étaient pas gênés pour exploiter mon image auprès des partisans.

À mes yeux, la plaidoirie des Dodgers a atteint son plus bas niveau lorsque Kim Ng a brandi devant les arbitres les déclarations que j'avais faites quelques mois plus tôt en apprenant que j'avais remporté le trophée Cy Young.

— Monsieur Gagné a lui-même avoué qu'il n'aurait pu connaître une aussi bonne saison sans l'aide de ses coéquipiers. Ce qu'il a accompli durant la saison n'est certainement pas extraordinaire parce que de son propre aveu, il ne l'a pas accompli tout seul.

De part et d'autre, Scott et les Dodgers ont défendu leur thèse bec et ongles. Mon cas était assez unique. Si les arbitres nous donnaient raison, leur décision allait potentiellement avoir des répercussions importantes et entraîner une importante hausse des salaires qui allaient par la suite être accordés en arbitrage.

Quand nous avons quitté la salle d'audience, ni Scott ni les Dodgers ne pouvaient prédire la décision des arbitres. Nous savions tout de même que le processus d'arbitrage du baseball majeur penchait la majorité du temps en faveur des propriétaires.

En bout de ligne, les arbitres ont décidé que la clause des «accomplissements extraordinaires» ne s'appliquait pas aux performances que j'avais réalisées et ils ont donné raison aux Dodgers.

Mon salaire de la saison 2004 a donc été fixé à 5 millions, ce qui constituait le plus haut salaire jamais versé à un releveur de troisième année.

Je ne m'en suis jamais plaint. Quelqu'un peut-il même songer à se plaindre ou à démontrer du mécontentement lorsqu'on lui verse 5 millions par année ? Toutefois, les propos tenus lors de cette audience me sont longtemps restés en tête. Ils n'ont jamais affecté mon rendement ou mon désir de vaincre. Mais ils m'ont fait découvrir l'une des plus désagréables facettes du business.

Lors du camp d'entraînement, quelques semaines plus tard, Claude Pelletier a croisé Kim Ng à Dodgertown. Claude n'était plus membre de l'organisation des Dodgers à ce moment-là, il était désormais à l'emploi des Mets de New York. Toutefois, il avait gardé de bonnes relations avec les décideurs des Dodgers.

— *Kim, can I talk to you ?* Je voudrais comprendre ce qui s'est passé lors de l'arbitrage avec Éric Gagné. *You were hard on my boy !* lui a-t-il demandé.

— *That was the hardest case I had to face in arbitration. I didn't want to do it but it was my job*, a-t-elle répondu.

CHAPITRE 9

Barry Bonds, *mano a mano*

Aux yeux de tous, je me trouvais au sommet du monde durant les semaines et les mois qui ont suivi cette saison extraordinaire ainsi que ma conquête du Cy Young. Pourtant, j'ai vécu une sorte de dépression au cours de cette période. Soudainement, sans trop que je puisse l'expliquer, tout est devenu noir dans ma tête.

Je savais que je venais de maintenir un niveau de performance qui frôlait la perfection. Je n'étais plus capable de me fixer un nouveau but ou d'imaginer un nouveau défi. Que pouvais-je faire de plus pour surpasser les deux incroyables années que je venais de connaître ?

Rien. Et ce constat me tourmentait. Je me disais que j'allais lentement m'engager sur une pente descendante et que je ne pourrais probablement plus revivre une période pareille. Je souffrais d'une sorte de *burnout* sportif. Comme si j'avais brûlé des milliers de litres d'adrénaline et que les stocks étaient épuisés.

Val s'inquiétait. Elle voyait que je n'étais pas dans mon état normal, au point de se demander si les choses allaient bien entre nous et si j'envisageais de la quitter. Pourtant, nous nous apprêtions à vivre un très grand événement : elle était sur le point de donner naissance à notre deuxième enfant, Maddox.

Val, en plus, connaissait une grossesse difficile. Des complications étaient survenues dès le début et les médecins lui interdisaient de quitter le lit depuis plusieurs mois. Elle avait donc très hâte de serrer notre premier fils contre elle et de retrouver une vie normale.

Malheureusement, nous n'étions pas en mesure de nous épauler. J'étais complètement ailleurs. Tout me semblait « plate », tout simplement.

Parfois, quand le cafard se faisait trop difficile à supporter, je réveillais Val au milieu de la nuit.

— Si tu pouvais quitter ce lit, je partirais au bout du monde avec toi et les enfants, lui disais-je.

Je ressentais le besoin d'être ailleurs.

Le 5 janvier 2004, après 36 semaines de grossesse, nous avons eu le grand bonheur de voir naître Maddox. Sa grande sœur Faye, qui venait tout juste de célébrer son troisième anniversaire, semblait tout aussi heureuse que nous de l'accueillir dans notre famille !

Maddox était un peu plus petit que la normale parce que la grossesse de Val avait été écourtée. Cependant, malgré toutes les complications qui étaient survenues, notre fils était en parfaite santé. C'était ce qui nous importait le plus.

Le matin même de son accouchement, entre deux contractions, Val a décidé que ma période noire avait assez duré et que j'avais effectivement besoin d'un changement d'air. Elle s'est donc emparée du téléphone et elle m'a réservé des billets d'avion. Départ prévu : dans 48 heures ! Au diable le congé de paternité !

J'avais toujours eu l'habitude de me rendre à Los Angeles au début de janvier pour participer à un mini-camp et me préparer adéquatement en vue du camp d'entraînement officiel de l'équipe. Cette fois, par contre, ma femme en était venue à la conclusion que quelques jours de plus allaient me faire du bien.

J'ai donc quitté Montréal avec Faye. Et à peine une semaine plus tard, Maddox et Valérie sont venus nous rejoindre. Nos enfants, et c'est le moins que l'on puisse dire, ont appris très tôt à vivre dans les valises !

Peu de temps après mon départ de Montréal, j'ai eu une bonne conversation avec Todd Clausen, notre entraîneur responsable du conditionnement physique. Todd était l'un de mes meilleurs amis. Nous étions très proches l'un de l'autre. Et voyant l'état dans lequel je me trouvais, il a senti le besoin d'intervenir pour me remettre sur les rails.

— Écoute, le grand, tu as une femme qui t'aime et deux beaux enfants. Alors réveille-toi ! Il est temps de remettre les choses en perspective et de passer à autre chose ! a-t-il plaidé.

Cette conversation d'homme à homme a progressivement produit ses effets. Et j'ai entrepris le camp dans de meilleures dispositions.

Assez ironiquement, la saison 2004 a débuté par le plus grand et plus mémorable duel de toute ma carrière. *A thrill of a lifetime*. Rien de moins. J'étais en quête d'adrénaline ? J'en ai reçu une incroyable quantité dans un affrontement *mano a mano* dont la mise en scène avait été élaborée un an et demi plus tôt, au Japon, lors d'une tournée des étoiles du baseball majeur.

À l'automne 2002, au terme de ma première saison à titre de releveur, les dirigeants de la Major League Baseball m'avaient invité à participer à une série de matchs qui allait être disputée au pays du soleil levant. Cet événement, baptisé *MLB Japan All-Star Series*, était en quelque sorte devenu une tradition puisqu'il était présenté une année sur deux depuis 1986.

Valérie et moi devions nous marier à Mascouche le samedi 2 novembre et les joueurs sélectionnés étaient conviés à Los Angeles pour le lundi suivant. Un mini-camp d'entraînement avait été organisé afin de remettre tout le monde dans le coup et pour permettre aux joueurs de faire connaissance.

Ce n'était pas le genre de lune de miel que Val et moi avions envisagée mais, en revanche, nous n'avions jamais eu la chance de visiter le Japon et il s'agissait pour moi d'une occasion unique de côtoyer des joueurs de grand talent que je connaissais peu ou pas du tout. Nous avons donc décidé que nous allions quitter Montréal dès le lendemain du mariage pour rejoindre l'équipe.

Cette année-là, l'alignement concocté pour cette tournée japonaise n'était pas piqué des vers. Du côté des joueurs de position, on y retrouvait notamment Roberto Alomar (Mets), Jason Giambi (Yankees), Torii Hunter (Twins), Ichiro Suzuki (Mariners), notre receveur Paul Lo Duca et Barry Bonds (Giants).

De tous les joueurs qui allaient faire partie de cette équipe, Bonds était celui que j'avais le plus hâte de côtoyer et de rencontrer. D'abord, parce que les médias le dépeignaient constamment comme un athlète irascible et désagréable. Ensuite, parce que comme tous les joueurs qui avaient grandi au sein de l'organisation des Dodgers, j'avais appris à détester les Giants, qui étaient nos plus grands et féroces rivaux.

J'avais donc très hâte de voir à l'œuvre cet étrange spécimen qu'était Barry Bonds.

À ma grande surprise, rien de ce que j'avais entendu ou appris par le truchement des médias ne s'est avéré. En fait, c'était tout le contraire : j'ai eu le plaisir de découvrir un athlète très sociable et doté d'un bon sens de l'humour.

Je me rappelle une fois où, après notre arrivée au Japon, Valérie et moi profitions de notre temps libre pour faire un peu de tourisme. Nous faisions du lèche-vitrine dans une petite rue quand soudainement, Bonds a surgi de nulle part et bondi juste devant nous. L'effet de surprise était total !

Il s'était caché et nous avait attendus juste pour avoir le plaisir de nous servir une petite frousse. Il fallait voir la tête des passants. Les Japonais sont généralement de petite taille, et ils étaient visiblement impressionnés par la stature du personnage.

Durant ce périple, Bonds avait aussi passé son temps à narguer – amicalement – les lanceurs de notre équipe. Et je faisais partie de ceux sur lesquels il s'acharnait le plus.

— Hé, Gagné ! Lance-moi donc des balles rapides la prochaine fois que tu vas m'affronter. *Come on, don't be a pussy !*

Il revenait constamment là-dessus. Alors, à un certain moment, je lui ai parlé seul à seul.

— Écoute Barry, je ne suis pas épais. Quand on m'insère dans un match, c'est pour que j'aide mon équipe. Je ne peux pas me mettre à te lancer des rapides parce que je veux retirer Barry Bonds à ma manière. En plus, au grand maximum, je n'ai généralement qu'une avance d'un ou deux points quand j'arrive dans le match. Je ne peux donc pas me permettre de faire des niaiseries. Par contre, je vais faire un *deal* avec toi. Si jamais nous nous affrontons dans un match et que je dispose d'au moins deux points d'avance et qu'il y a deux retraits au tableau, je vais t'affronter *mano a mano*. Je ne te lancerai que des rapides. On verra ce qui arrivera.

— Tu me le jures, Gagné ?

— Je te le jure devant le Seigneur.

Mon pacte avec l'ennemi, et peut-être même avec le diable, était scellé.

Aucun frappeur ne pouvait changer l'allure d'une rencontre comme Barry Bonds. Le pire, c'est qu'il n'avait même pas besoin de frapper la balle pour le faire. Les lanceurs le craignaient tellement qu'ils lui accordaient très souvent des buts sur balles intentionnels ou semi-intentionnels. Et dans ces circonstances, les frappeurs qui le devan-çaient ou qui le suivaient dans l'alignement bénéficiaient de meilleurs lancers, ce qui leur permettaient de produire davantage.

La présence de Bonds dans l'alignement des Giants a notamment permis à Jeff Kent (un deuxième-but qui est ensuite venu se joindre aux Dodgers), de décrocher le titre de joueur le plus utile de la Ligue nationale en 2000. Kent, qui frappait immédiatement derrière Bonds, avait alors maintenu une moyenne offensive de ,334 et produit 125 points.

Malheureusement, je n'ai pas souvent eu la chance d'affronter Bonds. Lors de mes sept saisons passées chez les Dodgers, lui et moi n'avons croisé le fer que 26 fois en tout. Et je lui ai accordé des buts sur balles dans 9 de ces 26 présences.

Quand nous amorcions une série contre les Giants, nos réunions d'équipe prenaient une tournure rocambolesque aussitôt que quelqu'un prononçait le nom de Barry Bonds. Les entraîneurs des Dodgers pensaient tout le temps que nous étions capables de le retirer, mais nous nous brûlions les doigts à chaque fois.

Quand quelqu'un levait la main pour dire «j'ai trouvé une façon de le retirer», Bonds inventait généralement une nouvelle manière de nous faire mal.

Nous étions extrêmement précautionneux avec lui mais rien n'y faisait. Même si on ne lui lançait que deux ou trois prises au cours d'une série de trois matchs, il trouvait le moyen de cogner un double ou un circuit, presque toujours dans une situation critique.

À un certain moment, j'en ai eu assez de ces séances de *brainstorming* au cours desquelles nous tentions de réinventer l'art de lancer à Barry Bonds. Elles ne menaient nulle part.

— Hey, vous ne voyez pas que ça ne donne rien de lui lancer la balle? Cessons tout simplement de lancer lorsque Bonds se présente au marbre et donnons-lui des buts sur balles intentionnels!

De toute manière, Bonds ne s'élançait pas sur les lancers de piètre qualité. Il ne servait donc à rien de faire semblant de l'affronter et de lancer la balle autour du marbre en espérant qu'il finisse par commettre une erreur. En plus, c'était généralement nous qui finissions par en payer le prix lorsque nous choisissions cette stratégie.

Nos entraîneurs nous demandaient de lancer autour du marbre, soit. Mais pour des lanceurs qui ont peaufiné leur mécanique toute leur vie dans le but d'atteindre la zone des prises le plus souvent possible, c'est loin d'être évident de la rater à volonté! Nous étions des créatures entraînées à lancer des prises. Lancer intentionnellement à l'extérieur de la zone ne faisait pas vraiment partie de notre répertoire.

On se faisait donc brûler tout le temps. Ce sont ces circonstances, ainsi que la crainte qu'il inspirait aux Dodgers, qui rendaient particulièrement captivant le pacte que j'avais conclu avec Bonds.

La saison suivant notre conversation, en 2003, je ne l'ai toutefois affronté que deux fois et nous n'avons pas été en mesure de concrétiser notre duel parce que les conditions que nous avions établies ne s'étaient pas réalisées.

À la première occasion, le 13 avril, le match était rendu en 11e manche. Il n'y avait qu'un retrait et les Giants avaient un coureur au premier coussin. Il avait fallu que je l'affronte de manière conventionnelle, et Bonds avait frappé un ballon au champ centre.

La deuxième fois, le 23 juin, nous étions encore en 11e manche. Bonds était le premier frappeur à se présenter à la plaque et je lui avais accordé un but sur balles.

Il a donc fallu attendre jusqu'en 2004 pour que les astres finissent par s'aligner parfaitement.

C'était le 16 avril. Nous étions en neuvième. Il y avait un seul retrait au tableau et un coureur sur les sentiers. Mais nous détenions une avance de trois points…

J'avais entrepris la manche en accordant un but sur balles au premier frappeur, le voltigeur Jeffrey Hammonds. Marquis Grissom s'était ensuite présenté au marbre et, derrière lui, Bonds s'était installé dans le cercle d'attente, près de la ligne du troisième but.

Bonds avait ceci de particulier qu'il lui fallait pas mal de temps pour se préparer lorsqu'il se présentait dans le cercle d'attente. Il avait une routine d'échauffement bien à lui qui était un peu longue. À cause de son âge, sans doute. Il était alors sur le point de célébrer son 40ᵉ anniversaire.

Grissom a soulevé un ballon au champ centre et Bonds s'est mis à marcher, vraiment très lentement, en direction du rectangle des frappeurs.

Nous nous regardions droit dans les yeux. Et visiblement, nous avions tous deux conclu que le temps était venu de passer aux actes. J'ai touché la palette de ma casquette pour lui confirmer que notre entente tenait toujours. Bonds a répondu en ajustant son casque.

Le duel pouvait commencer. *Game on!*

Il y avait 42 662 partisans des Giants dans les gradins. Et ils me détestaient autant qu'ils vénéraient Bonds, leur superhéros. Même si personne d'autre que Bonds et moi ne savait ce qui se tramait, on sentait le niveau de fébrilité grimper dans les gradins du SBC Park.

Avant d'effectuer mon premier lancer je me suis dit:

«*Fuck*, je vais lancer le plus fort que je peux. Ce gars-là est un malade.»

Premier lancer: rapide haute sur le coin extérieur. Fausse balle.

Avec mon deuxième lancer, j'ai décidé de marquer mon territoire et de l'éloigner du marbre. Il portait un gros protecteur au coude droit et penchait constamment au-dessus du marbre. Il utilisait aussi un bâton assez court, ce qui lui permettait d'avoir un élan compact. En ce sens, même s'il était gaucher, Bonds s'élançait comme bon nombre de frappeurs droitiers. Son élan était plutôt court. Si on lui lançait la balle à l'intérieur, il était capable de la garder en jeu. À l'exception de Bonds, je n'ai d'ailleurs jamais vu un autre frappeur à qui on pouvait lancer à l'intérieur et qui était capable de placer la balle en jeu aussi régulièrement.

Je lui ai donc servi une rapide à 99 milles à l'heure à la hauteur des cuisses, directement sur le coin intérieur. Surpris, Bonds a esquissé un mouvement de recul en se rendant compte de la trajectoire que la balle prenait. Deuxième prise.

Avec un compte de 0-2, je n'avais pas vraiment le choix de gaspiller un lancer. J'aurais passé pour un idiot en échappant une rapide dans la zone des prises et en étant victime d'un coup sûr dans une telle situation. Je lui ai donc servi une courbe assez basse sur le coin extérieur. À ma grande surprise, la balle a effleuré la zone des prises. L'arbitre a toutefois penché en faveur de Bonds. Une balle, deux prises.

Le regard que Bonds m'a jeté après ce lancer m'a fait comprendre que nous étions toujours sur la même longueur d'ondes et qu'il s'attendait à ce que notre petit jeu se poursuive.

Pour le quatrième lancer, je voulais absolument revenir haut à l'intérieur et lui faire comprendre qu'il commettait une erreur s'il commençait à se sentir à l'aise.

Ma rapide, qui filait à 98 milles à l'heure, est passée à un centimètre de sa poitrine. Bonds a légèrement reculé pour éviter la balle. Il m'a ensuite regardé en esquissant un sourire. Deux balles, deux prises.

« Câlice ! Y a pas l'air trop intimidé », me suis-je dit.

La table était mise pour le cinquième lancer. Après avoir servi une rapide haute à l'intérieur, j'estimais qu'une rapide basse à l'extérieur constituait la meilleure option. Parce que lorsqu'on revient constamment avec des lancers dans la même zone, les frappeurs s'ajustent plus facilement. Je me disais aussi que Bonds aurait fort à faire s'il voulait retrousser un lancer sur le coin extérieur. Car ce soir-là, je lançais vraiment fort. Mes rapides flirtaient constamment avec les 100 milles à l'heure.

Le radar de San Francisco n'était généralement pas très fiable et je me disais qu'il était probablement un peu trafiqué. Mais je lançais la balle avec vraiment beaucoup de puissance.

Tout dépendant des stades, les radars sont parfois ajustés à la hausse ou à la baisse. Par exemple, quand je lançais à Los Angeles, les responsables du radar pouvaient le recalibrer à la hausse, juste pour gonfler mon niveau de confiance. Et à l'inverse, ils pouvaient l'ajuster à la baisse pour démoraliser un lanceur adverse. Un lanceur pouvait donc regarder le tableau et se dire : « Voyons donc, comment ça se fait que je lance seulement à 91 milles à l'heure ce soir ? Je croyais lancer au moins à 96… »

On essaie donc de jouer dans la tête des lanceurs et des frappeurs de cette manière. Mais ce soir-là, pendant que j'affrontais Bonds, le radar indiquait constamment des vitesses de 100 ou 101 milles à l'heure. Et ce n'était sûrement pas loin de la vérité.

Sur ce cinquième lancer, j'ai cependant raté ma cible et la balle s'est à nouveau présentée à l'intérieur, à la hauteur de sa ceinture. Bonds l'a effleurée, soutirant ainsi une fausse balle. Toujours deux balles, deux prises.

Il se passait définitivement quelque chose. Et nous n'étions pas seulement deux à le savoir. Dans les abris des deux équipes, tous les joueurs étaient debout, appuyés sur la rampe de sécurité. Les spectateurs étaient aussi sur la pointe des pieds, hurlant de toutes leurs forces.

Pour le sixième lancer, j'ai décidé de revenir à l'intérieur mais de le déstabiliser en lui faisant bouger les genoux. Bonds était peut-être posté à six pouces du marbre…

Je lui ai servi exactement le lancer que j'avais imaginé. Une autre rapide, basse, vraiment près des genoux. En plein dans la cible ! Le radar indiquait 101 milles à l'heure…

Bonds s'est élancé. Et dès que son bâton a fait contact avec la balle, le niveau de décibels dans le stade s'est multiplié par dix. Comme si je lui avais lancé une balle de golf, la balle a franchi environ 500 pieds avant d'amerrir dans McCovey Cove, la fameuse baie située derrière les gradins du champ gauche. Mais heureusement, elle se trouvait tout juste hors-ligne.

Nous en étions encore à deux balles, deux prises.

J'étais en avance dans le compte mais après cet élan, c'est moi qui étais déstabilisé. Je me disais :

« Ça n'a pas de câlice d'allure… »

Bonds ne pouvait que s'attendre à une rapide à l'extérieur et il avait tout de même trouvé le moyen de tourner sur mon meilleur lancer. Directement sur la cible. Près de ses genoux. Et la balle avait quitté le stade à la vitesse d'un OVNI.

Bien entendu, il savait d'avance que j'allais lui servir une rapide. Mais ça n'enlevait rien à l'excitation du moment. Nous avions conclu un pacte, nous avions convenu que cette bataille serait livrée toute en puissance. Ma rapide contre son formidable élan. Et j'avais l'intention d'aller jusqu'au bout.

« *Fuck off!* Je vais revenir à l'extérieur avec la meilleure rapide que je puisse lancer. Le lancer le plus fort que je puisse lui servir », me suis-je dit.

Je m'installe. Je lui lance un plomb. Le projectile file à 100 milles à l'heure et il n'y a probablement qu'un pouce de balle qui passe au-dessus du coin extérieur. Mais le lancer est un peu trop haut, à la hauteur des cuisses.

Au ralenti, je revois encore la scène dans ma tête.

Bonds s'élance et frappe un coup en flèche d'une puissance ahurissante. En un millième de seconde, la balle rate mon visage de peu. Elle passe ensuite près de la tête d'Alex Cora, notre deuxième-but. Et elle franchit la clôture du champ centre !

C'était effrayant ! Je n'ai jamais vu une balle cognée avec autant de puissance. On aurait quasiment dit une trajectoire de frisbee. La balle a touché son bâton à la hauteur des cuisses et elle a parcouru presque tout le terrain à sept ou huit pieds de hauteur, en s'élevant très lentement jusqu'à ce qu'elle franchisse la clôture du champ centre. Et tout ça, dans un stade où il faisait froid et où la balle ne voyage pas !

Les gens ne comprennent pas à quel point c'est difficile de cogner un circuit à San Francisco. À Philadelphie, par exemple, à peu près n'importe qui peut connaître une saison de 20 ou 25 circuits. Mais pas à San Francisco.

Pourtant, c'est dans cette ville que Barry Bonds a cogné 73 circuits au cours d'une même saison. En Californie, en plus, les frappeurs ne peuvent pas cogner autant de circuits qu'ailleurs à cause d'un phénomène appelé le *marine layer*, qui fait en sorte que l'air ambiant est un peu plus dense.

Bonds, donc, a failli me cogner la balle en pleine face. Il a failli tuer notre deuxième-but, et notre voltigeur de centre a presque réussi à capter la balle tellement elle était restée basse. Un circuit extrêmement spectaculaire.

D'ordinaire, Bonds était toujours un peu « fendant » lorsqu'il cognait un circuit. Mais cette fois, il a baissé la tête et s'est tout bonnement mis à courir. En contournant le deuxième coussin, il m'a jeté un regard et il a touché la palette de son casque pour me saluer.

« *Thanks bro !* », semblait-il vouloir dire.

Le pointage de la rencontre était maintenant de 3 à 2 en notre faveur. Il n'y avait qu'un retrait d'inscrit et j'avais encore un match à sauvegarder.

J'ai mis fin à la rencontre en retirant les deux frappeurs suivants, Pedro Feliz et Edgardo Alfonso, pour récolter mon 66e sauvetage consécutif.

À mon retour au vestiaire, j'ai fait un détour par la salle de vidéo afin de revoir la partie de bras de fer que je venais de livrer à Bonds. Mes amis Casey Deskins et Todd Clausen étaient un peu médusés de me voir rigoler en revisionnant la scène.

— Pourquoi ris-tu ? a questionné Todd.

— Je n'ai jamais eu autant de *fun* de toute ma vie !

J'étais tout à fait sincère. Je venais de vivre les moments les plus exaltants de toute ma carrière. J'étais à ce moment-là au sommet de mon art. De toute ma vie, je n'avais jamais aussi bien lancé que durant cette période. Et Bonds, de son côté, était le meilleur joueur de tous les temps.

Il venait de me battre dans ce drôle de duel amical, mais j'avais eu tellement de plaisir à y participer !

On aurait dit que toute cette présence au bâton s'était déroulée au ralenti et qu'elle avait duré une heure. Et ce qui ajoutait au plaisir de l'affaire, c'est que Bonds avait aussi réalisé ce qui était en train de se passer et que nous avions tous deux savouré ce grand moment à sa juste valeur.

— Dans tout le baseball majeur, il ne pouvait y avoir de face-à-face plus épique que celui auquel nous avons assisté ce soir. Je ne sais pas si un autre frappeur aurait été capable de connaître une présence au bâton comme celle-là en se faisant servir une telle séquence de lancers, analysait notre gérant Jim Tracy après le match, en présence des journalistes.

— *That guy was just throwing straight cheddar*, racontait pour sa part Bonds aux scribes qui l'entouraient dans le vestiaire des Giants.

On m'a dit que Bonds parle encore de cet affrontement. Il l'a d'ailleurs raconté dans une biographie et il en a parlé dans le cadre d'une entrevue de fond qu'il a faite à la télé.

Il était le meilleur frappeur du baseball à cette époque, et j'étais le meilleur *closer*. C'est un moment que je n'oublierai jamais parce qu'il m'a fait ressentir la plus grande décharge d'adrénaline de toute ma vie. Elle était «dans le tapis», comme on dit chez nous.

Le lendemain, cependant, la réserve d'adrénaline était à sec et je n'étais presque plus capable de marcher. Et mon côté droit me faisait souffrir. Mais le jeu en valait drôlement la chandelle. Ce fut le plus bel affrontement auquel j'ai participé.

CHAPITRE 10

Les jobs de bras

La déprime qui m'avait tenaillé durant la morte-saison s'est rapidement estompée après le début du calendrier 2004. Renouer avec la vie d'équipe, la compétition et la routine du calendrier m'a fait grand bien.

En plus, l'équipe jouait du baseball extraordinaire. Nous avons connu un départ-canon de 14 victoires et huit défaites en avril, ce qui nous a injecté une bonne dose de confiance. Pour la première fois depuis le début de mon association avec les Dodgers, nous sentions réellement que notre formation avait atteint la maturité nécessaire pour participer aux séries éliminatoires.

Nous étions devenus de véritables aspirants au titre, tout le monde dans le vestiaire s'en rendait compte.

Toutes les pièces du casse-tête étaient enfin réunies. Notre groupe de joueurs semblait en voie de maximiser son potentiel et même Jim Tracy était au sommet de son art. C'était la première année où je pouvais clairement dire qu'il avait réussi à gagner la confiance et le respect de tous ses hommes dans le *clubhouse*.

Gérer une équipe des majeures est un métier ingrat. Absolument toutes les décisions qui sont prises peuvent être remises en question par le personnel que l'on dirige. Car lorsqu'on prend une décision stratégique, même si c'est la bonne, il y a toujours un fort pourcentage de risque qu'elle ne fonctionne pas.

Par exemple, si l'un des meilleurs frappeurs de l'équipe est au bâton avec un coureur au premier coussin et un compte de deux balles et une prise, à peu près tout le monde dans le baseball s'entend pour dire que le gérant ne doit pas commander de «frappe et court» et laisser son frappeur s'élancer à sa guise.

Pourtant, même si on le laisse s'élancer, le frappeur a sept chances sur dix de se faire retirer et de ne pas faire avancer le coureur. Il y a même de fortes chances que le frappeur se compromette dans un double-jeu.

Dans la plupart des équipes, on retrouve souvent un petit groupe de joueurs, souvent des vétérans, qui sapent l'autorité du gérant et qui remettent constamment ses décisions en question. Dans les pires cas, il y a parfois même un assistant-entraîneur qui rôde près de certains joueurs et qui critique les décisions prises la veille par le gérant. Il en découle à chaque fois des situations totalement chaotiques.

En 2004, Tracy en était à sa quatrième saison avec l'équipe. Cela faisait quatre ans qu'il nous dirigeait avec respect et de manière très méthodique. Il n'improvisait jamais au cours des matchs. Il était toujours bien préparé. Et en ce sens, je crois que le niveau de confiance dont il jouissait de la part de ses joueurs se situait au même niveau que le support dont Tony LaRussa ou Joe Torre bénéficiaient à Saint Louis ou chez les Yankees de New York.

Très tôt dans la saison, ceux qui avaient envie de critiquer Tracy s'étaient d'ailleurs fait remettre à leur place.

— C'est de même que ça va se passer et nous autres on croit en sa façon de diriger. Alors ferme ta gueule!

Lorsqu'un gérant du baseball majeur est en mesure de prendre des décisions sans qu'elles soient constamment remises en question, il a tout ce qu'il faut pour réussir. Sur le terrain, les joueurs exécutent beaucoup mieux les jeux lorsqu'ils croient en ce qui leur est demandé.

Quand nous sommes entrés dans la période des *dog days of summer* à l'été 2004, je m'estimais donc totalement comblé par la vie. Les honneurs individuels sont une chose. Mais il n'existe aucune source de motivation plus forte que la possibilité de participer aux séries éliminatoires et de se battre aux côtés de ses coéquipiers pour remporter un championnat.

J'étais prêt à tout pour que cela se concrétise.

Le 24 juin, c'était plus fort que moi, mon instinct a repris le dessus et je suis allé m'échauffer sans que Jim Tracy me le demande. Puis j'ai exigé qu'il m'insère dans le match afin que je puisse régler le cas d'un adversaire qui s'était attaqué à l'un de mes coéquipiers.

Ça se passait à San Francisco, dans le dernier match d'une série nous opposant aux Giants.

La veille, un incident était survenu quand le voltigeur de droite des Giants, Michael Tucker, avait déposé un amorti surprise sur la ligne du premier but.

Notre lanceur Jeff Weaver s'était alors dirigé vers le coussin pour accepter le relais de notre premier-but Robin Ventura et compléter le retrait. Mais en arrivant au coussin, Tucker avait délibérément cramponné Weaver. Il s'agissait d'une tentative de blesser aussi vicieuse que gratuite. Et d'un inacceptable manque de respect.

Quand cet incident s'était produit, le pointage du match s'élevait à 3-2 en faveur des Giants. Le moment était donc mal choisi pour lui régler son compte.

Je n'avais jamais aimé Michael Tucker parce qu'il faisait souvent des pitreries sur le terrain et qu'il était vraiment arrogant. Et pour couronner le tout, il portait les couleurs des Giants ! Les joueurs des Dodgers et des Giants se détestent depuis l'époque où ces deux équipes avaient pignon sur rue à Brooklyn et à Manhattan. Ayant grandi dans l'organisation des Dodgers, j'avais très rapidement appris à les haïr.

Le lendemain de cette tentative de blessure, dans le dernier match de la série, nous tirions de l'arrière 9-2 en septième manche et nous nous dirigions vers une quatrième défaite consécutive. J'ai alors décidé que le temps était venu de régler le cas de Tucker. J'ai donc saisi le téléphone de l'enclos des releveurs et j'ai appelé Jim Tracy dans l'abri.

— *Trace, put me in the game !*

— *Dude, it's 9-2.*

— *Put me in the game ! Put me in the game !*

— *No. I'm not.*

J'ai raccroché le téléphone et j'ai fait fi de ce que mon gérant venait de me dire. J'ai retiré mes survêtements et j'ai commencé à m'échauffer. Le téléphone de l'enclos s'est alors mis à sonner.

— Qu'est-ce que tu fais ? a demandé Tracy.

— Je me prépare à entrer dans le match.

C'est ainsi que dans une cause totalement perdue, je me suis retrouvé à entreprendre la huitième manche face aux Giants. Michael Tucker était le troisième frappeur de la manche. En quittant le *bullpen*, j'ai pris la peine de prévenir mes coéquipiers :

— Préparez-vous, les gars, parce que Tucker s'en vient au *bat* et je vais lancer dessus !

Il y avait un retrait et un coureur au premier coussin quand Tucker, un frappeur gaucher, s'est présenté à la plaque.

Avant de lui régler son cas, j'ai décidé de faire un peu durer le plaisir et je lui ai servi une rapide assez haute à l'intérieur. Trois lancers plus tard, alors que j'avais une avance d'une balle et deux prises, je suis revenu avec une rapide à 98 milles à l'heure. La balle est passée juste un peu à l'intérieur, à peu près à la hauteur de sa tête.

Tucker, qui craignait d'être atteint à la tête, s'est alors précipité au sol où il a atterri sur le dos. Il se souvenait parfaitement de ce qu'il avait fait la veille et il savait exactement ce qui était en train de se passer.

Je me suis approché du marbre pour recevoir la balle et je lui ai souri, d'un air qui voulait dire : « Lève-toi, mon homme, on n'a pas fini. »

Tucker s'est aussitôt relevé en criant :

— *What the fuck ?*

Et il a fait un pas en ma direction.

Il avait tenté de blesser mon coéquipier la veille. S'il voulait régler l'affaire aux poings, il venait de trouver un client fort enthousiaste. J'ai jeté mon gant par terre, lancé mes lunettes au bout de mes bras et je me suis précipité vers le marbre.

— *Let's go !* lui ai-je crié en fonçant dans sa direction.

Notre receveur David Ross a toutefois intercepté Tucker avant que j'arrive à sa hauteur. Ross n'a pas eu trop de difficulté parce que Tucker reculait. Il n'était plus trop sûr de son affaire.

Pendant ce temps, les bancs et les *bullpen*s des deux équipes se sont vidés à la vitesse de l'éclair. Dans la cohue, notre troisième-but Adrian Beltre m'a empoigné et entraîné à l'écart pour éviter que je me batte.

Dans les minutes qui ont suivi, l'arbitre du premier but Tim Welke nous a expulsés tous les deux, Tucker et moi. J'étais enragé ! J'ai alors foncé en direction du quatuor d'officiels pour leur dire ma façon de penser. Ils avaient tous clairement vu ce qui était arrivé à Jeff Weaver la veille et ils n'avaient rien fait.

J'ai finalement été suspendu pour deux matchs à la suite de cet incident. En plus d'écoper une amende de 5 000 $.

Peu importe. Je passais plus de temps avec mes coéquipiers qu'avec ma propre famille. Il m'apparaissait tout à fait normal que l'on se serre les coudes si nous souhaitions accomplir quelque chose ensemble.

Le lundi 5 juillet, nous affrontions les Diamondbacks de l'Arizona en fin d'après-midi au Dodger Stadium. C'était un lendemain de fête nationale et une belle journée ensoleillée. Mais curieusement, il y avait beaucoup moins de partisans qu'à l'habitude dans les gradins. Un peu plus de 20 000 des 56 000 sièges de l'enceinte étaient vides.

Même Valérie avait décidé de rester à la maison.

Deux couples d'amis du Québec séjournaient chez nous et avaient prévu d'assister au match. Mais avec deux enfants, dont Maddox qui n'était âgé que de sept mois, les expéditions vers le Dodger Stadium étaient parfois un peu compliquées pour Val.

Depuis que j'étais devenu le *closer* de l'équipe, elle avait développé une routine efficace. Elle regardait nos matchs à la télévision et lorsqu'elle voyait que nous étions en avance après six ou sept manches, elle « paquetait les p'tits » et mettait le cap sur le stade, où elle arrivait à temps pour me voir lancer en neuvième, ce qui nous permettait de rentrer à la maison ensemble après la rencontre.

Mais pas cette fois. Les enfants, jugeait-elle, avaient besoin de repos.

Cette journée-là, nous occupions le troisième rang de la division Ouest de la Ligue nationale, à seulement un match et demi des Giants et du premier rang. Les Padres étaient deuxièmes et n'accusaient qu'une demi-partie de retard.

En neuvième, alors que nous avions une avance de 5 à 3 sur les Diamondbacks, la porte de l'enclos s'est à nouveau ouverte devant moi. *Welcome to the Jungle!*

Mon total de sauvetages pour la saison s'élevait alors à 21, soit un peu moins qu'à pareille date lors des deux saisons précédentes. C'était dû, en partie, au fait que Jim Tracy m'accordait davantage de congés.

Mon efficacité sur la butte était cependant restée la même. Ma moyenne de points mérités s'élevait 1,54 et ma séquence de sauvetages consécutifs était toujours en cours. Deux jours auparavant j'avais préservé mon 84e match de suite, soit 30 de plus que le record précédent établi par Tom Gordon, des Red Sox de Boston, entre le 19 avril 1998 et le 5 juin 1999.

Depuis un bon moment déjà, ma séquence et mon record captivaient l'imagination des partisans des Dodgers et alimentaient les conversations des observateurs un peu partout dans le monde du baseball. Ma dernière mission ratée remontait au 16 août 2002 et certains se demandaient si j'allais pouvoir célébrer une deuxième année complète sans sabotage. Aux émissions de «lignes ouvertes», certains commençaient même à spéculer sur mes chances d'atteindre l'inimaginable marque des 100 sauvetages consécutifs.

Cette séquence de quasi-invincibilité était devenue lourde à porter. Plus le temps passait, plus la pression de performer et de la prolonger était forte. Mais dans un autre sens, cette séquence me facilitait aussi la vie parce qu'elle intimidait bon nombre de frappeurs et qu'elle me procurait un avantage sur eux.

Les frappeurs occupant les troisième, quatrième et cinquième rangs dans l'alignement des Diamondbacks étaient prévus en neuvième.

Après avoir retiré Scott Hairston sur trois prises, j'ai pris une avance de 0-2 sur Shea Hillenbrand. Mais sur le lancer suivant, Hillenbrand, un frappeur droitier, a trouvé le moyen de cogner un simple au centre.

Accorder un coup sûr lorsqu'on détient une avance de 0-2 est le genre de faute qui revient très souvent hanter les lanceurs. Dans le fameux «livre du baseball», il est écrit que cela ne devrait jamais survenir.

Après ce coup sûr, Al Pedrique a quitté l'abri des Diamondbacks pour procéder à un changement de frappeur. Luis Gonzalez s'est alors présenté à la plaque à la place du lanceur Mike Koplove. Gonzalez connaissait une saison difficile en 2004 mais il constituait tout de même une sérieuse menace.

En fait, Gonzalez n'a jamais vraiment connu de succès contre moi (4 en 20, 9 retraits sur des prises) mais je savais qu'il était prêt à tout pour obtenir un coup sûr à mes dépens. Lors d'une précédente visite des Diamondbacks au Dodger Stadium, il avait offert une grosse somme d'argent à un employé des Dodgers pour qu'il subtilise ma casquette et mes souliers à crampons, juste pour me déconcentrer!

Le responsable du vestiaire des Dodgers, Dave Dickenson (alias Bonsey), était un personnage bien connu dans les coulisses du baseball majeur. Et un bon jour, alors que Bonsey avait affaire au préposé au vestiaire des Diamondbacks, Gonzalez l'avait interpellé et lui avait offert plusieurs milliers de dollars en échange de ma casquette et de mes souliers à crampons.

Ma casquette un peu sale et défraîchie ainsi que mes vieux souliers à crampons faisaient partie de mon image de *closer* dur et intimidant. Et dans le cadre d'un reportage diffusé à la télé, Gonzalez avait appris que j'utilisais ces mêmes pièces d'uniforme depuis plus de deux ans. Il avait donc songé à les faire disparaître pour me déstabiliser.

Heureusement pour moi, Bonsey était d'une extrême loyauté envers les joueurs des Dodgers, qu'il considérait comme des membres de sa propre famille.

Toujours est-il que Gonzalez s'est présenté à la plaque. Et avec un compte de 2-2, je lui ai servi un changement de vitesse qu'il a solidement cogné en flèche loin dans la droite pour obtenir un double. Hillenbrand est venu marquer.

Le frappeur suivant était Chad Tracy, une recrue de 24 ans qui connaissait un début de carrière intéressant dans les majeures. Tracy frappait de la gauche.

Après m'être forgé une avance de 0-2, je lui ai servi un changement de vitesse qui n'était pas censé atteindre la zone des prises.

Tracy s'est montré patient et il est parvenu à cogner un solide roulant sur la ligne du premier. Notre premier-but Olmedo Saenz a plongé pour tenter de capter la balle mais elle était hors de sa portée. En voyant la balle lui échapper, j'ai tout de suite su que Gonzalez allait croiser le marbre et que ma séquence de sauvetages consécutifs venait de prendre fin.

Je venais de commettre un sabotage.

Pendant que le coureur des Diamondbacks franchissait la distance qui le séparait du marbre, il y a eu une courte accalmie dans le stade. On aurait dit que les spectateurs étaient étonnés. Pour ma part, j'étais sur le monticule, immobile, et je fixais le sol. Cela faisait 677 jours que je n'avais pas vécu pareille situation. Il s'agissait seulement de mon cinquième sabotage en carrière et, curieusement, trois d'entre eux étaient survenus face aux Diamondbacks.

Tête baissée, j'essayais de retrouver ma concentration. Des idées et des sentiments contradictoires se bousculaient dans ma tête. J'étais à la fois soulagé d'un poids énorme, et déçu d'avoir failli à la tâche sur trois frappeurs consécutifs alors que je détenais à chaque fois l'avance dans le compte. Il fallait cependant que je me ressaisisse. J'avais encore deux retraits à compléter pour laisser une chance à mes coéquipiers de remporter le match.

Puis soudainement, le bruit de la foule m'a ramené dans le match. Les partisans se sont levés d'un bloc et m'ont accordé une chaleureuse et longue ovation.

Quinton McCracken a ensuite été retiré sur un roulant au premier. Et Juan Brito a cogné un roulant à l'arrêt-court pour mettre fin à la menace des D'Backs.

Après le dernier retrait, je me suis lentement dirigé vers l'abri, absolument furieux de la manière dont je venais de lancer. Puis la foule s'est à nouveau levée d'un bloc. Cette fois, l'ovation a duré plusieurs minutes. Les clameurs des fans sont ensuite reparties de plus belle quand je suis sorti de l'abri pour les saluer et les remercier.

Mes remerciements étaient tout à fait sincères. Sans l'adrénaline dont les partisans des Dodgers m'avaient nourri durant ce marathon accablant, je ne me serais sans doute jamais rendu à 84 sauvetages consécutifs.

Cet instant fut l'un des plus exaltants de ma carrière parce que, tous sports confondus, jamais je n'avais été témoin d'une telle scène. Je venais de « scraper » le match et les gens étaient tous debout pour m'applaudir. J'en avais la chair de poule.

C'est extrêmement rare qu'on voie une foule accorder une telle ovation à quelqu'un qui vient d'échouer. D'ordinaire, les gens célèbrent ceux qui accomplissent quelque chose de positif comme un 60e circuit ou un 3 000e coup sûr. Mais un sabotage ? Cela m'apparaissait impensable.

Heureusement, cette journée s'est tout de même terminée sur une note positive. En dixième manche, alors que nous avions trois coureurs sur les sentiers et qu'il n'y avait qu'un retrait au tableau, Shawn Green a cogné un long ballon sacrifice au champ centre, ce qui nous a permis de l'emporter au compte de 6-5 et de nous rapprocher à un match de la tête.

Après la rencontre, les joueurs et les gérants des deux équipes ont été appelés à commenter la fin de ma séquence et toutes les déclarations faites étaient élogieuses ou empreintes de respect. L'une d'elles m'est d'ailleurs restée en mémoire :

« Cette marque me semble aussi intouchable que les records de DiMaggio, Orel Hershiser ou Cal Ripken. Il n'y a pas grand-chose à ajouter. Ces records ne dureront sans doute pas jusqu'à la fin des temps. Mais nous avons l'impression qu'ils ne seront jamais battus », a déclaré Shawn Green, qui était l'un des plus fins analystes de baseball qu'il m'ait été donné de rencontrer.

La plus belle et la plus intense période de ma carrière a pris fin à ce moment précis.

Après avoir inscrit cette marque dans le livre des records, assez rapidement, les circonstances m'ont sournoisement poussé sur la pente descendante que j'avais tant redoutée durant l'entre-saison.

La semaine suivante, le 13 juillet, j'ai pris part au match des étoiles pour une troisième année de suite. Cette fois, l'événement était présenté au Minute Maid Park, le domicile des Astros de Houston.

Nous étions parvenus à nous emparer de la tête de notre division avant la pause des étoiles mais notre avance ne s'élevait qu'à un demi-match.

Comme je savais à quel point la deuxième moitié du calendrier allait être intense, Val et moi avons décidé que j'allais me rendre seul à Houston et que j'allais en revenir le plus rapidement possible afin de profiter d'une journée de congé à la maison.

Lors des deux années précédentes, le match des étoiles s'était avéré assez exigeant d'un point de vue logistique. Je m'y présentais avec femme, enfants et plusieurs autres membres de la famille afin de partager ces moments avec le plus de gens possible. Mais mainte-nant qu'un grand nombre de nos proches avaient eu la chance de vivre cette expérience, je préférais « voyager léger », me reposer le plus pos-sible et mettre toutes les chances de mon côté pour entreprendre la deuxième moitié du calendrier en force.

Ce match des étoiles de 2004 fut plutôt à sens unique. Nous (la Nationale) tirions de l'arrière au compte de 9-4 quand le gérant Jack McKeon m'a mandaté pour entreprendre la neuvième en compagnie de mon coéquipier et receveur Paul Lo Duca.

Il m'a fallu 19 lancers, principalement des rapides, pour compléter la tâche.

Après ce match, j'ai commencé à ressentir une douleur lancinante à l'épaule droite. Je n'avais jamais été blessé à cet endroit auparavant.

Il n'était toutefois pas question de prendre une pause ou de faire inscrire mon nom sur la liste des blessés pendant que mes coéquipiers se battaient pour une place en séries. J'ai donc pris les moyens pour jouer en dépit du mal et j'ai continué à jouer comme si de rien n'était.

Quarante-huit heures après le match des étoiles, dès la reprise des activités, j'ai sauvegardé mon 24e match de la saison en Arizona contre les Diamondbacks. Et j'ai préservé six matchs de plus au cours des deux semaines suivantes.

Contrairement aux années précédentes, les *dog days of summer* ont constitué un point tournant positif de notre saison. Nous avons main-tenu une fiche de 21-7 en juillet et nous avons complété ce mois avec une avance de 2 ½ matchs en tête.

À la date limite des transactions, le vendredi 30 juillet, notre saison a toutefois pris une tournure qui nous a littéralement jetés par terre.

Notre nouveau directeur général a détruit l'extraordinaire chimie qui existait dans notre vestiaire en complétant plusieurs transactions qui, en plus de miner l'esprit de corps au sein de notre groupe, n'avaient aucun sens d'un point de vue compétitif.

Paul DePodesta était âgé de 31 ans lorsqu'on lui avait confié les guides de l'équipe au cours du mois de février précédent.

La mode était alors à l'embauche de très jeunes directeurs généraux dans le baseball majeur. Et le nouveau propriétaire des Dodgers, Frank McCourt, avait vu en DePodesta un émule de Theo Epstein et Jon

Daniels, qui avaient respectivement pris les commandes des Red Sox de Boston et des Rangers du Texas à l'âge de 28 ans. Epstein et Daniels connaissaient beaucoup de succès avec leur équipe respective.

DePodesta s'était quant à lui fait remarquer dans le rôle d'adjoint au directeur général des A's d'Oakland, Billy Beane. Ce duo a d'ailleurs fait l'objet du livre *Moneyball : The Art of Winning an Unfair Game*, qui s'est vendu à plus d'un million d'exemplaires. Un film, mettant en vedette Brad Pitt, a aussi été porté à l'écran.

DePodesta était un adepte de la « sabermétrie », une méthode d'analyse des joueurs et des stratégies du baseball qui était de plus en plus prisée au sein de plusieurs des meilleures organisations de la MLB.

Les « sabermétriciens » ont en quelque sorte inventé de nouvelles façons de compiler les statistiques ou créé de nouvelles manières de les interpréter afin d'évaluer le rendement des joueurs sur le terrain.

Ainsi, par exemple, la moyenne au bâton était autrefois un élément déterminant dans l'évaluation que les dirigeants pouvaient faire d'un joueur de position. La sabermétrie, elle, considère que l'objectif du frappeur consiste à atteindre le premier but, peu importe la manière dont il y parvient. Les sabermétriciens peuvent donc accorder beaucoup de valeur à un joueur dont la moyenne au bâton est modeste mais qui soutire un très grand nombre de buts sur balles. Ils recherchent des joueurs possédant une bonne moyenne de présence sur les sentiers et non simplement une bonne moyenne au bâton.

Il y a des gens dans le baseball qui ont presque fait une religion de cette méthode d'évaluation. Et je n'ai jamais été d'accord avec cela. Depuis le début, je pense que lorsqu'on la considère comme un facteur d'évaluation parmi d'autres, la sabermétrie peut aider les hommes de baseball à prendre de bonnes décisions.

Par contre, si elle devient le principal facteur de décision, cette méthode peut provoquer des erreurs monumentales parce qu'elle ne tient pas compte de plusieurs aspects humains importants.

Ainsi, un gars peut présenter une très bonne moyenne de présence sur les sentiers, mais comment se comporte-t-il quand il se présente au bâton dans une situation critique ? Comment cohabite-t-il avec ses coéquipiers ? Le même raisonnement s'applique aux cogneurs de circuits. Le frappeur qui réussit 25 de ses 30 circuits quand son équipe jouit d'une bonne avance n'est pas aussi utile à son équipe que celui qui n'en frappe que 20, mais qui les obtient toujours quand la partie est très serrée.

Il est impossible d'obtenir un portrait complet d'un joueur sans tenir compte de son caractère, de son éthique de travail, de sa crédibilité et de la manière dont il aborde la vie en général. Et ces facteurs sont très importants. Lorsqu'on assemble un puzzle, il faut être capable de reconnaître lorsqu'une pièce donnée ne peut pas se mouler aux autres.

Lors de ce fameux 31 juillet, DePodesta n'a donc rien fait pour me convaincre des bienfaits de la sabermétrie.

Alors que nous nous engagions dans le dernier droit du calendrier, il a échangé notre receveur numéro un Paul Lo Duca, notre spécialiste de la huitième manche Guillermo Mota et le voltigeur Juan Encarnacion aux Marlins de la Floride. En retour, il a acquis le premier-but Hee-Seop Choi, le lanceur partant Brad Penny ainsi que Bill Murphy, un lanceur des ligues mineures.

DePodesta a ensuite impliqué Murphy et deux autres joueurs des mineures, Koyie Hill et Reggie Abercrombie, dans un échange avec les Diamondbacks afin d'obtenir le vétéran voltigeur de centre Steve Finley (39 ans) et le receveur Brent Mayne, âgé de 36 ans.

Dans une autre transaction, DePodesta a expédié le voltigeur de centre Dave Roberts (qui était le premier frappeur de notre alignement) aux Red Sox de Boston en retour de Henri Stanley, un joueur des ligues mineures qui n'a jamais atteint les majeures.

Quelques mois plus tard, Roberts est devenu un véritable héros à Boston. Dans le quatrième match de la série de championnat de la Ligue américaine opposant les Red Sox aux Yankees, il a volé un but en neuvième manche qui a permis aux Red Sox de revenir de l'arrière et de décrocher une première victoire, alors qu'ils faisaient face à une gênante élimination en quatre parties.

Inspirés par cet incroyable ralliement, les Red Sox ont ensuite remporté leurs sept matchs suivants et ont été couronnés champions de la Série mondiale pour la première fois depuis 1918, mettant ainsi fin à la « malédiction du Bambino ».

La même journée, DePodesta a échangé un autre membre de notre enclos de releveurs, le gaucher Tom Martin, aux Braves d'Atlanta en retour de Matt Merricks, un lanceur gaucher qui évoluait dans les ligues mineures. Ce dernier n'a jamais surpassé le niveau AA, où il n'a participé qu'à six rencontres.

Toutes ces transactions ont été réalisées alors que nous étions à San Diego, où nous entreprenions une série de trois matchs contre les Padres, qui étaient nos plus proches poursuivants au classement. Dans le vestiaire, nous étions sous le choc.

Nous avions tous cru que notre directeur général allait faire des acquisitions et donner plus de profondeur à notre alignement pour nous permettre d'accroître notre avance en tête et nous permettre de remporter les gros matchs durant les séries.

En lieu et place, nous nous retrouvions dépouillés de notre premier frappeur (Roberts), de notre receveur étoile (Lo Duca), de notre *set-up man* (Mota) et de notre gaucher le plus efficace (Martin). Sans compter notre voltigeur de droite (Encarnacion).

Aucune des acquisitions faites par DePodesta ne s'est avérée utile pour notre club, à part Steve Finley, qui a cogné 13 circuits durant son séjour avec nous.

Hee-Seop Choi, que notre directeur général avait présenté comme «l'ajout d'un solide frappeur gaucher à notre alignement», a maintenu une moyenne de ,161 pour le reste de la saison.

Brent Mayne, qui a remplacé Lo Duca derrière le marbre, a pour sa part maintenu une moyenne de ,188.

Brad Penny s'est blessé une semaine après son arrivée. Il n'a participé qu'à trois matchs avec nous en 2004.

Dans l'enclos des releveurs, on a confié le poste de préparateur de la huitième manche à Darren Dreifort, un valeureux coéquipier qui avait toujours agi en tant que partant dans le passé. Cette année-là, en raison des nombreuses blessures qu'il avait subies, les médecins lui avaient cependant recommandé de devenir releveur.

Dreifort a toutefois eu beaucoup de difficulté à s'adapter à son nouveau rôle de *set-up man*. Entre le 31 juillet et le 16 août, il a commis deux sabotages et encaissé trois défaites. Et un peu moins de trois semaines après les multiples transactions complétées par DePodesta, il s'est blessé à un genou et sa saison a pris fin.

La saison précédente, l'enclos des releveurs des Dodgers était l'un des plus efficaces de l'histoire du baseball majeur. Personne ne comprenait comment DePodesta avait pu décider d'échanger Mota et Martin alors que nous étions en tête de notre division.

Le 1er août, 48 heures après avoir vu DePodesta décimer son *bullpen*, Jim Tracy m'a utilisé durant trois manches alors que nous complétions notre série face aux Padres.

C'était totalement inusité d'avoir recours à son *closer* pour une aussi longue période de temps durant un match. Mais Tracy n'avait plus trop le choix de presser le citron. Les Padres n'étaient plus qu'à deux matchs et demi derrière nous. Et s'ils parvenaient à nous battre, l'écart allait être réduit à un match et demi.

Nous l'avons finalement emporté au compte de 2 à 1 en 12 manches.

Après cette rencontre, nous sommes rentrés à Los Angeles pour y affronter les Pirates de Pittsburgh et j'ai sauvegardé les deux matchs suivants.

À la fin de cette séquence, mon épaule était en lambeaux. L'inconfort que je ressentais après la pause du match des étoiles s'était transformé en douleur intense. Je n'étais plus capable de soulever mon bras. J'étais blessé sérieusement, et c'est à ce moment que j'ai commencé à recevoir des injections de cortisone.

Dans des circonstances normales, mon nom aurait été inscrit sur la liste des blessés, j'aurais fait une longue pause et je serais revenu en force. Mais nous étions en tête et je ne voulais pas laisser tomber mes coéquipiers.

Les 18 et 19 août, j'ai encaissé deux défaites consécutives, aux mains des Marlins et des Braves. Cela faisait alors trois défaites en deux semaines. Plus rien n'allait.

Je souffrais d'une bursite aiguë et l'inflammation s'était répandue aux trois points d'attache de l'épaule. Valérie me demandait sans cesse de penser à ma santé et de déclarer forfait pour laisser une chance à mon corps de guérir. Mais il n'en était pas question.

— Val, je demande juste une affaire. Je veux juste pouvoir lancer dans les *playoffs*. Après ça, je m'en crisse que mon bras et ma carrière soient finis.

Elle m'a regardé un instant, incrédule. L'effet de surprise a semblé encore plus grand lorsqu'elle a réalisé que j'étais tout à fait sérieux. Dans ma tête, c'était ma responsabilité d'être sur le monticule tous les soirs. C'était ma plus grande fierté.

Les traitements et les injections se sont donc poursuivis et j'ai continué à lancer aussi régulièrement qu'auparavant. Entre le 8 et le 19 septembre, sur une période de 11 jours, j'ai été crédité de 2 gains et de 4 victoires préservées. Mais ce n'était pas suffisant. Nous perdions un match sur deux alors que les Giants, qui s'étaient emparés du deuxième rang de notre division, ne cessaient de gagner du terrain.

Le 22 septembre, les Giants ont décroché une neuvième victoire en dix rencontres. En deux petites semaines, l'avance de six matchs dont nous jouissions avait fondu comme neige au soleil et notre priorité sur eux ne s'élevait plus qu'à une demi-partie.

Nous avions au moins notre sort entre nos mains. Dans les prochaines 24 heures, nous allions mettre le cap sur San Francisco pour y disputer une série de trois matchs contre nos plus grands rivaux. En fait, six des dix derniers affrontements prévus à notre calendrier impliquaient les Giants.

Le hic, c'est que je n'étais plus capable de lancer la balle sur une distance de dix pieds ! Depuis quelques jours déjà, je ne m'échauffais plus avec mes coéquipiers parce que je ne voulais pas que les autres joueurs sachent dans quel état je me trouvais. Je ne lançais donc qu'avec Todd Clausen.

La première fois que je lui ai demandé de venir lancer en ma compagnie, Todd s'est tout de suite rendu compte que j'étais mal en point.

— Câlice, Éric, qu'est-ce que t'as ?

— C'est mon épaule. Ça va pas pantoute !

Je suis donc allé voir le thérapeute de l'équipe et je lui ai dit :

— *Fuck*, donne-moi tout ce que tu peux, *man*. Je m'en crisse.

Mettons tout de suite les choses au clair : il est impossible pour un lanceur de survivre à une saison de baseball professionnel sans consommer une quantité appréciable d'anti-inflammatoires. Surtout lorsqu'on occupe un rôle de releveur.

Dans les mineures et lors de mes premières saisons dans les majeures à titre de partant, je consommais à l'occasion des anti-inflammatoires comme des Advil, qu'on peut se procurer à la pharmacie du coin.

Cependant, dès que j'ai commencé à être releveur, j'ai vraiment commencé à avoir mal partout.

Parce que je lançais presque tous les jours, j'étais sans cesse courbaturé. J'étais «racké» chaque jour et presque chaque heure de ma vie. Il m'était donc impossible de fonctionner sans prendre une quelconque médication.

N'importe quel autre lanceur pourra témoigner de cette réalité : personne ne peut passer à travers une saison en buvant du jus de canneberge.

En fait, la charge de travail est tellement violente pour le corps que lors de mes deux premières années dans le rôle de *closer*, je devais continuer de consommer des anti-inflammatoires quotidiennement durant la morte-saison pour essayer de remettre mon coude, mon dos et mes genoux en état.

Dans un cadre dit normal, mon métier me forçait déjà à consommer d'assez importantes quantités de pilules pour fonctionner. Mais ce n'était que de la petite bière en comparaison avec tout ce que j'ai pu recevoir durant le dernier droit de la saison 2004.

On m'injectait de la cortisone très régulièrement. De la lidocaïne aussi. Et durant les séries éliminatoires, on m'administrait quotidiennement du Toradol, un anti-inflammatoire extrêmement puissant qui faisait totalement disparaître la douleur durant une période de cinq à huit heures.

Quand je quittais l'hôtel ou la maison pour me rendre au stade, j'étais incapable de lancer la balle. Et le même soir, quand je me présentais au monticule, mes rapides filaient à 95 milles à l'heure.

Le lendemain matin, j'étais encore plus mal en point que la veille. Je me rendais au stade, je recevais de nouvelles doses et je retournais lancer comme si de rien n'était. Et toute cette médication était considérée comme légale.

Dans les séries éliminatoires ou dans les matchs décisifs, il n'y avait aucune limite à la quantité de médicaments disponibles. Absolument tous les membres de l'organisation veulent participer aux séries et se rendre jusqu'à la Série mondiale. Les joueurs autant que les préposés à l'équipement ou les soigneurs. Tout le monde veut se rendre jusqu'au bout.

Les joueurs touchent jusqu'à 35 % des recettes enregistrées aux guichets durant les séries éliminatoires. Et la plupart du temps, ils partagent le magot avec le personnel de soutien de l'équipe. On parle de montants pouvant aller jusqu'à 350 000 $ ou 375 000 $ par joueur et par employé.

Pour les membres du personnel, qui sont loin d'être millionnaires, ce sont des sommes qui changent une vie. Qui n'a pas rêvé un jour de pouvoir se présenter à la banque et de régler son hypothèque en signant un seul chèque ?

Le 23 septembre, Tracy a fait appel à mes services pour préserver une victoire de 9 à 6 contre les Padres, à San Diego. Et le lendemain je me suis retrouvé à San Francisco, sur la butte du SBC Park, pour défendre une mince avance de 2-1 face aux Giants.

Après deux retraits, j'ai accordé trois buts sur balles consécutifs, dont une passe gratuite à Barry Bonds. J'étais déréglé. Aussi loin que je pouvais remonter dans ma mémoire, j'étais incapable de me rappeler de la dernière fois où j'avais accordé trois buts sur balles au cours d'une même manche.

Heureusement, le receveur des Giants, Yorvit Torrealba, a mis fin au match en cognant un solide coup en flèche dans les mains de Jayson Werth, dans la gauche.

Le lendemain, les Giants nous ont vaincus, pour ainsi réduire notre avance à une partie et demie. L'enjeu du troisième match, *the rubber game*, était donc crucial. Nous détenions le premier rang de façon ininterrompue depuis le 7 juillet. Il n'était pas question de laisser les Giants nous souffler dans le cou et nous ravir notre place au fil d'arrivée. Nous voulions donc les repousser avant de rentrer au Dodger Stadium, où il nous restait sept matchs à disputer : quatre contre les Rockies du Colorado et trois contre les Giants.

Dans cette troisième partie face aux Giants, nous détenions une avance de 7 à 4 en huitième quand Tracy m'a envoyé au monticule. Il voulait s'assurer de fermer les livres en me confiant les deux dernières manches.

Après avoir liquidé les Giants dans l'ordre en huitième, je suis retourné sur la butte pour affronter Michael Tucker, Pedro Feliz et Barry Bonds la manche suivante.

Même si je suis parvenu à retirer les deux premiers frappeurs de la manche, il m'a fallu 30 lancers pour venir à bout des Giants, alors qu'il y avait deux coureurs sur les sentiers.

À grands coups d'injections et de comprimés antidouleur, je fonctionnais de peine et de misère, en carburant sur les cendres déjà tièdes de ma domination passée.

J'ai préservé ce soir-là ma 45e et dernière victoire de la saison 2004.

Notre place en séries éliminatoires ne s'est finalement confirmée que le 2 octobre, à la fin de notre 161e et avant-dernier match du calendrier.

Nous étions alors au cœur de notre dernière série de la saison au Dodger Stadium et nos adversaires étaient les Giants, qui accusaient deux matchs de retard sur nous. San Francisco se retrouvait donc dans l'obligation de nous battre deux fois d'affilée pour créer une égalité en tête de la division Ouest.

Lorsque nous nous sommes présentés au bâton en fin de neuvième manche, les hommes de Felipe Alou jouissaient d'une avance de 3 à 0. Et tout indiquait que nous allions devoir défendre notre peau le lendemain pour empêcher nos plus grands rivaux de nous rejoindre en tête.

Le *closer* des Giants, Dustin Hermanson, a cependant entrepris la manche en accordant un simple et trois buts sur balles, ce qui nous a éventuellement permis de remonter la pente et de créer l'égalité. Puis, après un retrait, Steve Finley s'est présenté au bâton contre Wayne Franklin alors que les coussins étaient tous occupés.

Avec style, Finley nous a catapultés en séries en retroussant la balle derrière la clôture du champ centre droit et en s'offrant un retentissant grand chelem.

J'ai risqué ma santé en jouant malgré une sérieuse blessure et en acceptant qu'on m'injecte de très importantes quantités de cortisone, d'antidouleurs et d'anti-inflammatoires de toutes sortes pour que se concrétise mon rêve de participer aux séries éliminatoires.

Toutefois, l'aventure fut de très courte durée. Nous n'avions tout simplement pas les munitions nécessaires pour rivaliser avec les Cardinals de Saint Louis, nos adversaires du premier tour éliminatoire.

Ces derniers avaient compilé la meilleure fiche de l'ensemble du baseball majeur (105-57) en saison régulière et leur alignement ne comportait pour ainsi dire aucune faille.

Dans le cadre de cette série 3 de 5, les Cards nous ont infligé de cinglants revers de 8-3, 8-3 et 6-2 pour nous éliminer en quatre rencontres : nous avons évité le balayage en remportant le troisième match, à Los Angeles.

Avant chacun de ces affrontements, le personnel médical de l'équipe a continué à me préparer des cocktails de médicaments afin que je sois en mesure de jouer.

J'ai eu l'occasion de participer au deuxième et au quatrième match, chaque fois en désespoir de cause. Quand je me suis présenté sur la butte dans le deuxième affrontement, nous tirions de l'arrière par cinq points. Et dans le quatrième, les Cards jouissaient d'une priorité de quatre points. Compte tenu des ressources dont disposaient les Cards, il n'y avait plus grand-chose à faire.

Cette fin de saison en queue de poisson a tué l'enthousiasme de tout le monde au sein de l'équipe. Même Jim Tracy en parle encore. Nous avions un esprit d'équipe extrêmement fort et nous étions compétitifs. Je suis convaincu que les Dodgers auraient participé aux séries éliminatoires pendant plusieurs années consécutives si le démantèlement du 30 juillet n'était pas survenu et si Paul DePodesta avait plutôt choisi d'ajouter des éléments au noyau déjà en place.

La saison suivante, les Padres de San Diego ont d'ailleurs remporté le championnat de notre division en s'élevant à seulement deux matchs au-dessus de la barre de ,500 (fiche de 82-80).

Après toutes ces années, les coéquipiers de 2004 que j'ai l'occasion de croiser, de temps à autre, se demandent encore ce qui s'est passé.

Durant l'entre-saison, DePodesta n'a pas été en mesure de s'entendre avec notre troisième-but Adrian Beltre, qui venait de terminer deuxième au scrutin visant à élire le joueur par excellence de la Ligue nationale. Beltre venait tout juste de cogner 48 circuits, de récolter 200 coups sûrs et de produire 121 points.

Profitant de son autonomie, le jeune homme timide que j'avais connu à mes débuts dans les ligues mineures s'est retrouvé chez les Mariners de Seattle, où il a paraphé un contrat de 64 millions pour cinq ans.

Le directeur général des Dodgers a aussi échangé l'un de nos plus puissants et plus fiables cogneurs, Shawn Green, aux Diamondbacks de l'Arizona. En retour, il a acquis quatre jeunes joueurs des ligues mineures, Dioner Navarro, William Juarez, Danny Muegge et Beltran Perez. Les trois derniers n'ont jamais disputé un match avec les Dodgers. Navarro, un receveur, a pour sa part endossé l'uniforme de l'équipe durant 75 matchs en 2005 et en 2006 avant de se faire ravir son poste par Russell Martin.

En plus d'échanger Green, les Dodgers ont versé une compensation de 10 millions aux Diamondbacks dans cette transaction. Autrement dit, Shawn nous donnait des râclées et les Dodgers le payaient pour le faire !

Meurtri physiquement et mentalement, je suis rentré en Arizona où j'ai passé l'hiver à m'entraîner comme un forcené et à soigner mon épaule.

D'un point de vue business, l'année 2004 s'est terminée à peu près de la même manière que l'année précédente : la direction de l'équipe et mon agent ne sont pas parvenus à s'entendre sur les modalités d'un nouveau contrat. Nous nous sommes donc donné rendez-vous pour une autre session d'arbitrage salarial au début de 2005.

Cependant, tout juste avant l'audience, nous sommes parvenus à trouver un terrain d'entente et à conclure un pacte de deux ans d'une valeur de 19 millions.

L'entente prévoyait que j'allais toucher un salaire de 8 millions en 2005 et de 10 millions en 2006. L'équipe se réservait aussi une option de 12 millions pour la saison 2007. Si jamais les Dodgers devaient décider de ne pas se prévaloir de leur option, ils s'engageaient à racheter cette troisième année pour la somme de 1 million.

D'un côté comme de l'autre, nous n'étions pas intéressés à revivre le même genre d'affrontement que celui qui avait suivi ma conquête du Cy Young.

« Je me rappelle avoir dit à Éric l'année dernière que nous ne voulions pas répéter l'expérience que nous avions vécue en arbitrage et je pense que son agent et lui sont vraiment contents que les choses aient pu se régler de cette manière. (…) Nous croyons que Gagné est vraiment dominant. Il n'est pas aussi facilement remplaçable que peuvent l'être d'autres joueurs parce qu'il a un impact direct sur les matchs que nous sommes supposés remporter », a commenté DePodesta.

Lorsque je me suis présenté au camp 2005 quelques semaines plus tard, le malaise à l'épaule qui avait miné mon rendement la saison précédente avait complètement disparu.

Mais très tôt au début du camp, à la fin février, je me suis infligé une entorse mineure au genou gauche au cours d'un exercice de routine. C'était la troisième année de suite que je m'infligeais une blessure au genou avant d'entreprendre la saison.

Pour moi, cette blessure n'était qu'une « niaiserie ». Le genre de mal qui vous tiraille juste assez pour vous embêter mais pas suffisamment pour vous empêcher de jouer.

En fait, la douleur et l'inconfort se faisaient sentir au moment précis où je posais le pied au bas du monticule, à la fin de mon élan, tout juste avant de relâcher la balle en direction du marbre. Pour essayer de contourner le problème, j'ai simplement modifié la manière dont je posais le pied au sol.

En constatant que ça fonctionnait, j'ai donc décidé de subir des traitements et de continuer à lancer.

J'étais convaincu que ce léger changement dans ma façon d'« atterrir » à la fin de mon élan n'était qu'un compromis mineur. Mais dans les faits, cela provoquait sans doute une foule d'autres petits ajustements qui modifiaient ma mécanique.

À la fin du camp, au cours d'une sortie face aux Mets de New York, j'ai commencé à ressentir une vive douleur au coude. Cela semblait être une conséquence directe de la modification apportée à mon élan.

Une imagerie par résonance magnétique a révélé un étirement ou une légère entorse au ligament collatéral ulnaire, soit exactement le même endroit où j'avais subi une greffe huit ans plus tôt.

Dès le début de la saison, pour la première fois de ma carrière, l'équipe a donc inscrit mon nom sur la liste des blessés. Et ce n'est que 35 matchs plus tard, le 14 mai, que j'ai été en mesure de remonter sur la butte dans le cadre d'un match des ligues majeures.

Pour me permettre de retrouver mon rythme, Jim Tracy m'a réinséré dans l'alignement de manière graduelle. Il m'utilisait quand nous tirions de l'arrière ou quand nous jouissions d'une confortable avance.

À mon premier match, au Dodger Stadium face aux Braves d'Atlanta, j'ai accordé des circuits aux deux premiers frappeurs à me faire face : Chipper Jones et Andruw Jones.

Dans le cas d'Andruw Jones, toutefois, ce circuit n'avait rien de bien anormal. Avec Barry Bonds, Vladimir Guerrero et Gary Sheffield, le voltigeur de centre des Braves fut l'un des frappeurs qui m'ont donné le plus de fil à retordre au cours de ma carrière.

J'ai affronté Jones 16 fois en tout et il a réussi 7 coups sûrs (,438) et 4 circuits à mes dépens. Andruw Jones faisait partie d'une très rare catégorie de cogneurs dont je redoutais la présence dès qu'ils posaient le pied dans le cercle d'attente. Et à cause de leur présence, je modifiais souvent ma façon de lancer aux frappeurs qui les devançaient et qui les suivaient dans l'alignement.

Bonds était intimidant parce qu'il ne donnait jamais de chance au lanceur et qu'il ne s'élançait à peu près jamais sur de mauvais lancers. Vladimir Guerrero, par contre, constituait une énigme complètement différente.

On aurait dit que Vlad se présentait à la plaque sans avoir de stratégie précise. Pour les lanceurs, il était donc impossible d'identifier ses tendances. Par exemple, il y a des frappeurs qui ne s'élancent pas lorsqu'ils ont un compte de deux balles, une prise. Tandis que d'autres ne s'élancent à peu près jamais sur les balles courbes.

Guerrero était unique en son genre parce qu'il s'élançait sur n'importe quoi, n'importe quand. Il était tellement fort et son élan était tellement rapide qu'il parvenait à improviser dans toutes les situations.

Je l'ai affronté en seulement neuf occasions, au cours desquelles il a récolté trois coups sûrs (,333) à mes dépens, dont un coup de circuit.

À la fin de mai, près de deux semaines après mon retour au jeu, j'ai renoué avec mon rôle de *closer*.

Tracy se montrait extrêmement précautionneux avec mon bras. Il me confiait uniquement des missions d'une seule manche et il ne m'employait à peu près jamais deux jours d'affilée.

Entre le 26 mai et le 12 juin, j'ai eu le temps de sauvegarder huit matchs et d'être crédité d'une victoire avant que les douleurs au coude réapparaissent. Le mal était insupportable tellement il était intense. À chaque lancer, on aurait dit que quelqu'un enfonçait un couteau dans l'articulation.

Je me suis rapidement soumis à une imagerie par résonance magnétique et quelques jours plus tard, le docteur Frank Jobe m'a examiné. Et il a conclu que j'étais en sérieuse difficulté.

— Éric, le tendon que nous t'avons greffé il y a plusieurs années semble s'être déchiré et nous allons devoir procéder à une seconde greffe. Sinon, ta carrière est pas mal terminée.

J'avais raconté aux journalistes que je m'étais préparé au pire. Mais jusqu'au dernier instant j'avais espéré qu'il s'agisse d'une blessure mineure. En 1997, j'avais tellement souffert à la suite de cette opération que j'avais dit à Claude Pelletier que j'allais quitter le baseball si je devais un jour être confronté à la possibilité de revivre un tel calvaire.

Ma saison était complètement foutue. Et en écoutant le docteur Jobe dresser le portrait de la situation, j'ai réalisé que dans un sens comme dans l'autre, ma carrière était compromise. Le taux de succès des opérations à la Tommy John surpassait les 90 % lorsque les patients subissaient cette intervention chirurgicale pour la première fois. Par contre, parmi les lanceurs qui avaient eu droit à un second passage sur la table d'opération, on ne recensait aucun cas de lanceur ayant pu retrouver son efficacité d'antan.

Le 24 juin, je suis donc retourné en salle d'opération en me disant que dans le meilleur des cas j'allais pouvoir rejouer dans un an et demi. Et que dans le pire des scénarios, ma carrière était finie.

Lorsque je me suis réveillé après l'intervention, le docteur Jobe est venu me voir, souriant.

— Nous n'avons pas eu besoin de procéder à une seconde greffe! m'a-t-il annoncé.

Le ligament n'était pas aussi endommagé que prévu. Il commençait à peine à s'effilocher et le chirurgien l'avait réparé en procédant à une petite cure de nettoyage et à quelques sutures.

Mais Jobe avait surtout été surpris par le fait qu'un nerf s'était coincé dans l'articulation et qu'il s'était littéralement collé contre le ligament. Selon lui, c'était ce nerf mal positionné qui m'avait tant fait souffrir. Pour corriger la situation, il avait simplement éloigné le nerf de l'articulation en l'attachant à ma peau.

— Cette procédure devrait corriger la situation. Ça devrait suffire. Mais il y a tout de même une possibilité que le nerf se détache à nouveau et qu'il se recoince au même endroit, a prévenu le docteur Jobe.

J'ai passé le mois suivant en convalescence, le bras en écharpe. Et j'ai ensuite entrepris une période de rééducation qui a duré jusqu'au camp d'entraînement suivant.

Je n'étais pas le seul joueur de l'équipe à me retrouver sur le carreau. La saison 2005 a été marquée par une véritable hécatombe à la clinique du Dodger Stadium. Durant la majeure partie de la saison, Jim Tracy a d'ailleurs dû composer avec les absences de six joueurs réguliers.

Notre voltigeur de droite, J.D. Drew (fracture à un poignet) a été limité à seulement 72 rencontres. Notre voltigeur de centre, Milton Bradley, a disputé seulement 75 matchs en raison de blessures à un doigt et à un genou. Un troisième voltigeur, Jayson Werth, a manqué 60 rencontres en raison d'une fracture à un poignet. Notre arrêt-court Cesar Izturis a raté 54 matchs en raison d'une greffe de tendon au coude et l'un de nos partants, Odalis Perez, n'a lancé que 108 ⅔ manches en raison d'un malaise persistant à l'épaule gauche.

À la fin de la saison, toutes ces blessures ainsi que les nombreuses transactions qui avaient chambardé notre vestiaire et notre aligne-ment se sont traduits par une fiche de 71-91, qui nous a valu le qua-

Un précieux moment d'accalmie dans le vestiaire, à Los Angeles, en compagnie de Casey Deskins.

Le point de vue des spectateurs qui entouraient le *bullpen*, où je répétais toujours la même routine en compagnie du receveur Rob Flippo.

Welcome to the Jungle!

Mon entrée dans le match et ma lente course vers le monticule, soulignée par les tableaux indicateurs du Dodgers Stadium.

Les portes sont sur le point de s'ouvrir. L'adrénaline coule à flots. À ce moment, une seule préoccupation : m'échauffer en adoptant le rythme du match afin de ne pas gaspiller d'énergie dans l'enclos.

Quelques secondes de concentration avant de m'installer au monticule pour préserver la victoire.

L'un de mes trop peu nombreux duels face à Barry Bonds. Celui d'avril 2004 restera à jamais gravé dans ma mémoire. Sur cette séquence, Bonds a été totalement déjoué par le lancer, chose qui survenait assez rarement.

Durant mon séjour à Los Angeles, j'ai eu le privilège de nouer des liens avec des enfants aux prises avec la maladie. Ce fut une grande expérience humaine. En cette occasion, avec plusieurs coéquipiers des Dodgers, nous participions à une amusante soirée de quilles visant à lever des fonds.

Les visites des Dodgers au Stade olympique suscitaient beaucoup d'enthousiasme auprès des amateurs de baseball québécois, qui me faisaient chaque fois sentir qu'ils étaient fiers de voir l'un des leurs réussir dans les majeures.

Étudier les habitudes et les faiblesses des joueurs adverses, visionner mes meilleures séquences : deux activités qui faisaient partie intégrante de ma préparation, en compagnie de Casey.

En compagnie de Luc Robitaille avant un match. Luc est l'un des plus grands gentlemen à avoir fait carrière sur la scène sportive à Los Angeles.

En action au Fenway Park de Boston, dans l'uniforme des Dodgers.

Visite de l'un des lieux de travail les plus mythiques du baseball majeur : le cagibi situé derrière le Monstre vert du Fenway Park de Boston, où l'on opère encore manuellement le tableau indicateur.

À bord de l'avion de l'équipe avec Valérie.

trième rang dans l'Ouest. Il s'agissait de la deuxième pire fiche des Dodgers depuis leur déménagement à Los Angeles en 1958.

Le lendemain de notre dernier match, DePodesta a annoncé que Jim Tracy n'allait plus être le gérant des Dodgers en 2006. Évoquant des «divergences philosophiques», le directeur général a expliqué que les deux parties avaient conclu qu'il valait mieux se séparer.

— Même si nous avions remporté 95 parties, la conférence téléphonique à laquelle vous participez présentement aurait eu lieu, a déclaré DePodesta aux journalistes qui l'interrogeaient.

Tracy n'a pas fait de cachotteries non plus, en avouant clairement que DePodesta et lui n'évaluaient pas les joueurs de l'organisation de la même manière.

Notre gérant avait pourtant fait preuve d'une grande loyauté envers DePodesta. Il avait tout fait pour préserver le moral des troupes. Quand des joueurs avaient été le voir pour critiquer les transactions ou les décisions du directeur général, Tracy avait joué les pare-feu avec conviction, même s'il partageait entièrement l'opinion de ceux qui vilipendaient son supérieur.

Dans ces circonstances, il était injuste de voir Tracy payer la note alors qu'il venait de connaître sa première saison perdante en cinq ans à la barre des Dodgers. D'autant plus que la saison précédente, il avait mené le club à son premier championnat de division en neuf ans.

Parallèlement au départ de Tracy, l'épouse du propriétaire des Dodgers Jamie McCourt a déclaré publiquement qu'elle était pleinement satisfaite de la performance financière de l'équipe. Malgré nos piètres résultats sur le terrain, plus de 3,6 millions de spectateurs avaient franchi les tourniquets du Dodger Stadium, ce qui plaçait l'équipe au premier rang de la Ligue nationale au chapitre des assistances.

Cette déclaration m'avait particulièrement irrité.

Dans cette même période, le journaliste Steve Henson, du *Los Angeles Times*, m'a interviewé pour connaître mes sentiments par rapport à la saison qui venait de se terminer. Sans passer par quatre chemins, je lui ai livré le fond de ma pensée. Je me suis vidé le cœur.

En toute franchise, je lui ai dit que j'avais été embarrassé par les performances de l'équipe et que les blessures ne devaient pas servir d'excuse, parce que notre désir de vaincre avait carrément fait défaut.

— Nous avons perdu ce qui faisait la marque de commerce des Dodgers. Il faut retrouver l'attitude qui nous distinguait des autres organisations, ai-je insisté.

J'ai aussi pointé le propriétaire et le directeur général du doigt en soulignant que lorsque 3,6 millions de partisans se donnent la peine d'assister aux matchs, il en découle une obligation morale d'investir les sommes nécessaires pour composer un alignement gagnant.

— Les Dodgers font des profits. Si les partisans se présentent aux matchs en très grand nombre, il faut leur en donner pour leur argent. Une entreprise doit faire de l'argent, je suis d'accord. Mais il faut aussi prendre des risques pour faire de l'argent. Et au baseball, ça signifie qu'il faut payer et obtenir des joueurs.

Enfin, j'ai clairement marqué mon désaccord sur le congédiement déguisé de Tracy.

— Nous n'avons pas perdu à cause de Jim Tracy, qui est un homme bien et un excellent gérant. Je crois que nous aurions dû le garder. Il avait bâti quelque chose de solide chez les Dodgers. Maintenant, tout est à refaire et cela ne se produira pas du jour au lendemain.

Ces déclarations ont défrayé la manchette le lendemain, et le téléphone s'est aussitôt mis à sonner. Des membres de la direction des Dodgers et des employés du département de relations publiques me demandaient pourquoi j'avais tenu de tels propos.

— Si Frank [McCourt] veut le savoir, il n'a qu'à me téléphoner lui-même ! ai-je répondu.

McCourt m'a effectivement appelé et nous avons convenu de nous rencontrer. Il aurait été plus simple de discuter au téléphone mais je trouvais difficile de lui dire ce que je ressentais sans pouvoir le regarder dans les yeux. Le grand patron de l'organisation tenait aussi à ce que l'on se rencontre face à face.

Nous nous sommes donc donné rendez-vous dans un chic hôtel de Beverley Hills. Et en me dirigeant vers notre point de rencontre, je ne savais pas vraiment à quoi m'attendre. Je me disais que le propriétaire des Dodgers était probablement en colère, mais au contraire, McCourt s'est montré extrêmement courtois et curieux.

Il tenait à savoir pourquoi j'avais tenu de tels propos. Notre rencontre a finalement duré six heures, pendant lesquelles il m'a questionné sur une foule de sujets.

Lorsqu'il m'a posé sa première question, je lui ai demandé de m'expliquer ce qui différenciait les Dodgers des autres organisations du baseball majeur.

— Je ne peux pas répondre à ça parce que je possède cette équipe depuis moins de deux ans, a-t-il répondu.

— C'est ça notre problème, Frank. Il ne reste plus grand monde qui comprend ce que ça signifie de faire partie des Dodgers. Les choses ont beaucoup changé au cours des deux dernières années et je pense que c'est important que je le dise. J'ai grandi dans cette organisation et je considère que j'ai le sang bleu, au même titre que Tommy Lasorda, Kirk Gibson, Orel Hershiser ou Sandy Koufax.

Au fil de la très longue conversation qui s'est ensuivie, McCourt m'a demandé de lui expliquer pourquoi je m'étais prononcé contre le congédiement de Tracy. Il m'a aussi demandé ce que je pensais des transactions complétées par DePodesta, et des lourdes pertes qui en avaient découlé, tant au niveau du leadership que de la combativité affichée sur le terrain.

Et à mon tour, je lui posais des questions. Je voulais comprendre le plan directeur de l'organisation. Je voulais qu'on m'explique le raisonnement qui avait mené à tous ces mouvements de personnel qui avaient grandement dilué le *Dodger Blue* et le *Dodger Pride* qu'on m'avait inculqués dès mon arrivée au sein de l'organisation.

Le propriétaire des Dodgers m'a aussi écouté lorsque je lui ai raconté toute la frustration que j'avais ressentie en voyant notre équipe offrir du jeu aussi peu inspiré.

— Je vais te le dire franchement : nous avons trompé nos partisans cette année. Au baseball, on ne gagne pas avec des statistiques, on gagne avec une attitude, lui ai-je lancé.

Quand notre rencontre a pris fin, Frank McCourt a insisté sur le fait qu'il tenait aussi à perpétuer la tradition d'excellence des Dodgers.

— Tu sais, Éric, j'ai quand même déboursé 500 millions pour acheter cette équipe. Moi aussi je veux que ça fonctionne.

Le samedi 29 octobre, trois semaines plus tard, le propriétaire des Dodgers convoquait une conférence de presse au Dodger Stadium pour annoncer que Paul DePodesta venait d'être relevé de ses fonctions.

— Nous sommes à la croisée de chemins. Je suis très conscient de la grandeur et de la tradition gagnante de cette franchise historique, a-t-il souligné alors qu'il s'adressait aux journalistes.

Quand j'ai appris cette nouvelle, je me suis senti affreusement mal. Je me sens encore mal aujourd'hui, d'ailleurs. Je n'avais pas voulu obtenir la tête du directeur général. Et quand j'avais quitté McCourt, je n'avais pas imaginé un seul instant que DePodesta était susceptible de perdre son poste.

Je croyais que le propriétaire allait tout bonnement s'asseoir avec son jeune directeur général et lui demander de tenir compte de la réalité des Dodgers dans sa manière d'assembler l'équipe.

J'ai plus tard appris que dans le laps de temps qui s'est écoulé entre notre rendez-vous et le congédiement de DePodesta, McCourt avait aussi eu des entretiens avec plusieurs autres personnes, dont Orel Hershiser et son conseiller spécial Tommy Lasorda, pour tenter de faire le point sur la situation de l'équipe et la façon dont elle était dirigée.

J'imagine que c'est la somme des avis qu'il avait sollicités qui a fini par le convaincre que le temps était venu de confier les destinées des Dodgers à quelqu'un d'autre.

À la mi-novembre, les Dodgers ont annoncé la nomination de Ned Colletti à titre de dixième directeur général de l'histoire des Dodgers. Ce dernier avait fait sa marque dans l'organisation des Cubs de Chicago avant de devenir directeur général adjoint chez les Giants de San Francisco.

— Les statistiques ne jouent pas un rôle majeur lorsque je dois prendre une décision au sujet d'un joueur. C'est un facteur parmi tant d'autres, a tenu à spécifier Colletti lorsqu'il a été présenté aux représentants des médias.

CHAPITRE 11

La grande coupure

Un grand vent de changement soufflait sur les Dodgers quand je me suis présenté à Vero Beach pour le camp d'entraînement du printemps 2006.

Peu après son entrée en fonctions, le nouveau directeur général, Ned Colletti, avait annoncé l'embauche de Grady Little à titre de gérant.

Originaire de Charlotte en Caroline du Nord, Little n'avait jamais joué dans les majeures. Ancien receveur des ligues mineures, où il avait été utilisé assez sporadiquement, Little était par la suite devenu un entraîneur de carrière. Et il avait dirigé des équipes des ligues mineures pendant 16 saisons avant de se retrouver à la barre des Red Sox de Boston en 2002 et en 2003.

Apprécié de ses joueurs, Little avait connu de beaux succès à « Beantown » en menant les Red Sox à des saisons de 93 et 95 victoires.

Il avait toutefois quitté Boston dans la disgrâce au terme de la série de championnat de la Ligue américaine de 2003. Dans le septième match opposant les Red Sox aux Yankees, en huitième manche, alors que son équipe détenait une avance de trois points, Little avait décidé de persister avec son partant Pedro Martinez (qui semblait épuisé) au lieu de faire appel à ses releveurs.

Martinez s'était écroulé et ce sont les Yankees qui avaient finalement obtenu leur laissez-passer pour la Série mondiale en l'emportant au compte de 6-5 en 11 manches.

Little, malgré tout, s'amenait à Los Angeles avec une assez bonne réputation.

La première phase du camp d'entraînement s'est très bien déroulée pour moi. Lorsque je lançais à 85 % ou 90 % de mes capacités, l'intervention chirurgicale que j'avais subie en juin 2005 semblait être un total succès.

Toutefois, les choses ont commencé à se gâter dans ma phase de préparation finale. Dès le moment où j'ai commencé à ouvrir la machine pour aller chercher les six ou sept milles à l'heure supplémentaires dont j'allais avoir besoin durant les matchs, la douleur au coude est réapparue. À chaque lancer, je ressentais une douleur semblable à celle qui nous afflige lorsqu'on se cogne le coude sur le coin d'une table.

J'étais vraiment inquiet. D'autant plus que le niveau de douleur s'accroissait de jour en jour.

Comme cela avait été le cas après ma greffe de tendon en 1997, les médecins m'encourageaient à lancer malgré la douleur.

— Il n'y a aucune inquiétude à avoir. Ce sont des tissus cicatriciels qui te font mal. Il faut simplement continuer à lancer pour les briser, disaient-ils.

Je savais que quelque chose clochait et, contrarié, je m'obstinais avec eux :

— Je ne suis pas fou. Je sais comment je me sens !

La douleur n'était pas la même. Et je la ressentais 24 heures sur 24, peu importe les activités auxquelles je me livrais. À la fin, je n'étais même plus capable de dormir la nuit. C'était insupportable.

Je n'ai donc pas été en mesure d'entreprendre la saison 2006. Et dès le début d'avril, les orthopédistes ont décidé de m'opérer à nouveau afin de voir de quoi il en retournait. Leur investigation a révélé que le nerf qu'ils avaient déplacé durant l'été 2005 avait considérablement grossi et qu'il était pour toujours susceptible de provoquer ce genre de complication. Ils m'ont donc offert de régler le problème en le coupant et en le retirant, tout simplement.

J'ai accepté, tout en sachant que cette ablation allait aussi avoir pour effet de me faire perdre toute sensibilité à l'avant-bras.

La période de rééducation qui a suivi cette nouvelle intervention s'est prolongée jusqu'à la fin mai. Puis, après un très court séjour de remise à niveau avec le club-école AAA de Las Vegas, je suis revenu chez les Dodgers.

Little m'a utilisé une première fois le 2 juin, alors que nous tirions de l'arrière 6-8 contre les Phillies en neuvième. Et les choses se sont très bien déroulées.

Puis le 6 juin, alors que nous détenions une avance de trois points face aux Mets, on m'a demandé de m'échauffer afin de préserver une première victoire en 359 jours. J'étais fébrile. Ce sauvetage, en plus, allait écrire une nouvelle page de l'histoire du baseball québécois. Ainsi qu'un petit paragraphe de l'histoire du baseball majeur.

Russell Martin, qui avait fréquenté la même école secondaire que moi et qui avait fait son apprentissage au sein des mêmes programmes que moi au Québec, était désormais le receveur numéro un de l'organisation. Mais parce qu'il était parvenu à s'accaparer ce poste pendant mes longues périodes de convalescence, nous n'avions pas encore eu l'occasion de jouer ensemble dans le cadre d'un match des ligues majeures.

Avec une immense fierté, je me préparais donc à aller rejoindre Russell sur le terrain et à former avec lui la toute première « batterie » francophone de l'histoire du baseball majeur.

Mais très tôt durant ma période d'échauffement, j'ai commencé à ressentir une douleur atroce au coude droit. J'ai tout de suite su que j'étais fini.

Quand les portes de l'enclos se sont ouvertes, je me suis rendu au monticule la mort dans l'âme. Et quand je me suis retrouvé seul sur le monticule, j'ai pleuré. Mon corps tombait en morceaux. Ma carrière allait probablement finir ce soir-là et j'étais totalement écœuré.

Dans ma tête, je ne cessais de répéter :

« *Fuckin' stick to it! Stick to it! Just throw as hard as you can!* »

Donne tout ce qui te reste, et si ça casse, ça cassera. C'est tout.

Les trois frappeurs à me faire face étaient Carlos Delgado, David Wright et Endy Chavez.

J'ai lancé plus de courbes qu'à l'habitude ce soir-là. Je n'utilisais presque jamais ma courbe en temps normal mais c'était le seul lancer qui ne m'obligeait pas à faire une extension complète de mon bras avant de relâcher la balle. Ça faisait mon affaire parce que les autres lancers m'infligeaient une douleur indescriptible.

Delgado et Wright ont été retirés sur des prises, tandis que Chavez a rendu les armes sur un ballon au champ centre. Aussitôt le dernier retrait enregistré, Russell s'est précipité au monticule pour me sauter dans les bras et célébrer «notre» premier sauvetage.

J'aurais aimé être dans le même état d'esprit que lui. Mais j'étais trop désemparé.

Pour la dernière fois de ma carrière, je venais de défendre les couleurs des Dodgers de Los Angeles.

Près d'un mois après ce match, le 4 juillet, Val m'a trouvé couché au sol en position fœtale, paralysé par une douleur insupportable. La scène était tellement surréaliste qu'elle a cru que je lui faisais une blague.

— Je suis plus capable de bouger! Je suis plus capable…

En matinée, un chauffeur était venu me cueillir à la maison pour me conduire à l'aéroport en compagnie de Todd, mon entraîneur personnel. Nous étions supposés prendre un vol à destination d'Atlanta afin de rencontrer un neurologue réputé et obtenir une deuxième opinion médicale. Je tentais de trouver un spécialiste capable de déterminer pourquoi je continuais à avoir mal au coude malgré l'ablation du nerf qui, supposément, m'avait empêché de jouer durant un an.

Mais nous avions été obligés de faire demi-tour parce que j'avais été frappé d'une horrible douleur au dos qui m'empêchait de bouger. J'étais totalement «barré». Aucune position ne parvenait à atténuer le mal.

Peu après mon retour à la maison, je me suis mis à vomir. Et je me tordais de douleur. Aucun d'entre nous ne comprenait ce qui était en train de se produire.

J'ai demandé à Todd et à Valérie de me traîner jusqu'à la piscine. Lorsque j'étais plongé dans l'eau, la douleur était légèrement moins aiguë. Je restais donc accroché au bord de la piscine et je vomissais continuellement.

Valérie était dans tous ses états.

— Ça se peut pas!

Cette scène surréaliste était l'aboutissement des centaines de pilules qui m'avaient été prescrites depuis ma dernière présence au monticule, le mois précédent.

J'étais allé consulter un premier neurologue au début de juin. Et selon ce médecin, j'avais effectué tellement de lancers alors que j'étais blessé que mon cerveau transmettait désormais à mon corps des signaux «préventifs» de douleur.

Alors, pour corriger la situation, le spécialiste m'a prescrit un médicament censé bloquer les signaux que le cerveau dirigeait vers le système nerveux. Immédiatement après cette consultation, à mon arrivée au stade, le personnel médical des Dodgers s'était informé du diagnostic du spécialiste. Puis le thérapeute de l'équipe m'avait refilé un autre médicament, le Lyrica, qui était prétendument plus performant que celui prescrit par le neurologue.

— Prends-en tant que ton estomac est capable d'en prendre. Et essaie autant que possible de les prendre le soir, m'a-t-il conseillé, alors que la posologie recommandée était de deux ou trois comprimés par jour.

Très rapidement, je me suis retrouvé à consommer cinq fois la dose recommandée, en plus des anti-inflammatoires. Et comme le Lyrica m'empêchait de dormir, je consommais aussi des somnifères. Puis, le matin, des pilules pour me réveiller. J'étais rendu à une quinzaine de comprimés par jour.

Le Lyrica était une drogue extrêmement puissante. À un point tel que ce médicament transformait les signaux de douleurs en sensations positives. Des gestes qui me faisaient normalement mal au gymnase me faisaient désormais le plus grand bien !

Enthousiaste, j'ai donc recommencé à m'entraîner avec beaucoup d'intensité dans l'espoir de pouvoir rejoindre mes coéquipiers. Et je me suis infligé une grave blessure au dos, deux hernies discales, sans même m'en rendre compte !

Au début de juillet, après quelques semaines d'utilisation du Lyrica, je me suis mis à ressentir des douleurs sur le dessus du crâne, à avoir du mal à étendre mes bras et à ne plus sentir ma jambe gauche. J'avais même perdu une partie de ma vision de l'œil droit. J'étais totalement paniqué.

Todd croyait que j'étais en train de faire une crise cardiaque.

— C'est assez, Éric ! Tu vas immédiatement cesser de prendre tous ces médicaments. Jette ça à la poubelle ! Tu as mal partout et de toute manière, tu es fini pour la saison. Arrête !

Il a ensuite téléphoné à Scott, mon agent, pour lui raconter ce qui s'était produit et pour lui demander d'intervenir.

— Éric est fini pour la saison. Mais si on le laisse aller, il va continuer à pousser la machine et à essayer de revenir, l'a-t-il prévenu.

J'ai donc écouté les conseils de Todd et j'ai immédiatement cessé de consommer toutes ces pilules. Et c'est deux ou trois jours plus tard que je me suis effondré à bord de la voiture qui nous conduisait vers l'aéroport.

Alors que j'étais plongé dans ma piscine, en détresse, Valérie a téléphoné au soigneur de l'équipe pour obtenir de l'aide.

— Y a-t-il quelque chose de changé depuis que je l'ai vu la dernière fois ? Éric prend-il tous ses médicaments ? a-t-il demandé.

— Non. Il ne les prend plus depuis quelques jours.

— Pourquoi ne me l'a-t-il pas dit ? Je lui en aurais procuré d'autres ! a-t-il répondu, un brin affolé.

Il a ensuite recommandé à Val de composer le 911 et de m'envoyer à l'hôpital au plus sacrant.

À l'hôpital, on nous a appris que j'étais en manque et qu'il était extrêmement dangereux pour la santé de cesser de consommer le Lyrica d'un coup sec. Le médicament était tellement fort qu'il fallait respecter un protocole de sevrage avant d'en arriver au point de consommation zéro.

Les médecins sont parvenus à reprendre le contrôle de la situation. Et le samedi 8 juillet, j'ai subi une intervention chirurgicale visant à soigner mes deux hernies discales.

Cette fois, ma saison était bel et bien finie.

Sur le terrain, les Dodgers connaissaient pour leur part une saison intéressante. Ils ont d'ailleurs occupé ou flirté avec le premier rang du premier au dernier jour du calendrier.

À titre de recrues, Russell Martin et Andre Ethier ont connu une saison vraiment solide en maintenant respectivement une moyenne offensive de ,282 et ,308. Tandis que Nomar Garciaparra et Kenny Lofton, des vétérans acquis sur le marché des joueurs autonomes, ont apporté de la profondeur et stabilisé notre alignement.

Dans l'enclos, Takashi Saito, un japonais de 36 ans, s'est bien acquitté des responsabilités de releveur numéro un en préservant 24 victoires. Du côté des partants, Derek Lowe et Brad Penny (deux acquisitions de Paul DePodesta) ont assumé le leadership et bouclé le calendrier avec 16 victoires chacun.

À ses dix derniers matchs de la saison, l'équipe a démontré beaucoup de cran en décrochant un impressionnant total de neuf victoires. Si bien que lorsque le rideau est tombé le soir du 1er octobre, les Dodgers trônaient à égalité avec les Padres de San Diego au sommet de la division Ouest en vertu d'une fiche de 88-74.

Comme les Padres avaient remporté 13 des 18 rencontres les opposant aux Dodgers, ils ont été sacrés champions de la division. Les Padres ont donc été confrontés aux Cardinals de Saint Louis au premier tour.

Nous avons de notre côté participé aux séries d'après-saison à titre de quatrième as (*wild card*). Ce dernier ticket donnant accès aux séries nous a fait prendre la route de New York, pour y affronter les Mets.

Toutefois, avant même que cette série débute, l'équipe a été plongée au cœur d'un incident qui a défrayé la manchette, semé l'embarras et provoqué des crises de colère aux plus hauts échelons de l'organisation. Tous les partisans des Dodgers se souviennent de cette histoire qui, à ce jour, n'a jamais été racontée en détail.

J'y ai été mêlé bien malgré moi. Et c'est sans doute cette crise qui a signifié la fin de ma longue association avec les Dodgers.

La saison a pris fin de 1er octobre et dès le lendemain, un lundi, nous nous sommes envolés vers New York, où nous avons atterri en milieu de soirée, vers 20 h.

Le mardi 3 octobre, nous devions nous entraîner et rencontrer les représentants des médias en fin d'après-midi au Shea Stadium. Le premier match de la série allait être disputé le mercredi soir.

Après avoir pris possession de nos chambres, Casey Deskins et moi sommes allés souper chez Nobu vers 22 h 30. Nobu est un restaurant japonais très réputé dont l'acteur Robert De Niro est l'un des copropriétaires.

Un peu après minuit, Russell Martin m'a fait parvenir un texto expliquant qu'il se trouvait dans un bar en compagnie du lanceur Joe Beimel et que le groupe se produisant à cet endroit était excellent.

Casey et moi sommes donc allés les rejoindre. Nous avons pris quelques verres en leur compagnie tout en jasant de baseball. Puis, peu après 1 h 30, j'ai salué tout le monde. Je suis monté à bord d'un taxi et je suis rentré à notre hôtel.

Environ une heure plus tard, j'étais en train de discuter au cellulaire avec Valérie quand la sonnerie du téléphone de l'hôtel s'est faite entendre.

C'était le portier de l'hôtel, qui était un grand fan de baseball et avec qui j'avais développé une relation tout à fait cordiale depuis le début de ma carrière.

— Éric, il y a un type ici en bas. Je suis pas mal certain que c'est un joueur de votre équipe. Il vient d'arriver et il a une serviette autour de la main. Il saigne abondamment et il est intoxiqué. Qu'est-ce que je devrais faire?

Il s'agissait de Joe Beimel.

— Envoie-le à sa chambre, lui ai-je dit.

J'ai alors brièvement expliqué à Val ce qui était en train de se passer et je lui ai dit que j'allais la rappeler après m'être assuré que rien de grave n'était arrivé à mon coéquipier.

Ensuite, j'ai envoyé à un texto à Beimel pour lui demander ce qui se passait.

— *Nothing. I'm good*, a-t-il répondu.

— Je viens d'apprendre que tu as une main ensanglantée, ou quelque chose du genre.

— *Just come to my room*, a-t-il rétorqué.

Quand je suis arrivé dans sa chambre, la scène était désolante. Il était complètement saoul. Totalement «fucké». Et il persistait à me dire que tout allait bien et que rien ne s'était passé. Puis j'ai aperçu sa main enrubannée dans une serviette imbibée de sang.

— *What the fuck happened to your hand?* lui ai-je demandé

Il m'a raconté qu'il s'était coupé en tentant de rattraper un verre qu'il avait fait tomber, alors qu'il se trouvait au bar où nous nous étions rencontrés quelques heures plus tôt.

— Montre-moi ça! Je veux voir de quoi a l'air cette coupure.

Beimel était blessé à la main gauche. Et, comble de malheur, il était le lanceur gaucher que Little utilisait en fin de match contre les meilleurs frappeurs gauchers des équipes adverses. Nous nous apprêtions d'ailleurs à affronter les Mets, dont deux des plus redoutables frappeurs, Carlos Delgado et Shawn Green, étaient gauchers. Nous avions donc grand besoin de Beimel dans cette série.

Il a déroulé la serviette qui lui recouvrait la main. La plaie était ouverte sur une largeur d'environ un pouce entre le petit doigt et l'auriculaire. La lacération avait la forme d'un grand V. Je voyais presque ses ligaments. J'étais complètement abasourdi.

— Tabarnac ! T'es pas sérieux ! Qu'est-ce que t'as fait, as-tu reçu un coup de couteau ?

Je regardais la blessure et je me disais que son histoire de verre tombé n'avait aucun bon sens. Mais ce n'était pas le temps de discuter avec lui. J'ai donc pris mon téléphone et j'ai contacté Matt Wilson, notre thérapeute athlétique adjoint.

— Matt, nous avons un maudit problème ici. Je ne sais pas ce qui s'est passé mais Beimel est rentré à l'hôtel et je veux absolument que tu le voies. Sa main gauche est coupée et ça a l'air grave. *Come to his room right now !*

Nous étions alors au beau milieu de la nuit. Tel un bon Samaritain, Wilson est arrivé avec sa trousse de premiers soins. Et après un rapide examen, il a conclu qu'il ne pouvait pas faire grand-chose.

— Je ne peux rien faire avec ça ! Il aura besoin d'une chirurgie, a-t-il tranché.

J'ai continué à questionner Beimel quant à la façon dont il s'était infligé cette coupure, et il répétait sans cesse qu'il avait laissé tomber un verre. Encore aujourd'hui, je ne sais pas ce qui s'est véritablement passé dans ce bar ou durant le trajet qu'il a effectué pour rentrer à l'hôtel.

Wilson a nettoyé la plaie et enrubanné sa main. C'est tout ce qu'il pouvait faire à ce moment-là. Puis il a dit à Beimel :

— Demain matin, tu dois absolument passer au stade vers 8 h 30 ou 9 h. Nous allons voir le médecin sur place. Ne sois surtout pas en retard !

Nous sommes alors retournés à nos chambres. Et avant de m'endormir, j'ai téléphoné à Val pour lui raconter la scène absolument hallucinante à laquelle je venais d'assister.

Le lendemain, je suis monté à bord du car de l'équipe vers 14 h afin de me rendre à la séance d'entraînement et je me suis assis avec Casey

Deskins. Durant la nuit, alors que je cherchais à savoir ce qui avait pu se produire avec Beimel, Casey m'avait raconté qu'il était rentré à l'hôtel peu après moi et qu'il n'avait pas eu vent de l'histoire.

Le bus était sur le point de partir. Casey a alors eu l'idée d'envoyer un texto à Beimel pour savoir à quel genre de diagnostic il avait eu droit en matinée.

Pas de réponse.

Casey a alors décidé de lui téléphoner.

— *Hey buddy, how's your hand?*

— *Oh my God! I was still sleeping!*

Beimel ne s'était jamais levé pour se présenter au rendez-vous que lui avait fixé Matt Wilson! En plus, il avait raté l'autobus qui transportait l'équipe vers le stade!

Lorsqu'il est arrivé au Shea Stadium, nous étions sur le point de sauter sur le terrain et il devait y avoir 150 journalistes sur place. La scène était désolante. Beimel avait l'air d'un zombie, avec ses cheveux longs et ses énormes cernes bleus sous les yeux. Il n'était pas surnommé l'*undertaker* pour rien. Et sa main gauche était enveloppée d'une serviette rouge.

Beimel en était à sa première saison avec les Dodgers. Je le connaissais très peu parce que je n'avais à peu près pas accompagné l'équipe à l'étranger durant la saison. Je le regardais arriver et je me disais:

«Tabarnac! C'est quoi ça?»

Les journalistes ont sauté sur cette affaire comme la misère sur le pauvre monde. Et Ned Colletti, notre directeur général, a fort mal paru. Il ne savait pas quoi répondre aux questions qui lui étaient posées parce qu'il n'avait pas été mis au courant de l'histoire.

Matt Wilson, lui, se trouvait pris entre deux feux. S'il se mettait les joueurs à dos, il allait lui être impossible de faire son job. En plus, il était totalement innocent dans cette histoire. Il n'avait voulu qu'aider.

— *I don't know, I don't know, I don't know*, répondait-il aux questions que ses supérieurs lui posaient.

Aux journalistes qui lui demandaient ce qui s'était produit la veille, Beimel répondait qu'il s'était coupé en laissant tomber un verre dans sa chambre d'hôtel, et non dans un bar, comme il le prétendait la veille.

Les dirigeants de l'équipe ont finalement dû rayer le nom de Beimel de l'alignement. Et ils l'ont rapidement mis à bord d'un avion en direction de la Californie afin qu'il puisse s'y faire opérer.

Le mercredi soir, lors du premier match de la série, j'étais assis au stade avec Casey quand j'ai aperçu Ned Colletti du coin de l'œil. Il ne s'est pas approché pour venir nous parler.

— *I hope you guys are fuckin' happy!*

J'ai regardé autour de moi. Je ne comprenais pas ce qui se passait. Il ne s'adressait pas directement à nous mais il parlait fort, et seul, pour être certain d'être entendu.

— *I hope these fuckin' guys are happy. I hope they had a great fuckin' time last night!*

Je n'en revenais pas. J'étais vraiment hors de moi. Pourquoi s'adressait-il à moi de cette manière? J'étais avec les Dodgers depuis six ans et je ne m'étais jamais retrouvé au sein d'une situation trouble. Pas une seule fois! Et je n'avais jamais eu de problèmes de discipline. Je m'étais toujours présenté au stade en état de lancer au meilleur de mes capacités.

Après la rencontre, j'ai donc téléphoné à Grady Little pour éclaircir la situation.

— Hé, Grady, je ne sais pas ce qui s'est passé hier soir. Je ne sais pas ce que tu as entendu et je ne sais pas pourquoi, mais je sens que quelqu'un a l'air de vouloir m'accuser de quelque chose. Je sors régulièrement depuis six ans et je n'ai jamais été mêlé à quoi que ce soit. Je n'ai jamais causé de problème. Ce gars-là est arrivé avec l'équipe cette saison, et il est dans la merde à chaque fois qu'il sort. Vous le savez qu'il a un problème d'alcool! Vous le saviez quand vous avez fait son acquisition!

— On ne s'en fait pas vraiment avec ça, Éric. On le sait que vous aimez sortir…

— Je n'ai jamais dit que je ne sortais pas! Et je ne comprends pas pourquoi ça constituerait un problème maintenant. Je n'ai aucune idée de ce qui s'est passé. Et je sens que vous voulez m'accuser. Ce gars-là a 29 ans! Il est responsable de ses actes, hostie! Je ne suis pas sa crisse de *babysitter*. J'ai quitté le club à 1 h 30 et je parlais au téléphone avec ma femme quand le portier m'a appelé. Je ne comprends pas pourquoi Colletti pourrait être fâché contre moi, Casey ou Matt. C'est ridicule!

Little m'a répondu de ne pas m'en faire avec cette histoire et nous nous sommes quittés là-dessus.

Trois jours après cette conversation, nos séries éliminatoires étaient terminées. Les Mets nous ont balayés en trois matchs.

Durant les semaines suivant notre élimination, toutes les personnes impliquées dans cette histoire ont été chassées ou écartés de l'équipe. Toutes, sauf Joe Beimel!

Matt Wilson a été congédié, lui qui faisait pourtant un excellent travail depuis six ans au sein de l'organisation.

Casey Deskins, qui était notre coordonnateur de la vidéo depuis sept ans, a pour sa part été nommé entraîneur des lanceurs au sein de notre club-école de la Gulf Coast League, un circuit qui accueille les recrues qui viennent de faire le saut chez les professionnels.

Et en ce qui me concerne, j'ai trouvé franchement désolante l'animosité que Ned Colletti a développée à mon endroit parce qu'il ne s'est jamais donné la peine de me demander ce qui s'était réellement passé le soir où Joe Beimel s'est blessé. J'aurais aimé qu'il soit capable de s'asseoir avec moi et de me questionner au lieu de m'accuser injustement comme il l'a fait.

Lui et moi ne nous sommes pas reparlés pendant trois ans et demi, jusqu'à ce que je tente un retour dans l'organisation des Dodgers au printemps 2010.

Compte tenu des blessures que j'avais subies au cours des deux saisons précédentes, je savais que je constituais un risque pour l'organisation. Mais j'étais convaincu de pouvoir retrouver la forme. Je tenais à rester un Dodger et je l'ai fait savoir très clairement.

Colletti a délégué son adjointe Kim Ng pour entreprendre des discussions avec Scott Boras. Mais les Dodgers n'ont jamais voulu coucher une offre formelle sur papier. Si j'avais reçu une proposition valable, je l'aurais acceptée sur-le-champ. Et puis, à partir d'un certain moment, l'organisation a tout simplement cessé de retourner nos appels.

Le message était assez clair.

Jamais je n'aurais pu imaginer une pire façon de rompre les liens avec cette organisation.

Avant de quitter la ville, j'ai acheté une publicité d'une demi-page dans le *Los Angeles Times* afin de remercier les partisans des Dodgers. Avec la permission de l'organisation, nous avons publié une photo de moi dans l'uniforme de l'équipe, dont tous les logos ont cependant été effacés à l'infographie.

Mon petit mot se lisait comme suit :

To the fans of Southern California and the city of Los Angeles : it was a privilege and an honor…

Thank you for your support,

Éric Gagné

CHAPITRE 12

La haine

Quand il fut clair que je n'allais plus porter l'uniforme de la seule organisation que j'avais connue dans les rangs professionnels, il a fallu se rasseoir et réfléchir. Je m'apprêtais à bénéficier de mon droit à l'autonomie pour la première fois de ma carrière et les enjeux, sportifs et financiers, étaient importants. Ce n'était certainement pas le moment d'improviser.

Dans la courte carrière d'un athlète professionnel, avoir le droit d'offrir ses services à toutes les équipes est un fait saillant, une rare occasion de monnayer son talent à la juste valeur du marché. C'est aussi une chance de choisir un environnement où la famille pourra s'épanouir et une équipe dont les chances de succès, à court ou moyen terme, sont plausibles.

J'y avais parfois pensé lors de mes meilleures saisons.

En 2002, je touchais un salaire de 300 000 $ quand j'avais réalisé 52 sauvetages et mérité une place au match des étoiles. Et lors de saison 2003, qui s'était soldée par 55 sauvetages et la conquête du trophée Cy Young, mon salaire s'élevait à 550 000 $ alors que d'autres lanceurs de l'équipe touchaient 3, 5, 8, 12 ou 15 millions.

Cette situation ne me contrariait pas. Je savais que la convention collective était ainsi faite et que mes années d'ancienneté allaient un jour me faire bénéficier des mêmes avantages et du même pouvoir de négociation que les autres vedettes de la Major League Baseball.

Par contre, je m'étais assez vite rendu compte que dans le monde du baseball, personne ne faisait de cadeau à personne. Quelques semaines après avoir remporté le Cy Young et avoir connu l'une des meilleures saisons de l'histoire du baseball majeur, les Dodgers, mon agent et moi nous étions tout de même retrouvés en arbitrage, incapables de nous entendre sur les termes de mon prochain contrat.

Et les Dodgers avaient déployé tout leur arsenal afin de minimiser l'ampleur de mes performances, dans l'espoir de limiter la hausse salariale qu'ils allaient devoir me consentir. Cet épisode m'avait fait découvrir un côté sombre du sport professionnel.

Cependant, à l'automne 2006, je ne débarquais pas sur la grande place du marché en position de force comme je l'avais imaginé lors de mes plus belles années. J'étais meurtri. J'avais passé la plus grande partie des deux précédentes saisons sur la liste des blessés, je venais à peine de subir une intervention chirurgicale au dos et mes préoccupations n'étaient plus simplement pécuniaires ou sportives.

Scott et moi avons convenu qu'il fallait dénicher un endroit qui allait convenir à mon état de santé et qui allait, dans la mesure du possible, faciliter mon plein rétablissement. Par exemple, la ville de Chicago fut l'une des premières à être écartées parce que son climat venteux et froid en début et en fin de saison aurait fini par affecter ma santé et mes performances.

Nous recherchions un endroit chaud et sec pour favoriser mon dos. Et nous recherchions une organisation dont le personnel médical était réputé, afin de s'assurer du meilleur suivi possible.

Le directeur général des Rangers du Texas, Jon Daniels, avait attiré notre attention dès nos premières discussions, en insistant sur le fait qu'il était prêt à me faire commencer la saison sur la liste des blessés, histoire de s'assurer que je dispose d'un temps suffisant pour me rétablir complètement de cette intervention au dos.

— Les deux premières semaines de la saison ne veulent pas dire grand-chose et ce ne sera pas une catastrophe si tu dois les rater. Nous avons 162 matchs à jouer. L'important est que tu puisses commencer à jouer quand tu seras prêt, avait plaidé Daniels.

Le directeur général des Rangers m'impressionnait. Il était jeune, vif d'esprit et dynamique. Et, surtout, il avait une vision très claire de ce qu'il souhaitait accomplir avec son club.

Dans son esprit, les Rangers étaient encore trop inexpérimentés pour aspirer à une participation aux séries éliminatoires mais ils étaient sur la bonne voie. Il ne voulait pas acquérir mes services pour me faire lancer tous les jours. Il souhaitait plutôt que j'exerce une présence et une influence positives auprès des jeunes lanceurs de l'organisation, sans m'infliger la pression de devoir sauver l'équipe à chaque fois.

Il y avait aussi trois releveurs de très haut calibre chez les Rangers, ce qui signifiait que je n'allais pas devoir lancer deux manches consécutives. Nous nous étions d'ailleurs entendus avec Daniels à l'effet que j'allais seulement effectuer des sorties d'une manche et que je n'allais jamais être utilisé plus de quatre fois par semaine.

Le directeur médical et thérapeute en chef des Rangers, Jamie Reed, était en plus fort réputé dans le milieu. Il avait d'ailleurs été élu par ses pairs à la présidence de l'Association des thérapeutes athlétiques de la MLB.

C'était donc une situation parfaite pour moi. Le cadre idéal. Les Rangers étaient vraiment soucieux de préserver ma santé, et quand Daniels a eu fini d'exposer son plan, je me suis tout de suite dit que nous étions faits l'un pour l'autre.

Le 11 décembre, nous avons donc conclu une entente couvrant uniquement la saison 2007. Et en février, je me suis présenté au camp des Rangers à Surprise, en Arizona, sans être bousculé par le temps.

Les dirigeants de l'équipe m'ont permis de rester à la maison une semaine et demie de plus qu'à l'habitude. Et ce n'est que par la suite, avec deux semaines de retard sur mes coéquipiers, que j'ai commencé à lancer.

Quand je me suis joint aux Rangers, je tenais à porter le numéro 38 avec lequel j'avais fait ma marque depuis mes débuts dans les majeures. Or ce numéro appartenait au gérant de l'équipe, Ron Washington…

Beau joueur, Washington a accepté de bon cœur de me céder le 38. Mais comme le voulait la coutume dans les majeures, je devais lui remettre une compensation, un cadeau témoignant de mon appréciation pour son «sacrifice». Je lui ai donc offert une montre Rolex, ce qui a semblé sceller notre pacte à son entière satisfaction.

J'ai connu un excellent camp d'entraînement avec les Rangers et ma période de rééducation s'est si bien déroulée que j'ai pu rejoindre l'équipe avant la mi-avril, alors qu'il n'y avait que neuf matchs de disputés.

C'est un peu étrange quand j'y repense, mais la première rencontre durant laquelle j'ai été utilisé en 2007 était disputée un vendredi 13, à Seattle.

Était-ce un présage de malheurs et de graves perturbations ?

Absolument pas ! J'ai signé mon premier sauvetage de la saison ce soir-là, mon premier en dix mois.

Washington a ensuite géré mon utilisation en tenant compte des paramètres que nous avions déterminés en discutant avec Jon Daniels.

Dix jours plus tard, je me suis toutefois infligé une bête élongation à une hanche alors que je venais d'être dépêché au monticule à Oakland. Encore là, les Rangers n'ont pas pris de chance en m'éloignant du jeu pendant deux semaines.

À part cet incident mineur, je n'aurais vraiment pu rêver d'un retour au jeu plus satisfaisant. Les étranges blessures que j'avais combattues et les deux années difficiles que j'avais vécues à Los Angeles étaient bel et bien derrière moi.

J'ai accordé mon premier point de la saison le 27 mai, à ma 11e sortie, face aux Red Sox de Boston. Un circuit de Dustin Pedroia. Après les deux premiers mois du calendrier, je n'avais concédé que quatre coups sûrs, un point, et signé trois sauvetages en autant d'occasions.

En juin, j'avais de toute évidence retrouvé mon erre d'aller : 2 points accordés en 12 sorties, 6 coups sûrs et 6 sauvetages en autant d'opportunités.

Bien sûr, je sentais mon corps plus fragile que par le passé. Par contre, lentement mais sûrement, j'étais en train de retrouver les sensations des beaux jours ainsi qu'une très grande partie de l'efficacité qui avait fait ma réputation en tant que *closer*.

Je me plaisais vraiment à Dallas et dans l'organisation des Rangers. Par contre, au début de juillet, notre jeune club présentait une fiche de 34-47 et nous accusions 16 ½ matchs de retard sur le premier rang de notre division. Pour Jon Daniels, le temps était déjà venu de penser à la reconstruction de sa formation en vue de l'année suivante.

Comme je connaissais une très bonne campagne et que je n'avais qu'un contrat d'une année en poche, il lui fallait déterminer s'il allait devoir m'échanger ou s'il allait parvenir à me garder pour quelques années de plus. Jon est donc venu me voir directement, en déposant cartes sur table.

— Éric, nous aimerions beaucoup te garder avec nous pour les prochaines années.

Ma réponse fut tout à fait spontanée.

— Je veux aussi rester ! Si tu veux me garder, offre-moi un contrat et discutons !

Il m'a pris au mot et la négociation s'est amorcée strictement entre lui et moi. Scott l'ignorait totalement. Jon Daniels et moi sommes allés souper ensemble et j'ai tenté de négocier une entente que je croyais juste pour les deux parties.

Les Rangers m'offraient un pacte de deux ans d'une valeur de 15 millions. Pour ma part, je tenais à ce qu'une troisième année soit ajoutée à l'entente et Daniels était contrarié par cette demande. Les directeurs généraux du baseball majeur hésitent généralement à accorder des contrats de plus de deux ans à leurs spécialistes de la courte relève, surtout en raison du lourd tribut physique et des risques de blessures qui vont de pair avec ces responsabilités.

Lorsque j'avais la chance de discuter avec Scott, j'essayais, mine de rien, de connaître son opinion à ce sujet, histoire de valider ma position et celle défendue par Daniels. Puis mon agent a fini par découvrir le pot aux roses. Je me suis fait prendre comme un enfant d'école.

Scott était vexé – et très fâché – d'avoir été ainsi placé sur la ligne de touche à un moment aussi important de ma carrière. Mais nous avons rapidement tiré un trait là-dessus et c'est lui qui a poursuivi les discussions avec le patron des Rangers.

Je tenais absolument à obtenir une troisième année de contrat, mais Daniels refusait de plier sur cette demande. Il m'a donc téléphoné pour annoncer la suite des choses. Encore une fois, en mettant cartes sur table.

— Éric, puisque nous sommes incapables de conclure une entente, nous allons essayer de t'échanger d'ici la date limite des transactions (le 31 juillet). Mais je tiens à ce que tu saches que j'aimerais que tu reviennes avec nous la saison prochaine. Si jamais tu souhaites revenir au sein de notre organisation l'an prochain, nous reprendrons la négociation à partir de zéro. Pour l'instant, la meilleure option pour nous consiste à t'échanger et à acquérir de jeunes joueurs prometteurs. Reparlons-nous après la saison, et nous te ramènerons si tu le souhaites.

C'était dommage parce que Val et moi aimions beaucoup la qualité de vie à Dallas ainsi que le style de l'organisation. Cependant, la discussion que je venais d'avoir avec Daniels laissait miroiter une foule de possibilités puisque j'allais fort probablement avoir la chance d'être impliqué dans une course aux séries éliminatoires. Aussi, j'avais en poche une clause de non-échange couvrant près de la moitié des équipes du baseball majeur. Il y avait donc de bonnes chances que je puisse décider à quel endroit j'irais terminer la saison.

Pendant que ces tractations débutaient en coulisse, les choses continuaient à bien se dérouler sur le terrain.

Le 6 juillet par contre, sans trop savoir pourquoi, j'ai connu un mauvais match contre les Orioles de Baltimore. Mes lancers avaient du mordant mais les Orioles cognaient tout de même la balle avec autorité. Victime de trois coups sûrs et d'un point en une manche, j'ai connu ce soir-là ma pire performance de la saison. C'était la première fois que je bousillais un sauvetage depuis le 18 août 2004, soit presque trois ans auparavant !

Le 23 juillet, j'ai connu une autre sortie difficile, cette fois contre les Mariners de Seattle. J'ai concédé 4 coups sûrs et 3 points dans une pénible sortie qui a nécessité 25 lancers en une seule manche.

Le lendemain, nous disputions un programme double contre ces mêmes Mariners. Ron Washington a fait appel à mes services dans le premier match, ce qui m'a permis de récolter mon 15e sauvetage de la saison. Et il m'a encore fait signe dans la deuxième rencontre, ce qui m'a valu un 16e match préservé.

Trois sorties en moins de 24 heures. Deux sauvetages au cours d'une même journée. C'est de cette façon que se sont déroulés mes derniers moments au monticule dans l'uniforme des Rangers.

Ça ne correspondait pas à l'entente que nous avions conclue avec Jon Daniels en début de saison quant à mon utilisation. Mais comme il était désormais clair que j'allais être échangé, ces considérations étaient peut-être devenues plus secondaires. Pour ma part, il s'agissait clairement d'une situation où il aurait mieux valu que je dise « non », tout simplement.

Cette situation avait pour moi un air de déjà-vu. Exactement comme cela avait été le cas à Los Angeles, je n'avais pas été capable de me désister alors qu'on me tendait la balle. Si l'équipe avait besoin de moi, je ne pouvais répondre autre chose que « présent ». Quand j'avais l'uniforme sur le dos, aller voir le gérant ou l'entraîneur des lanceurs pour demander un congé m'apparaissait inconcevable.

Après cette dernière présence au monticule pour les Rangers, ma fiche se lisait comme suit : 2-0 ; une moyenne de points mérités de 2,16 et 16 sauvetages en 17 occasions.

Mon corps, lui, commençait toutefois à m'envoyer des signaux de détresse...

Les derniers jours de juillet et les moments précédant l'heure limite des transactions se sont ensuite avérés absolument euphorisants. J'étais le lanceur le plus convoité sur le marché et le téléphone n'arrêtait pas de sonner. Ce fut l'une des plus mémorables périodes de toute ma vie.

À part mon agent, c'est probablement mon ami Alex Cora qui m'a téléphoné le plus souvent durant cette période.

Alex et moi nous étions entendus à merveille lorsque nous avions joué ensemble à Los Angeles. Il était ensuite passé aux Indians de Cleveland et ces derniers l'avaient échangé aux Red Sox en 2005.

Cora adorait Boston. À chacun de ses coups de fil, il me racontait à quel point il était agréable de vivre à Beantown. Il me vantait aussi l'environnement que les Red Sox étaient parvenus à créer pour leurs joueurs, ou encore l'esprit d'équipe qui régnait dans le vestiaire.

Terry Francona, le gérant de l'équipe, m'a aussi directement contacté une fois pour me faire part de l'intérêt que les Red Sox me portaient.

Tout de suite après les Red Sox, les Yankees sont entrés dans le jeu. Les Mets aussi, de même que les Brewers de Milwaukee. Les lignes téléphoniques commençaient à rougir...

— Les Yankees et les Mets sont les équipes qui ont le plus de chances d'obtenir tes services. Avec laquelle des deux préférerais-tu te retrouver ? a demandé Scott.

Les Yankees et les Mets figuraient sur la liste des organisations auxquelles les Rangers pouvaient m'échanger sans avoir à obtenir ma permission. Mais ces deux possibilités ne m'enchantaient pas plus qu'il ne le fallait.

— J'aimerais aller à Boston, ai-je répondu.

Scott n'était pas d'accord.

— Les Red Sox ont déjà un releveur numéro un. Ils ne veulent pas d'un *closer*. Ils cherchent à obtenir un *set-up man* qui mettra la table pour Jonathan Paplebon. C'est un rôle complètement différent de ce à quoi tu es habitué, ce n'est pas la même préparation mentale. Tu as toujours eu la même routine. Ce sera difficile de t'y adapter, a-t-il fait valoir.

Scott avait un autre argument de taille dans sa manche : le contrat que j'avais signé avec les Rangers du Texas comportait un salaire de base de 6 millions auquel étaient assortis des bonis pouvant totaliser 4 millions supplémentaires, tout dépendant du nombre de matchs que j'allais compléter.

— Si tu deviens le *set-up man* des Red Sox, tu ne termineras plus de matchs. Et tu perdras des millions, a-t-il argué.

Mon agent n'avait certainement pas tort. Le fait de passer d'un rôle de *closer* à un rôle de *set-up man* pouvait certainement être perçu comme une démotion. Mais les Yankees m'offraient exactement la même chose puisqu'ils misaient déjà sur l'un des meilleurs *closers* du baseball en Mariano Rivera.

Aussi, les Red Sox avaient tout le temps figuré parmi mes équipes favorites. J'avais envie de défendre leurs couleurs. Sans compter que le lobbying d'Alex Cora avait fait son effet. En plus, j'estimais que les Red Sox avaient de meilleures chances de remporter la Série mondiale que les autres équipes intéressées à obtenir mes services.

— Je veux aller à Boston, ai-je insisté. Je ne veux pas aller jouer pour les Yankees. En plus, il faudrait que je me rase pour me conformer à leur règlement d'équipe. Je serais obligé d'adopter leur look propret. Et puis, je ne connais personne chez les Mets. Ça ne me tente pas d'aller à New York.

J'entendais Scott réfléchir à l'autre bout des ondes.

— Attends, je vais appeler les Red Sox pour voir ce qu'on pourrait faire, a-t-il proposé.

Mon agent a donc repris sa ronde d'appels téléphoniques et continué à chercher des ouvertures du côté des Red Sox. Et tout cela nous a menés jusqu'au mardi 31 juillet, date limite des transactions.

Les Rangers du Texas jouaient à Cleveland ce jour-là. Mais comme il était évident que j'allais faire l'objet d'une transaction, il avait été convenu avec les dirigeants de l'équipe que je pouvais rester à l'hôtel pour attendre le dénouement de l'affaire.

Todd et moi sommes donc restés rivés à l'écran de la télé. Les Red Sox allaient-ils parvenir à conclure une entente avec Scott et Jon Daniels ? Allais-je aboutir à New York malgré les réticences que j'avais exprimées ?

Alors qu'il ne restait qu'une quinzaine de minutes à écouler, le téléphone a enfin sonné. C'était Scott...

— Nous avons une entente avec les Red Sox ! a-t-il annoncé. Mais avant de renoncer à ta clause de non-échange, il y a encore des choses à éclaircir en ce qui concerne tes clauses de bonis.

Mon contrat était structuré de telle manière que les Rangers devaient me verser 250 000 $ à chaque tranche de 5 matchs auxquels je prenais part, jusqu'à concurrence d'un plafond qui avait été fixé à 4 millions. Pour atteindre le plafond de 4 millions, il aurait toutefois fallu que je sois impliqué dans la moitié des matchs de la saison, ce qui était plutôt irréaliste. Mais utilisé de façon normale, on pouvait raisonnablement croire que j'aurais touché des bonis totalisant 3 millions si j'étais resté au Texas.

Compte tenu de mon utilisation depuis le début de la saison, j'avais déjà empoché près de la moitié de cette somme.

— Comme ils t'emploieront dans le rôle de *set-up man*, les Red Sox proposent de te verser une compensation de 500 000 $, a expliqué Scott.

— OK ! Dis-leur que c'est OK. C'est bon. Je veux aller à Boston.

— Écoute, je pense qu'on forçant un peu, nous pourrions aller chercher un million. Je te rappelle.

Quelques minutes plus tard, le téléphone sonne à nouveau.

— Ils ont accepté pour un million. Mais je pense qu'on pourrait aller chercher 1,5 million. Je te rappelle.

Et Scott a ainsi fait monter les enchères jusqu'à 2,5 millions de dollars ! De toute ma vie, c'est la négociation la plus hallucinante à laquelle j'ai participé !

Pour conclure cet échange avec les Rangers, les Red Sox ont dû céder le lanceur gaucher Kason Gabbard ainsi que deux voltigeurs des ligues mineures : David Murphy et Engel Beltre.

Pour la petite histoire : Gabbard a compilé une fiche de 4-4 dans l'uniforme des Rangers. Sa carrière dans les majeures a pris fin après qu'il eut effectué seulement 20 départs avec cette équipe. David Murphy porte les couleurs des Rangers depuis ce temps. Quant à Beltre, il n'était âgé que de 17 ans au moment de la transaction. Il poursuit son cheminement dans les ligues mineures.

Lorsque je suis arrivé à Boston, les Red Sox m'ont donc remis un chèque de 2,5 millions et ils m'ont fourni un très grand appartement situé à deux coins de rue du Fenway Park. L'équipe me réservait aussi des suites lorsque nous étions en voyage. C'était vraiment le traitement royal. J'ai tout de suite senti que les Red Sox formaient une organisation de première classe et qu'ils voulaient que je me sente bien chez eux.

En ce qui concernait la famille, puisque les enfants étaient sur le point de retourner à l'école, Val et moi avions décidé qu'elle allait retourner s'installer avec eux en Arizona. Et comme l'appartement que me fournissaient les Red Sox était vraiment spacieux, Todd est devenu mon colocataire jusqu'à la fin du calendrier.

Le public et les médias étaient très enthousiasmés par rapport à cette transaction. Je me joignais à un enclos de releveurs qui alignait déjà deux lanceurs étoiles : le jeune et talentueux *closer* Jonathan Paplebon qui en était à sa deuxième saison dans ce rôle exigeant. Et le Japonais Hideki Okajima, un gaucher alors âgé de 31 ans.

Selon le plan établi, Paplebon allait continuer à assumer les mêmes fonctions tandis que j'allais me charger de la huitième manche. Okajima allait pour sa part être utilisé en septième.

Des journalistes prétendaient qu'il allait désormais être impossible de battre les Red Sox après la sixième manche. D'autres avançaient que le nouveau duo que Paplebon et moi nous apprêtions à former allait s'avérer l'un des plus efficaces de l'histoire des majeures.

C'était pour moi le début d'une nouvelle et absolument grisante aventure.

Cette fois, par contre, il n'était pas question que je puisse garder le numéro 38 que j'affectionnais tant. Il appartenait déjà au partant Curt

avaient su d'avance ce que j'allais leur servir. Peu importe s'il s'agissait d'une rapide à 94 milles à l'heure ou d'un changement de vitesse, ils avaient tous semblé très à l'aise à la plaque. Beaucoup trop, en fait.

C'était maintenant clair comme de l'eau de roche : je leur fournissais les indices qui leur permettaient de me pilonner. Ces gars-là – et probablement les joueurs des Mariners – s'offraient de véritables feux d'artifice à mes dépens. Et sans le savoir, je leur distribuais des allumettes !

Dans le langage du baseball, quand un lanceur permet aux frappeurs adverses de deviner les lancers qu'il s'apprête à effectuer, on dit qu'il fait du *tipping*.

Comment une telle chose est-elle possible ?

Les lanceurs du baseball majeur sont probablement les créatures les plus routinières de tout le sport professionnel. Année après année, ils lancent des milliers de balles en tentant chaque fois de reproduire exactement l'élan auquel ils ont eu recours lors du lancer précédent. Même position de départ, même période de concentration et de prise de signaux, même rotation au-dessus de la plaque, même élévation de la jambe, même action du bras, même foulée, et relâchement de la balle exactement au même moment.

L'incessante répétition. La constance et le contrôle du mouvement. C'est la seule manière de pouvoir atteindre la zone des prises avec régularité.

Or, sans le savoir, un très grand nombre de lanceurs n'agissent pas exactement de la même manière selon le type de lancer qu'ils choisissent d'effectuer.

Par exemple, la mécanique d'un lanceur peut être légèrement plus rapide lorsqu'il lance une courbe, ou un peu plus lente lorsqu'il mise sur sa rapide. Sa main peut s'engouffrer légèrement plus au fond de son gant lorsqu'il enveloppe la balle avant de lancer un changement de vitesse. Ou encore, lorsque le lanceur décide de miser sur sa rapide, le frappeur peut parfois apercevoir la base de la paume de la main, parce qu'il tient la balle du bout des doigts et que sa main n'est pas suffisamment plongée dans son gant.

Au cours d'une saison de 162 matchs, les joueurs de baseball passent de longues heures assis sur le banc. Pour les frappeurs qui sont dotés d'un bon sens de l'observation et qui se donnent la peine de détecter les *tips* que leur offrent un très grand nombre de lanceurs, ces informations valent leur pesant d'or. Elles leur confèrent un avantage indéniable.

Lorsque nous étions chez les Dodgers, Alex Cora et moi passions beaucoup de temps à observer les lanceurs afin de dénicher ceux qui «tippaient» leurs lancers. Et nous en dénichions beaucoup. Il y en avait généralement deux ou trois par équipe.

Notre coéquipier Shawn Green, un athlète que j'ai beaucoup apprécié, était d'ailleurs l'un des plus redoutables démasqueurs de *tips* de tout le baseball majeur. Il traînait toujours avec lui un petit carnet dans lequel il notait chacune des petites manies ou tics qu'il parvenait à déceler.

Adepte de la méditation, Green était capable de décortiquer des nuances dans la mécanique d'un lanceur même quand ce dernier était sur le point de relâcher la balle. Dans pareille situation, la quasi-totalité des frappeurs ne peuvent se concentrer sur autre chose que sur la main qui renferme la balle.

Green était à ce point fin observateur qu'il pouvait déceler, à 60 pieds six pouces de distance, si un lanceur ouvrait d'un centimètre la main dans laquelle il portait son gant, de manière à changer sa prise sur la balle.

Dans son livre *The Way of Baseball, Finding Stillness at 95 mph*, Green raconte d'ailleurs qu'il pouvait savoir d'avance ce que 50 % des lanceurs des majeures allaient lui envoyer. Parmi ses «victimes», on retrouvait plusieurs futurs membres du panthéon du baseball comme Randy Johnson, Curt Schilling ou Greg Maddux.

Dans le baseball majeur, les Orioles étaient vraiment reconnus comme des maîtres dans l'art de déceler le *tipping*. Et de toute évidence, ils s'étaient beaucoup attardés sur mon cas.

Les partisans des Red Sox aussi commençaient à s'attarder sur mon cas...

Quand les Red Sox rendent visite aux Orioles à Baltimore, un très grand nombre de partisans de l'équipe s'y rendent pour les encourager. Ce n'est pas comme s'il s'agissait d'un match à domicile, mais pas loin.

D'ailleurs, durant cette série de trois matchs à Baltimore, un grand nombre de partisans des Red Sox séjournaient au même hôtel que nous. Un soir, après un match, Todd et moi rentrons à l'hôtel et nous décidons de descendre au bar pour boire une bière. Nous étions en train de discuter quand soudain, des gens se mettent à crier :

— *Gagné fucking sucks !*

Il y avait quatre ou cinq types qui m'insultaient à pleins poumons ! Des partisans de mon équipe ! Sur le coup, je suis resté bouche bée. Je n'en revenais tout simplement pas et je me demandais à quoi cela pouvait bien rimer. Je n'avais jamais vécu pareille situation de toute ma carrière. Je n'avais même jamais entendu parler de scènes semblables à celle-là.

À partir de ce moment précis, j'ai compris qu'il n'y aurait pas de lune de miel à Boston et que les choses allaient rapidement dégénérer si je ne parvenais pas rapidement à corriger ce foutu problème de *tipping*.

J'ai donc commencé à scruter les vidéos de chacun de mes matchs pour tenter de déceler les signes que je pouvais inconsciemment transmettre aux frappeurs. Et je me suis mis à passer des heures supplémentaires dans l'enclos afin de modifier ma mécanique. Un élan que j'avais passé des années à parfaire et à maîtriser.

Deux jours après cette pétarade, le 12 août, nous complétions notre série de trois matchs face aux Orioles. Nous détenions une avance de 3 à 1 et il y avait un retrait en huitième. Okajima venait d'accorder un but sur balles et Francona a décidé de me confier le quatrième frappeur des Orioles, Miguel Tejada, qui s'amenait à la plaque.

Avec un compte de trois balles et deux prises, Tejada a catapulté une rapide de l'autre côté de la clôture au champ gauche, pour porter le pointage à 3-3. Nous nous sommes finalement inclinés par la marque de 6 à 3.

Ça faisait seulement 10 jours que j'étais arrivé à Boston, et l'avance que l'équipe détenait en tête de la division avait déjà presque fondu de moitié, passant de sept à quatre matchs.

Quand les journalistes sont arrivés dans le vestiaire ce soir-là, je leur ai livré exactement le fond de ma pensée. Un commentaire parsemé de jurons qui en disait long sur mon état d'esprit.

— *I'm not doing my job right now. I'm letting everybody here down, I need to step up my game. We should have won three games out of three and I fukin' blew two of them. They brought me in to do a job and I'm not doing it. It's ridiculous. These guys play eight great innings and I go out there and blow it. It's a shame.*

Ma confiance, que je croyais inébranlable, commençait à fondre comme neige au soleil. La pression, qui était naguère ma principale source de carburant, se multipliait soudainement par 100 et devenait franchement lourde à porter. On aurait dit qu'une trappe venait de s'ouvrir sous mes pieds.

— C'est de ma faute ! C'est de ma faute !

Je ne cessais d'enfoncer le clou et de me répéter que j'étais responsable de ces défaites. Et je me suis rapidement rendu compte que les partisans qui m'avaient insulté à Baltimore ne constituaient que la pointe de l'iceberg.

Je me suis mis à recevoir des lettres de menaces, parfois de menaces de mort. Mon appartement était situé tellement près du stade que je ne pouvais m'y rendre en voiture. Et quand je quittais le Fenway Park à pied après les matchs, des gens me suivaient jusqu'au pas de ma porte en me criant des insultes et en proférant des menaces.

— *Gagné ! I will fucking kill you !*

Je ne pouvais plus aller au restaurant. Ni sortir pour prendre une bière. J'étais confiné à mon appartement parce que les gens me *haïssaient*. J'ai d'ailleurs cru plusieurs fois que les enragés qui me pourchassaient allaient finir par me sauter dessus. La situation est devenue tellement explosive qu'il a fallu à un certain moment que les Red Sox demandent à la police de me raccompagner jusqu'à la maison après chaque rencontre.

On aurait dit que les gens croyaient que je faisais exprès pour connaître de mauvais matchs.

Quelques semaines après mon arrivée à Boston, Valérie et les enfants étaient venus me rejoindre afin que nous puissions passer quelques moments en famille avant la rentrée scolaire.

Après les matchs, quand nous quittions la salle familiale des Red Sox pour rentrer à la maison, il nous fallait traverser des allées remplies de partisans. Nous étions là, ma femme et moi, tenant par la main ou transportant dans nos bras nos trois enfants en bas âge, et des gens m'insultaient, d'autres allaient jusqu'à lancer des objets dans notre direction.

J'avais été estomaqué par le comportement des partisans qui m'avaient apostrophé quelque temps plus tôt dans le bar de l'hôtel à Baltimore. Mais là, nous venions d'atteindre un niveau de bassesse épouvantable. Il n'y avait aucun respect pour la famille, pour les enfants, ou pour ce que j'avais accompli dans le passé. Il n'y avait plus de respect pour quoi que ce soit.

J'ai vécu à Boston exactement l'inverse de ce que j'avais connu à Los Angeles.

Quand j'étais chez les Dodgers, les partisans capotaient dès que je me levais pour commencer à m'échauffer. Les gens de L.A. chantaient, hurlaient et dansaient quand je faisais mon entrée sur le terrain. Le Dodger Stadium était magique pour moi. Je m'y suis même fait ovationner après avoir saboté la sortie qui a mis fin à ma séquence de 84 sauvetages consécutifs.

À Boston, par contre, je me faisais huer dès que je sortais la tête de l'enclos. Les gens me chahutaient même quand j'allais me chercher un verre d'eau ! Je me faisais huer tout le temps, sans cesse. Les gens voyaient apparaître le bout d'un de mes souliers à crampons et ils se mettaient à exprimer leur répugnance.

Peu de temps après les matchs à Baltimore, nous disputions un match à Boston et je venais de compléter une manche au monticule. Et juste comme je m'apprêtais à rentrer à l'abri, un spectateur m'a lancé une bouteille remplie d'eau. J'ai été chanceux, il m'a seulement atteint à une jambe. Estomaqués, des coéquipiers sont sortis de l'abri pour invectiver le type qui avait commis ce geste invraisemblable.

Il y avait toujours une tension dans l'air. On pouvait ressentir, voir et entendre que les gens étaient furieux après moi.

À travers tout cela, je tentais de rester concentré sur le plus important. Il fallait régler ces problèmes de *tipping*, corriger ma mécanique et recommencer à performer à la hauteur de mes capacités au plus sacrant. Nous avions des matchs à remporter. Et plus urgent encore : il fallait fermer la gueule à ces enragés.

C'était devenu une obsession. Un désespoir. Je n'en dormais presque plus la nuit.

Je me rappelle avoir réveillé Valérie à trois ou quatre heures du matin afin qu'elle puisse m'aider à corriger mon élan. J'étais juste à côté du lit et je lui demandais d'étudier mes élans et de me dire si elle percevait des différences de l'un à l'autre.

— Tu es certaine que c'est pareil ? Est-ce que tu penses que je devrais tenir mon gant un peu plus haut ?

La pauvre essayait de m'aider et de me rassurer du mieux qu'elle le pouvait.

Les joueurs des Red Sox voyaient aussi que je me débattais comme un diable dans l'eau bénite pour tenter de renverser la vapeur. Et ils étaient tous extrêmement corrects avec moi. Ils faisaient preuve de beaucoup d'empathie. Des gars comme Mike Timlin, David Ortiz ou Manny Ramirez venaient me parler. Ils se montraient positifs et essayaient de désamorcer la situation.

— Relaxe un peu ! Va sur le monticule et amuse-toi, disaient-ils.

Mais comment pouvais-je m'amuser ? Je ne pouvais même plus aller capter des ballons durant l'exercice au bâton avant les matchs parce que les gens me huaient constamment. Qu'on le veuille ou pas, il est impossible de ne rien entendre quand 38 000 personnes te crient après.

Il y a des athlètes qui sont capables de tracer une ligne très nette entre ce qu'ils vivent sur le terrain et la vie qu'ils mènent auprès de leur famille. Certains affirment qu'ils se foutent complètement du résultat des matchs et qu'ils oublient tout aussitôt qu'ils quittent le vestiaire.

Pour ma part, j'en étais totalement incapable. Les aspects du rôle de *closer* que je trouvais les plus grisants étaient aussi ceux qui me rendaient la vie misérable à Boston. J'étais incapable de vivre avec le fait que je bousillais les efforts que mes coéquipiers avaient déployés durant des heures pour se forger une avance.

Quand il lance bien, le releveur récolte la gloire et les applaudissements parce qu'il est celui qui met fin au match. Mais quand il ne joue pas bien, tous les torts lui sont imputés, tous les reproches lui sont adressés. Le *closer* est un héros ou un zéro. Il n'y a pas de zone grise entre les deux. Il n'a pas droit à l'erreur. C'est de cette manière que j'avais toujours perçu mon rôle.

Je trouvais la situation tellement dommage et complètement désarmante. Les Red Sox formaient un vrai bon groupe de gars. Les dirigeants et les joueurs étaient vraiment agréables à côtoyer. Des bons *jacks*, comme on dit chez nous. Je voulais savourer les moments passés en leur compagnie. Et, surtout, je voulais les aider à remporter une Série mondiale.

J'ai notamment passé beaucoup de bon temps en compagnie de Jonathan Paplebon, qui est un lanceur extraordinaire et une personne animée de très belles valeurs. David Ortiz était aussi un coéquipier de grande qualité que j'ai bien apprécié.

Manny Ramirez, lui, était vraiment différent des autres. Il vivait un peu dans son propre monde et je pense que ça explique pourquoi il a toujours été un frappeur aussi redoutable. On dit qu'il y a une ligne très fine entre le génie et la folie, et Ramirez me donnait parfois l'impression d'être assis sur cette clôture.

C'était aussi un très bon coéquipier. Les gens ne voyaient pas cela, mais Ramirez était présent au gymnase à 7 h tous les matins. Je le croisais là tous les jours. La plupart des joueurs préfèrent s'entraîner au stade mais Ramirez préférait s'entraîner avant de se rendre au stade. Son air nonchalant pouvait porter les gens à croire qu'il se foutait un peu du baseball, alors qu'en coulisse il travaillait comme un forcené.

Ramirez parlait peu. Et quand il le faisait, c'était pour rigoler.

Todd, mon entraîneur personnel, faisait aussi son possible pour essayer de me sortir de ma torpeur.

— Allez, viens, on va sortir un peu. On va aller prendre une bière pour se changer les idées.

— *Fuck* l'hostie de bière, *man*! Je n'irai nulle part.

— Mais c'est en partie à cause de ça que tu traverses une mauvaise passe sur le terrain. Tu as besoin de te changer les idées, de te détendre.

— Crisse, c'est dur de relaxer quand tu te fais huer à l'intérieur d'un bar.

Je ne voulais pas sortir. Je ne voulais plus me faire crier des insultes. Cependant, aussi contradictoire que cela puisse paraître, je continuais à gratter le bobo et à rouvrir mes plaies, que ce soit en regardant les reprises de nos matchs, en écoutant les commentaires d'après-match ou en lisant les journaux. On entend souvent des athlètes professionnels dire qu'ils ne lisent pas les journaux lorsqu'ils traversent une mauvaise période. Pour ma part, on aurait dit que j'en redemandais.

Cette invraisemblable tournure des événements a été suivie d'une cascade d'événements, ce qui m'a plongé encore plus profondément dans ce cauchemar.

Dès mon arrivée à Boston, mon épaule m'était apparue un peu plus fragile qu'elle ne l'avait été au Texas, probablement en raison des trois matchs en 24 heures auxquels j'avais participé. Le fait de passer tout mon temps dans l'enclos des releveurs pour tenter de modifier mon élan, tout cela ajouté à ma participation aux matchs, avait fini par causer une solide tendinite à l'épaule.

Par ailleurs, les modifications apportées à mon élan changeaient ma mécanique et me rendaient moins efficace.

On dit que lorsque les requins flairent l'odeur du sang, ils finissent toujours par apparaître dans le paysage. C'était exactement la même chose avec les frappeurs du baseball majeur.

Quand j'ai connu mes meilleurs moments au monticule, j'étais enveloppé d'une espèce d'aura d'invincibilité. Les frappeurs adverses me voyaient débarquer dans un match et ils se disaient :

— Il nous reste seulement une manche à disputer et nous avons besoin de deux ou trois points pour remporter le match. Il n'y a pas une chance au monde que ce gars-là les accorde.

À ce moment-là, dès qu'ils se présentaient dans le rectangle, les frappeurs avaient déjà – mentalement – une ou deux prises contre eux.

Mais à Boston, ils flairaient l'odeur du sang. Ils percevaient une faille dans mon armure et sentaient que mon niveau de confiance n'était plus aussi élevé. Et ils étaient nettement plus à l'aise. Tous croyaient désormais avoir une bonne chance d'obtenir un coup sûr ou un but sur balles à mes dépens.

Le 17 août, cinq jours après le circuit que j'avais accordé à Miguel Tejada à Baltimore, nous disputions un programme double contre les Angels d'Anaheim au Fenway Park. Nous avions remporté le premier match, dans lequel Paplebon avait été crédité du sauvetage.

Et dans la deuxième rencontre, nous jouissions d'une avance de 5 à 4 en neuvième, quand Francona m'a désigné pour fermer les livres et faire mentir ce vieil adage du baseball qui veut que les programmes doubles soient faits pour être divisés.

Le gérant des Angels, Mike Scioscia, a alors remplacé son huitième frappeur, Ryan Budde, par un frappeur suppléant, Reggie Willits.

Ce dernier a amorcé la manche en cognant un ballon dans l'allée de gauche. Un retrait.

Par la suite, le rythme du match a commencé à s'accélérer jusqu'à ce que j'en perde le contrôle : un but sur balles à Casey Kochman ; des simples à Chone Figgins et Orlando Cabrera, suivis d'un solide double de Vladimir Guerrero.

Quand la manche a pris fin, les Angels détenaient une avance de 7-5. Et c'est sur cette note que s'est soldée la rencontre.

En deux semaines à Boston, j'avais déjà bousillé plus de rencontres que je ne l'avais fait en quatre saisons et demie, entre 2002 août 2007.

Dans les gradins, un refrain connu :

— *Gagné ! I will fucking kill you !*

Je ne pouvais jamais identifier les gens qui criaient des choses semblables. Je regardais constamment en direction du terrain en feignant de ne rien entendre. Parce que dès que je levais la tête pour jeter un coup d'œil dans les gradins, cela avait pour effet de susciter encore plus d'insultes et de commentaires désobligeants.

À un certain moment, cette atmosphère a commencé à me faire lâcher prise. Il était évident que je n'allais pas pouvoir renverser la vapeur et contribuer aux succès de cette équipe comme je l'avais espéré.

Lorsque je jouais au Texas, il y avait sur un mur du bureau de Ron Washington un écriteau qui m'était resté en mémoire et qui disait :

— Les gens ne se souviendront pas de ce que vous avez fait, ils vont se rappeler de la manière dont ils se sentaient lorsqu'ils étaient avec vous.

Todd m'avait aussi répété souvent :

— Éric, sois juste un bon coéquipier. Parce que les gens vont toujours s'en rappeler.

Et dans cet esprit, je me suis dit que la meilleure chose à faire dans les circonstances était d'agir comme le meilleur des coéquipiers. À défaut de pouvoir aider les gars sur le terrain, au lieu de m'apitoyer sur mon sort, j'allais déployer tous les efforts pour faire preuve de positivisme et essayer de les aider dans la mesure du possible.

Il n'était pas question que je devienne la pomme pourrie de ce vestiaire. Les Red Sox formaient une très bonne équipe et les joueurs avaient essayé de m'aider à sortir du trou dans lequel je m'étais enfoncé. C'était donc la moindre des choses que de tenter de leur renvoyer l'ascenseur, aussi modestes mes résultats puissent-ils être.

Par exemple, j'aimais beaucoup m'asseoir et jaser du métier avec Paplebon. Et j'essayais de partager avec lui les expériences que j'avais vécues dans différentes situations, en espérant que cela puisse un jour s'avérer utile. J'essayais de l'aider, ainsi que les autres releveurs, si quelque chose n'allait pas. Et dans l'enclos, je faisais des blagues afin d'alléger l'atmosphère.

J'étais un bon joueur d'équipe et cela avait toujours constitué une grande source de fierté pour moi. C'est toutefois beaucoup plus facile d'être positif et de prioriser le bien-être du groupe quand tout fonctionne à merveille. Le vrai test de caractère survient quand les choses vont moins bien. C'est généralement à ce moment-là qu'on découvre la vraie nature des athlètes que l'on côtoie dans les vestiaires. Et avec le recul, je constate que je suis parvenu à rester le même et à me comporter dignement durant la période la plus noire de de ma carrière.

Ce fut difficile, mais je l'ai fait.

Malgré ces écueils, l'équipe a continué son petit bonhomme de chemin et nous avons bouclé le calendrier en tête de la division Est de la Ligue américaine, avec une fiche de 96-66, deux matchs devant les Yankees.

Pour ma part, l'inventaire des dégâts se lisait comme suit : une fiche de 2-2 et une moyenne de points mérités de 6,75, la pire chez les 20 lanceurs ayant porté les couleurs des Red Sox cette saison-là. Aucun sauvetage, trois sabotages.

J'aurais tellement voulu mettre l'épaule à la roue et participer davantage aux succès de cette équipe ! Nous détenions une avance de sept matchs à mon arrivée et nous avons bouclé le calendrier avec une priorité de deux matchs. Dans ma tête, j'isolais tous les autres facteurs et je me disais que j'avais coûté cinq matchs à mes coéquipiers.

En séries éliminatoires, nous avons disposé des Angels d'Anaheim en trois matchs au premier tour. Les Indians de Cleveland nous ont cependant donné du fil à retordre durant la série de championnat de la Ligue américaine, que nous avons remportée en sept rencontres.

Valérie est venue me rejoindre durant notre séjour à Cleveland et nous avons passé une nuit complète à discuter de tout ce qui s'était déroulé au cours des trois mois précédents.

Le baseball était la plus grande passion de ma vie. Le monticule avait toujours été l'endroit où je m'étais le mieux senti, la plupart du temps en parfait contrôle de mes gestes et de mon environnement. Mais rendu à ce point, je n'étais plus certain de vouloir y retourner.

J'étais mentalement au plancher. On aurait dit que quelque part aux alentours du Fenway Park, l'extraordinaire compétiteur qui se débattait en moi avait été assassiné. Le désir de vaincre qui m'avait permis de me hisser jusqu'aux majeures, d'y réussir la plus fabuleuse série de sauvetages de tous les temps et d'y maintenir le taux de succès le plus élevé de l'histoire était mort.

Le temps m'a depuis donné la perspective nécessaire pour ressasser en long et en large et pour analyser l'incroyable chaîne d'événements qui se sont produits lors de mon passage chez les Red Sox. Et je sais aujourd'hui que même si je n'ai pris ma retraite que quelques années plus tard, c'est cet épisode qui a véritablement mis fin à ma carrière.

J'y ai perdu à peu près toute la confiance qui m'avait toujours animé jusque-là. C'est un concept extrêmement difficile à expliquer. Mais je sais que mon aura m'a quitté à Boston en l'espace de cinq ou six semaines.

Et je pense que si je n'avais pas connu cette période noire dans ma carrière, je n'aurais probablement pas été en mesure d'apprécier mes meilleures saisons à leur juste valeur.

C'est facile de vivre le succès. On en vient à croire que c'est normal d'exceller. Chez les Dodgers, je m'étais même mis à penser que tous les lanceurs étaient censés obtenir des résultats semblables aux miens. Mon séjour à Boston m'a toutefois fait réaliser toute la fragilité et toute la complexité du chemin qui mène au succès.

Après avoir disposé des Indians de Cleveland en série de championnat de la Ligue américaine, nous nous sommes retrouvés en Série mondiale contre les étonnants Rockies du Colorado.

Entrés dans les séries éliminatoires par la porte d'en arrière, les Rockies avaient vécu une sorte de conte de fées pour se rendre jusqu'à la série ultime.

Ils avaient été forcés de disputer un 163ᵉ match en saison régulière pour déterminer qui, entre eux et les Padres de San Diego, allait mériter le droit de participer aux séries. Dans ce match suicide, les Rockies accusaient un retard de 6-8 en 13ᵉ manche et, alors qu'ils étaient dans les câbles, ils avaient complété une spectaculaire remontée de trois points pour se sauver avec la victoire.

Avant d'arriver en Série mondiale, le Colorado avait déjà étonné le monde du baseball en balayant les Phillies de Philadelphie en trois matchs, puis les Diamondbacks de l'Arizona en quatre rencontres.

En Série mondiale, toutefois, les Rockies ont rencontré leur Waterloo. Nous les avons balayés à notre tour, en quatre rencontres.

Je n'ai effectué qu'une seule présence dans cette série – dans le premier match – alors que nous détenions une avance de 13 à 1.

Nous étions à Denver le soir du 28 octobre, quand nous avons remporté la Série mondiale. J'étais sincèrement heureux pour nos dirigeants – des gens de grande classe – ainsi que pour mes coéquipiers. Les Red Sox formaient une grande et belle équipe et ce titre leur revenait d'emblée.

Mais je me sentais incapable d'aller célébrer avec eux après le match. La fin de cette saison constituait pour moi la fin d'un cauchemar. Je suis donc simplement rentré à ma chambre d'hôtel et je suis allé retrouver ma famille en Arizona dès le lendemain matin.

Le défilé de la série mondiale était prévu pour le mardi 30 octobre dans les rues de Boston. Je ne voulais pas y participer. J'avais passé les derniers mois à me faire conspuer par 38 000 spectateurs au Fenway Park et je n'avais vraiment pas envie d'aller m'offrir en pâture à 2 millions de personnes !

En fin de compte, avec le support de mes proches, j'ai décidé de m'y rendre. J'allais donc boire la ciguë jusqu'à la dernière goutte. Et surtout, je n'allais pas fournir à mes détracteurs une raison de plus de me critiquer.

Le défilé s'est déroulé exactement comme je l'avais prévu. Même dans un moment de réjouissances aussi grandiose, et même s'il ne s'agissait que d'une seconde conquête en 89 ans pour leur équipe, les partisans des Red Sox m'ont hué et crié des bêtises tout au long du trajet.

Pour faire diversion, j'avais déniché un t-shirt sur lequel il était écrit *Yankees suck!* Et à chaque fois que des gens me huaient, je brandissais le t-shirt. Les gens se mettaient alors à applaudir et ils recommençaient à festoyer. Il faut croire qu'ils détestaient encore plus les Yankees que moi.

Ce n'était vraiment pas amusant comme parade. Il n'y a rien qui se soit avéré amusant à Boston.

Au début de la saison 2008, on m'a remis une superbe bague commémorant cette septième conquête de la Série mondiale par les Red Sox. Encore aujourd'hui, j'ai peine à la regarder. Elle ne me rappelle que de mauvais souvenirs.

Deux ans après mon passage au sein de cette équipe, à la fin d'août 2009, les Red Sox se sont retrouvés devant la possibilité de faire l'acquisition du releveur numéro un des Mets de New York, Billy Wagner. Ce *closer*, un redoutable gaucher qui avait participé à six matchs des étoiles, venait tout juste de revenir au jeu après avoir subi une greffe de tendon au coude, la fameuse opération à la Tommy John.

Réunis autour du casier de Jonathan Paplebon, les journalistes affectés à la couverture des Red Sox tentaient de déterminer si l'acquisition de Wagner dans un rôle de soutien allait s'avérer positive pour l'équipe ou si elle allait produire le même genre de fiasco qu'en 2007, quand Theo Epstein était venu me chercher au Texas.

— Gagné était excellent quand nous l'avions acquis. Gagné fut l'un des meilleurs coéquipiers que j'ai jamais eus, point à la ligne. Je le classe définitivement parmi les meilleurs coéquipiers que j'ai côtoyés. Il s'agissait d'une excellente transaction quand nous l'avions obtenu. Aucun doute là-dessus, a-t-il répondu.

Je n'ai jamais eu la chance de revoir Jonathan Paplebon et de le lui dire de vive voix. Mais de tous les commentaires ou compliments formulés à mon endroit par mes coéquipiers au fil de ma carrière, aucun ne m'a autant fait plaisir que celui-là.

CHAPITRE 13

Le sénateur

Normalement, la conclusion du défilé de la Série mondiale aurait dû s'avérer l'occasion de mettre un point final au plus mauvais chapitre de ma carrière. Dans un scénario idéal, je serais retourné à la maison pour faire le vide, recommencer à m'entraîner puis repartir à neuf pour la saison suivante.

Toutefois, en montant à bord de l'avion qui devait ramener ma petite famille de Boston vers l'Arizona, je savais que d'autres problèmes pointaient à l'horizon. J'avais un squelette caché dans mon placard et il s'apprêtait à en sortir.

Peu de temps après mon arrivée à Boston, alors que je commençais à éprouver des difficultés au monticule et que les partisans des Red Sox commençaient à me pourfendre, j'avais reçu un appel d'un représentant de l'Association des joueurs. Si je me souviens bien, il s'agissait de Michael Weiner, qui était alors le responsable juridique de l'Association.

— Éric, les enquêteurs du sénateur Mitchell souhaitent te rencontrer. Es-tu disposé à le faire ?

J'étais sans voix.

Plus d'un an auparavant, tout juste avant le début de la saison 2006, nous avions appris que le commissaire Bud Selig avait mandaté George J. Mitchell, un ancien sénateur, pour mener une enquête sur l'usage de produits visant à améliorer les performances dans le baseball majeur. Cette annonce avait été faite après que les dirigeants de la MLB aient fait l'objet de sévères critiques de la part du Congrès américain, en raison du manque de sérieux de leur programme anti-dopage.

Personnellement, je savais vaguement que quelqu'un enquêtait là-dessus. Mais je ne comprenais pas exactement ce qu'allait être le Rapport Mitchell. S'agissait-il d'une investigation sérieuse ou d'un exercice de relations publiques destiné à calmer les médias? Voulait-on vraiment régler le problème du dopage dans le baseball? Espérait-on dénicher et punir des coupables ou cherchait-on une façon de pouvoir dire au Congrès: «Nous avons fait nos recherches sur le sujet, nous avons amassé une foule de données et, ne vous inquiétez pas, nous allons apporter les correctifs nécessaires»?

Chose certaine, les dirigeants de la Major League Baseball avaient été forcés de réagir pour sauver la face. En 2005, le livre de Jose Canseco intitulé *Juiced: Wild Times, Rampant 'Roids, Smash Hits & How Baseball Got Big* avait éclaboussé plusieurs supervedettes du baseball majeur, dont Mark McGuire, Roger Clemens, Rafael Palmeiro, Ivan Rodriguez et Jason Giambi.

Appelés à témoigner devant des représentants du Congrès dans les mois suivants pour répondre à ces allégations, les joueurs mentionnés dans le livre de Canseco s'étaient montrés vagues et extrêmement circonspects. Ils n'avaient pas clairement répondu aux questions simples qu'on leur avait posées et cela avait eu pour effet d'accroître encore davantage le niveau de suspicion du public et des politiciens envers le baseball et ses joueurs.

Le livre de Canseco avait aussi été précédé d'une longue enquête des journalistes Lance Williams et Mark Fainaru-Wada, qui s'étaient intéressés à des perquisitions menées en 2003 dans les locaux des laboratoires Bay Area Laboratory Co-Operative (BALCO). On soupçonnait les dirigeants de ces laboratoires de distribuer un stéroïde indétectable appelé *The Clear* à plusieurs athlètes olympiques américains mais aussi à des joueurs du baseball majeur comme Barry Bonds, Jeremy Giambi, Benito Santiago et Armando Rios. Ces perquisitions avaient été suivies d'une vaste investigation policière, qui est devenue la tristement célèbre affaire BALCO.

Donc, les allégations et les enquêtes se multipliaient, et le mandat confié au sénateur Mitchell constituait la réponse du baseball majeur pour s'attaquer au problème ainsi que pour redorer son image.

Et là, en plus de tous les problèmes qui m'assaillaient dans l'univers des Red Sox, j'avais Michael Weiner au bout du fil qui m'informait que l'équipe du sénateur Mitchell souhaitait me rencontrer.

— Non. Je ne veux parler à personne, ai-je répondu.

Comme l'Association des joueurs nous l'avait recommandé, j'ai tout de suite téléphoné à Scott pour l'informer de l'intérêt que me portaient les enquêteurs. Et Scott m'a mis en contact avec un avocat de Washington. Cet avocat représentait plusieurs clients de mon agent qui étaient sollicités pour être interrogés ou qui étaient susceptibles de voir leur nom apparaître dans le Rapport Mitchell. J'ignorais combien de ses clients avaient été contactés par les enquêteurs mais je savais que nous étions plusieurs.

Cet avocat m'a expliqué que l'équipe du sénateur Mitchell ne disposait d'aucun moyen légal pour contraindre des joueurs à témoigner. Ces gens, par exemple, n'avaient pas le pouvoir de nous faire parvenir des *subpœna*. L'équipe du sénateur ne jouissait d'aucun pouvoir judiciaire. En revanche, cela signifiait que les auteurs du rapport n'allaient pas être soumis aux règles de preuve normalement admises devant les tribunaux pour tirer leurs conclusions, pour nommer des joueurs ou pour donner leur avis sur l'étendue des pratiques reliées au dopage dans le baseball majeur.

— Est-ce que tu aurais quelque chose à dire s'ils t'interrogeaient ? a demandé mon avocat.

— Oui, ai-je répondu.

— Et est-ce que tu veux leur parler ? Est-ce que tu veux leur dire quelque chose ?

— Non.

— Ne les rencontre pas, alors. Tu n'es pas obligé de le faire. Il faut juste que tu saches et que tu sois conscient qu'ils vont inscrire ton nom dans ce rapport. Ils disent qu'ils savent quelque chose à ton sujet. Mais on ne le sait pas avec certitude. Ils n'ont peut-être rien.

C'est de cette façon qu'a pris fin cette première discussion avec mon avocat et mon agent au sujet du Rapport Mitchell. Et cette rencontre m'a conforté dans ma position initiale.

Je comprenais désormais que le sénateur ne menait pas une enquête criminelle, mais je ne voulais quand même impliquer ou dénoncer personne. Tant qu'à me faire poser des questions et à avoir envie de mentir, je préférais ne rien dire du tout. Si ces gens voulaient inscrire mon nom dans leur rapport, ils n'avaient qu'à le faire. Je n'allais pas commencer à jouer les délateurs pour autant.

Dans les jours et les semaines qui ont suivi, cette affaire a tout de même continué à me hanter. Malgré la fermeté de la position que j'avais adoptée au sujet de cette enquête et même si j'avais d'importants problèmes à régler sur le terrain, je ne parvenais plus à m'enlever cette histoire de la tête.

Dans le passé, je n'avais toujours pensé qu'au baseball durant la saison. C'était ma seule et unique préoccupation : baseball, baseball et encore baseball. Bien entendu, ma famille était plus importante que tout. Mais habituellement, dès que le camp d'entraînement commençait c'était Valérie qui prenait le contrôle de tout ce qui concernait la famille et le bien-être des enfants.

Jusque-là, j'avais vécu l'ensemble de ma carrière dans une espèce de bulle où jamais rien ne venait interférer avec mon seul véritable objectif dans la vie : sauvegarder des matchs de baseball. Même à la maison, les enfants ne venaient jamais me réveiller le lendemain d'un match. Ils n'entraient pas dans ma chambre et me laissaient dormir jusqu'à 10 h ou 11 h. Et vers 13 h, j'étais déjà en route vers le stade.

Durant la saison, je n'étais ni un père ni un mari. J'étais un joueur de baseball. Et je trouvais ma femme extraordinaire de prendre autant de responsabilités afin que je puisse me concentrer pleinement sur mon métier. Valérie comprenait parfaitement l'implication totale que requérait mon statut de releveur vedette dans les majeures.

Après cet appel m'informant que l'équipe du sénateur Mitchell s'intéressait à moi, par contre, les choses n'étaient plus pareilles. Je me retrouvais plongé au sein d'une saga politico-légale dont les tenants et aboutissants m'échappaient. En plus, les frappeurs adverses cognaient mes lancers avec aplomb et j'étais en train de devenir la tête de Turc des partisans. Sur le plan sportif, je faisais face à une situation de crise comme je n'en avais jamais vécue auparavant, et il fallait qu'elle se règle de façon urgente.

Et à l'extérieur du terrain, je me sentais traqué. Cette enquête m'inquiétait et j'y pensais tous les jours. Ce n'était rien pour m'aider à régler mes difficultés sur le terrain.

Quand le sénateur Mitchell a commencé à solliciter la coopération des joueurs qu'il souhaitait interroger, l'Association des joueurs nous a demandé de faire preuve d'une extrême prudence avant même d'envisager de contribuer à cette enquête. Les réticences exprimées par Donald Fehr et Michael Weiner avaient du sens :

« Le commissaire Selig n'a pas écarté la possibilité d'imposer des mesures disciplinaires (suspensions ou amendes) en regard des informations colligées dans le cadre de l'enquête Mitchell. Votre témoignage pourrait donc être utilisé pour vous imposer, ou imposer à d'autres joueurs, de telles mesures », arguaient nos représentants.

« Rappelez-vous aussi que plusieurs enquêtes criminelles à ce sujet sont en cours dans certains États ainsi qu'au fédéral. Le sénateur Mitchell soutient qu'il respectera vos requêtes de confidentialité *dans son rapport*. Mais il ne peut pas vous garantir que vos témoignages ne seront pas utilisés dans ces causes criminelles sans votre consentement.

« Le sénateur Mitchell souligne que la Justice s'abstient généralement de poursuivre les athlètes qui consomment des stéroïdes et qu'elle se concentre sur les manufacturiers de tels produits. Mais n'oubliez pas qu'un procureur fédéral a récemment déclaré devant un tribunal qu'une enquête nationale est présentement en cours et que des athlètes pourraient dorénavant être poursuivis.

« Le sénateur Mitchell mentionne également qu'il a conclu un accord avec le bureau du procureur général des États-Unis à l'effet qu'il n'aurait pas à remettre d'informations privilégiées à la Justice. Le sénateur a refusé de nous remettre une copie de cette entente afin que nous puissions comprendre la relation qu'il entretient avec le bureau du procureur général. Et le sénateur ne peut pas promettre qu'il ne divulguera pas ces informations parce qu'il pourrait être contraint de le faire si l'administration de la Justice lui faisait parvenir un *subpœna*.

« Enfin, comme vous le savez, au cours des cinq dernières années, les propriétaires et les joueurs ont plusieurs fois négocié âprement et longuement au sujet des produits visant à accroître les performances. La position adoptée par l'Association des joueurs dans ces pourparlers reflète un consensus dégagé à la suite de nombreuses réunions, discussions et conférences téléphoniques. N'importe quel commentaire individuel formulé par un joueur au sujet du programme conjoint anti-dopage pourrait être utilisé par les propriétaires lors de futures négociations avec l'Association. »

Outre la loi du silence qui prévaut dans le baseball majeur – *What happens in the clubhouse stays in the clubhouse* –, ces réticences exprimées par nos leaders syndicaux expliquent en grande partie pourquoi la quasi-totalité des joueurs ont refusé de rencontrer l'équipe du sénateur Mitchell durant cette enquête.

Pour ma part, je ne voulais absolument pas témoigner, parce que je savais qu'on allait me demander d'impliquer ou de dénoncer d'autres joueurs. Et je n'en voyais pas l'utilité.

En mon âme et conscience, je savais comment je m'étais senti quand j'avais consommé des *HGH*. Je me sentais suffisamment coupable comme ça, je n'avais pas besoin d'associer d'autres personnes à cette histoire. Bref, je me disais que les enquêteurs pouvaient se foutre mon témoignage là où je pensais. Il s'agissait de mes coéquipiers et il n'était pas question de les trahir.

Par ailleurs, je trouvais très bizarre que les auteurs du Rapport Mitchell aient offert de biffer mon nom du rapport en échange de ma collaboration.

— Si tu leur parles, ils oublieront peut-être d'inscrire ton nom dans le rapport, m'avait dit Scott.

Je ne savais pas quelles informations ils détenaient à mon sujet. Étaient-ils sérieux ou se livraient-ils à une partie de pêche ? Allez donc savoir.

Les enquêteurs du Rapport Mitchell sont revenus à la charge en deux ou trois autres occasions pour tenter de me convaincre de les rencontrer.

— Ils veulent te parler. Ils veulent absolument te parler, me disait Scott.

Ces relances ont maintenu mon niveau d'inquiétude, et parfois même de panique, à un niveau passablement élevé jusqu'à la fin de la saison. Mais j'ai toujours refusé.

Nous sommes rentrés en Arizona le jour de l'Halloween et la publication du Rapport Mitchell était prévue pour la mi-décembre. J'avais été prévenu que mon nom allait fort probablement figurer dans le rapport, mais je n'avais aucune idée de l'allure ou du ton qu'allait prendre ce document.

À ce moment-là, il était difficile d'imaginer que le Rapport Mitchell allait accoler un astérisque auprès de mon nom. Un astérisque qui s'est instantanément incrusté et qui, depuis, ne m'a jamais quitté.

Dans les semaines précédant la publication du rapport, Scott et moi étions en train de négocier un contrat avec les Brewers de Milwaukee, dont la formation était, lentement mais sûrement, en train d'éclore. Les Brewers venaient toutefois de perdre les services de leur *closer,* Francisco Cordero, qui avait décidé de tenter sa chance sur le marché des joueurs autonomes. Ils avaient donc besoin de quelqu'un d'expérimenté pour faire le travail.

Milwaukee me semblait être une destination parfaite pour connaître un nouveau départ. L'équipe promettait d'être compétitive et la ville constituait un petit marché sympathique.

La rotation de partants alignait des lanceurs fiables comme Ben Sheets, David Bush et Jeff Suppan. Et parmi les joueurs de position, le jeune premier-but Prince Fielder était encore en pleine ascension. Il venait à peine de s'immiscer parmi les étoiles du baseball majeur.

L'enclos des releveurs, lui, regroupait aussi des lanceurs de qualité. Notamment Guillermo Mota, un précieux complice lors de mon séjour à Los Angeles, alors que nous formions le meilleur *bullpen* des majeures. Le *set-up man* des Brewers était Derrick Turnbow, un partenaire de golf avec lequel je m'entendais bien. L'équipe était aussi en voie d'acquérir les services de Salomon Torres, un vétéran qui venait de connaître plusieurs saisons respectables à Pittsburgh malgré le contexte difficile dans lequel évoluaient les Pirates.

Même s'il s'agissait d'une situation rêvée, les négociations avec les Brewers présentaient un caractère étrange, inhabituel. Le Rapport Mitchell n'avait jamais été évoqué au cours de ces discussions mais je savais que mon nom allait probablement y figurer.

Doug Melvin, le directeur général des Brewers, était-il au courant ? Et dans l'hypothèse où il l'ignorait, la publication du rapport allait-elle le faire changer d'idée, ou l'inciter à revoir son offre à la baisse ?

Je ne l'ai jamais su.

Scott et Doug Melvin se sont entendus sur les termes finaux de l'entente le 7 décembre. Le contrat était toutefois conditionnel à ce que je passe mon examen médical avec succès. Comme le temps des fêtes approchait à grands pas et que nous étions sur le point de partir en vacances familiales à Hawaï, il a été convenu que je devais me rendre immédiatement à Milwaukee pour subir mon examen médical.

L'entente, un contrat d'un an, a été signée de 10 décembre et la rencontre de présentation avec les médias locaux s'est déroulée la même journée. Je suis retourné en Arizona immédiatement après afin de poursuivre ma préparation.

Le Rapport Mitchell a finalement été divulgué le 13 décembre. La veille, je m'étais couché la mort dans l'âme. Un épisode de ma vie, dont je n'étais pas fier depuis la toute première seconde, était probablement sur le point d'être révélé à tout le monde. Mais comment et sous quelles formes ces informations allaient-elles être livrées au public ?

Le personnel du sénateur fonctionnait essentiellement par ouï-dire ou par recoupement d'informations, sans avoir le droit de contraindre des témoins et, la plupart du temps, sans preuve concrète.

Ce jour-là, donc, j'étais au gymnase et je m'entraînais en compagnie de Todd et Casey. Et, comme d'habitude, tous les écrans plasma de la salle d'entraînement syntonisaient une chaîne sportive spécialisée.

Le rapport devait être rendu public à 14 h, dans moins d'une heure, et toutes sortes de rumeurs circulaient. À peu près tous les amateurs de sport nord-américains attendaient la divulgation du document afin de prendre connaissance de la liste de « coupables » colligée dans le document.

Une bande défilante est ensuite apparue au bas de l'écran. Il s'agissait d'une liste de 60 ou 70 noms parmi lesquels on retrouvait plusieurs joueurs qui étaient ou qui avaient longtemps été associés aux Red Sox. Comme Jason Varitek, Trot Nixon, Nomar Garciaparra ou Johnny Damon.

Comme j'arrivais tout droit de Boston, ces noms avaient particulièrement attiré mon attention. Et j'étais fort étonné. Dans le monde du baseball, les gens savaient que le sénateur Mitchell avait déjà fait partie du bureau de direction des Red Sox. Et cette apparence de conflit d'intérêts rendait peu probable le fait que des joueurs de cette organisation puissent être identifiés dans le rapport final.

Rapidement, cette bande défilante est toutefois disparue de l'écran. Il s'agissait en fait d'une fausse liste qui n'avait rien à voir avec celle que contenait le Rapport Mitchell. Les joueurs mentionnés plus haut n'étaient effectivement pas mentionnés dans le véritable rapport.

Ce sont sans doute les aléas de l'information en continu ou instantanée. Pressés de diffuser les dernières nouvelles qui leur tombent sous la main, les journalistes ne prennent pas toujours toutes les précautions nécessaires avant de les publier ou de les mettre en ondes.

On a ensuite annoncé la publication du rapport officiel. Et une autre liste s'est mise à défiler au bas de l'écran. Elle comprenait exactement 89 noms. Dont le mien.

L'image est encore gravée dans ma tête. J'étais en train de m'entraîner, je regardais l'écran et je ne voyais que mon nom. Comme si on avait inséré «Éric Gagné» entre chacun des 88 autres noms qui figuraient dans le rapport.

— Tabarnac!

J'étais furieux, confus, ébranlé. Je ne me sentais vraiment pas bien.

Après avoir fixé l'écran pendant de longues secondes, j'ai lentement commencé à balayer la salle d'entraînement du regard. Il y avait peut-être 12 ou 15 personnes dans la pièce. Et toutes me regardaient du coin de l'œil...

— Todd, j'ai l'impression d'être devenu un monstre, un bandit.

Quelques instants plus tard, ma photo est apparue en gros plan à l'écran. Exactement comme les évadés de prison que l'on voit dans les films et qui font l'objet d'un avis de recherche de la part des autorités.

J'étais maintenant figé, incapable de faire ou de dire quoi que ce soit. Todd, lui, en avait assez vu.

— Viens-t'en, on s'en va.

C'était une situation extrêmement étrange et gênante. Presque irréelle. Nous nous dirigions vers le vestiaire et je me répétais sans cesse: «Ça se peut-tu, câlice? Ça se peut-tu?»

J'ai pris la douche la plus rapide de ma vie et nous nous sommes dirigés vers le club de golf. J'avais besoin d'un peu de tranquillité. Il fallait que je me remette les idées en place et que je prenne quelques heures pour digérer tout cela.

En arrivant au club de golf, même phénomène. Tout le monde semblait me regarder et me reconnaître. Je commençais à paniquer.

— Sacrament !

Sans compter le fait que depuis l'instant où le rapport avait été diffusé, mon cellulaire sonnait toutes les cinq secondes.

— Là, Éric, tu vas fermer ce téléphone sinon tu vas devenir fou. Éteins-le ! m'a ordonné Todd.

Je l'ai éteint. Et quand j'essayais de le remettre en fonction, il recommençait à sonner dans la seconde. Ça n'avait absolument aucun sens. C'était envahissant, ahurissant. Et je m'inquiétais pour mes proches.

Ma mère, mon père et mon frère ignoraient tout de ma consommation de HGH. Mes amis aussi. Personne ne savait quoi que ce soit. Puis j'ai appris que des journalistes faisaient le pied de grue devant la maison de ma mère. Ils y sont restés pendant toute une journée.

J'ai alors téléphoné à ma mère et à mon frère pour leur demander de ne rien dire à qui que ce soit.

— N'essayez pas de vous porter à ma défense, ne dites rien. Il n'y a absolument rien qu'on puisse faire.

Je n'ai jamais vraiment eu de discussion en profondeur avec mon père au sujet des révélations contenues dans ce rapport. Sans formuler le moindre jugement, dès notre première conversation, il m'a toutefois offert son total soutien.

— Éric, tu as fait ce que tu avais à faire et tu dois vivre avec les conséquences. Il faut juste que tu saches que tu n'es pas seul. Nous t'aimons et nous te supportons à 100 %. Nous savons que tu es quelqu'un de bien.

Je crois que les choses ont été beaucoup plus difficiles pour ma mère, parce qu'elle travaillait auprès du public. Au restaurant, lorsqu'elle servait ses clients, elle se faisait parfois lancer des remarques du genre :

— Ton fils a consommé de la drogue, c'est un drogué.

Des tas de gens se mettaient soudainement à aborder mes amis et les membres de ma famille pour porter des jugements ou pour donner leur avis sur un sujet dont ils ne connaissaient pas le millième des ramifications. J'étais désolé de les avoir placés dans une telle situation. Et je le suis encore.

Le lendemain de la publication du rapport, un groupe de journalistes s'est rassemblé devant notre maison de Paradise Valley. Parmi ces quelques dizaines de personnes, il y avait des représentants de divers médias québécois. Je n'étais pas à la maison quand la meute a débarqué. Valérie était affolée lorsqu'elle m'a téléphoné pour me prévenir.

Les reporters ont fait du camping devant notre maison pendant quelques jours. Certains me prenaient en filature quand je quittais la maison pour vaquer à mes occupations. Les cameramen et photographes n'avaient pas le droit de poser les pieds sur notre propriété, mais à travers les fenêtres, ils tentaient de capter ce qui se déroulait à l'intérieur de la maison.

J'étais enragé. Tout cela se déroulait à notre domicile, en présence de nos enfants. Il s'agissait des mêmes médias qui, quelques années plus tôt, me téléphonaient durant la morte-saison et me suppliaient de leur accorder des entrevues. Il s'agissait des mêmes personnes que nous avions accueillies chez nous au Québec, dans notre salon.

J'ai toujours compris que les journalistes avaient un travail à faire. Mais de là à monter la garde devant ma maison, je trouvais qu'il y avait vraiment une grosse marge…

Devant tout ce cirque qui ne semblait plus vouloir finir, Valérie et moi avons décidé de ne pas envoyer les enfants à l'école, de peur qu'ils soient victimes de remarques blessantes de la part de certains camarades de classe. Ou encore pour éviter que les journalistes profitent de leurs déplacements pour enrichir leur banque d'images. On ne savait pas jusqu'où ils étaient prêts à aller.

Ma réputation était ternie, les spéculations et les mensonges fusaient de tous les côtés. Les membres de ma famille étaient pris à partie et mes enfants étaient prisonniers de notre maison. J'en avais plein mon casque. Je regrettais de ne pas avoir suivi ce que mon instinct m'avait dicté dès la diffusion du rapport.

— Val, je convoque une grosse conférence de presse et je vais tout raconter, hostie. Tout, tout, tout! avais-je lancé à mon retour à la maison.

— Si c'est ce que tu veux faire, fais-le, avait-elle répondu sur un ton approbateur.

J'avais honte depuis le tout début de cette histoire de *HGH*. Je voulais au moins expliquer aux Québécois et aux partisans des Dodgers ce qui s'était passé, ce que j'avais fait et dans quelles circonstances cela s'était produit.

Je ne voulais pas que mon nom soit prononcé sur toutes les tribunes comme si j'étais un criminel.

La vague médiatique était tellement forte que j'avais l'impression que tout le monde me détestait. J'apprenais le contenu du Rapport Mitchell par bribes et j'avais de la difficulté à recoller plusieurs morceaux du casse-tête. Je ne savais même pas qui était Kirk Radomski, ce revendeur dont on disait qu'il m'avait posté des hormones de croissance. Je n'avais même jamais entendu son nom, ni reçu ce fameux paquet.

Ce n'est que par déduction que j'ai conclu qu'il s'agissait probablement du type avec lequel j'avais brièvement parlé au téléphone, cinq ans auparavant, quand j'étais à bord d'un taxi à New York en compagnie de Paul Lo Duca.

De mon point de vue, il était tout naturel de lever le voile sur ce qui s'était passé. De tout déballer. Cette démarche ne visait pas à excuser mes gestes, mais plutôt à faire preuve de franchise. Je me disais que cela allait permettre aux gens de se forger une opinion éclairée et qu'on allait ensuite nous laisser tranquille, ma famille et moi.

Je voulais simplement pouvoir dire aux gens :

— Je vous ai raconté tout ce que je sais, tout ce que j'ai fait. Maintenant, laissez-moi en paix, je veux seulement jouer au baseball.

J'ai donc téléphoné à Scott Boras pour lui annoncer la décision que j'avais prise. Il n'était pas du tout entiché par mon projet. Vraiment pas.

— Non, Éric. Ce n'est pas une bonne idée d'organiser une conférence de presse. Ça ne donnera absolument rien, ça ne t'apportera rien de bon, a-t-il réagi.

— Pourquoi ? Explique-toi.

— C'est un dossier très chaud, très médiatisé et très politisé en ce moment, a-t-il renchéri. On ne sait pas quelle direction ça va prendre. Par exemple, ça pourrait possiblement te faire perdre ta Carte verte et le droit de résider aux États-Unis. On pourrait te renvoyer au Canada. Tes enfants vont à l'école ici aux États-Unis. Tu ne veux pas te faire expulser, n'est-ce pas ?

— Non.

— Alors ne dis rien. Ne sois pas émotif. Laisse la poussière retomber, a-t-il insisté.

— Es-tu sérieux, Scott ? Ces gens peuvent publier mon nom partout et je ne peux pas m'expliquer ? Comment peut-on justifier une chose pareille ?

— Ce rapport n'a aucune valeur légale. Si tu ne dis rien, ils ne peuvent rien contre toi, à part le fait d'entacher ta réputation. Sois patient. *Tomorrow you're old news. Today, you're the news and tomorrow you're old news. No one's gonna care about you tomorrow.*

Il n'était pas question que les choses en restent là. Je ne voulais pas me cacher ni donner l'impression que je me cachais. J'ai donc demandé à Scott s'il était possible de me faire témoigner devant le Congrès, comme d'autres joueurs l'avaient fait auparavant.

— Je vais y aller et je vais tout leur dire de A à Z ! ai-je annoncé.

— Si jamais on te convoque devant le Congrès, c'est exactement ce que tu devras faire. Si jamais on te convoque comme témoin, tu iras t'asseoir à l'avant et tu diras toute la vérité, et ce sera tout. Mais en attendant, tu ne dois rien dire.

J'étais, comme on dit, « peinturé » dans un coin. Je ne savais pas si je devais attaquer ou me défendre. Chose certaine, je voulais faire quelque chose. Mais je ne pouvais pas. Je ne pouvais pas m'expliquer ni présenter d'excuses. Compte tenu des conseils et des avis que j'avais reçus, il aurait été assez stupide d'agir autrement.

La loi du silence l'a donc emporté. Écœuré par ce cirque et par la tournure des événements, j'ai fini par me retirer sur mes terres pour tenter, tant bien que mal, de me préparer pour le camp des Brewers.

Je me sentais complètement à plat.

La deuxième moitié de la saison 2004 à Los Angeles avait hypothéqué ma santé. La deuxième moitié de la saison 2007 à Boston avait détruit ma confiance. Puis le Rapport Mitchell venait de ternir ma réputation. Et dans les trois cas, il me semblait qu'il n'y avait pas grand-chose à faire pour rectifier le tir.

CHAPITRE 14

Les Capitales

Le 4 octobre 2008, nous affrontions les Phillies de Philadelphie au Miller Park, à Milwaukee. Et nous étions acculés au pied du mur.

Nous nous étions battus durant 162 matchs pour mériter la quatrième place (le «quatrième as») donnant accès aux séries éliminatoires de la Ligue nationale. Mais lors des deux premières rencontres de notre série de division, les partants Cole Hamels et Brett Myers avaient menotté notre attaque deux fois en l'espace de 24 heures et nous faisions déjà face à l'élimination.

Dans le troisième match, par contre, les choses se passaient différemment. Nos frappeurs avaient malmené le vétéran Jamie Moyer dès le départ et nous avions pris les commandes. En huitième, nous détenions une avance de 4 à 1 quand notre gérant, Dale Sveum, m'a désigné pour faire face aux neuvième, premier et deuxième frappeurs de l'alignement des Phillies.

Après avoir retiré les deux premiers frappeurs, j'ai accordé un double à Jason Werth, qui avait déjà été mon coéquipier chez les Dodgers. Puis Chase Utley, l'un des plus coriaces frappeurs de la ligue, s'est présenté à la plaque. J'ai rapidement pris une avance de 0-2 dans le compte et Utley a mis fin à la manche sur le troisième lancer, en soulevant un ballon dans la gauche.

De façon on ne peut plus routinière, je suis ensuite rentré à l'abri, comme cela s'était produit des centaines et des centaines de fois.

J'étais alors à des lieues de m'imaginer que je n'allais plus jamais remonter sur un monticule des ligues majeures.

Nous avons bel et bien remporté ce troisième match de la série, mais les Phillies nous ont éliminés dès la rencontre suivante. Ils ont ensuite poursuivi leur irrésistible poussée jusqu'en Série mondiale, où ils ont disposé des Rays de Tampa Bay en cinq matchs.

Dès le lendemain de leur conquête, comme le veut la coutume, la chasse aux joueurs autonomes s'est mise en branle dans le baseball majeur. Et certaines équipes ont démontré de l'intérêt pour mes services en vue de la saison 2009. J'avais connu une saison plutôt moche en raison des blessures, mais j'avais quand même disputé du baseball solide en deuxième moitié de calendrier et en séries.

La question était donc de savoir « où » j'allais jouer et non pas « si » j'allais jouer l'été suivant.

Parmi les organisations qui tâtaient le terrain auprès de nous, les Twins du Minnesota semblaient les plus déterminés. Ils avaient proposé un contrat d'une saison comportant un salaire garanti et des bonis totalisant cinq ou six millions de dollars.

Comme le marché n'était pas particulièrement fébrile, Scott et moi avons décidé d'attendre un peu pour voir si de meilleures offres allaient survenir. Mais nous ne voulions pas patienter trop longtemps. Je revenais d'une deuxième saison difficile en autant d'années et nous étions parfaitement conscients que cela avait eu pour effet de tiédir les ardeurs des directeurs généraux.

Après un court laps de temps, nous avons donc décidé d'accepter la proposition des Twins. Toutefois, ces derniers ont « viré leur capot » au dernier instant et ont retiré l'offre qu'ils nous avaient faite. C'était plutôt inhabituel comme situation puisque les négociations avec les dirigeants des Twins s'étaient rendues vraiment loin.

Comme ça, sans avertissement, nous nous sommes retrouvés à la case départ alors que la plupart des formations avaient déjà complété leurs emplettes hivernales.

Dans cette situation, tant qu'à devoir dénicher une équipe, je préférais nettement me retrouver dans un environnement qui m'était familier et j'ai mentionné à Scott que j'avais vraiment envie de retourner à Milwaukee, au Texas ou encore à Los Angeles.

Quand nous avons téléphoné aux Brewers, ils nous ont fait savoir que tous leurs contrats des ligues majeures étaient déjà signés et que leur limite budgétaire était atteinte.

— Écoutez, je comprends la situation. Si ça peut faciliter les choses, je suis prêt à signer un contrat des ligues mineures, ai-je insisté.

Cette manière de procéder sécurisait les dirigeants des Brewers. Après tout, ils étaient mieux placés que quiconque pour mesurer le risque financier que je représentais. Je m'étais blessé à l'épaule la saison précédente, j'avais reçu plusieurs injections de cortisone et subi plusieurs radiographies. Les médecins des Brewers avaient eux-mêmes rédigé mon dossier médical. Par conséquent, ils savaient qu'il était possible que je me blesse à nouveau.

En signant un contrat des mineures, les Brewers n'allaient pas être obligés de me verser un salaire des majeures si je me blessais au camp ou si mes performances printanières ne s'avéraient pas suffisamment convaincantes pour décrocher un poste.

Cette situation me convenait. Ils m'avaient fort bien traité en 2008 et je comprenais parfaitement qu'en raison de mes blessures, je n'avais pas été en mesure de justifier cet investissement.

Je me suis donc soumis à une imagerie par résonance magnétique et le résultat de l'examen s'est avéré très positif. Les médecins qui ont scruté mon épaule n'y ont décelé qu'une usure normale pour un lanceur de 33 ans.

Nous avons ensuite signé le contrat des ligues mineures que nous avions négocié avec les Brewers, une entente qui ressemblait beaucoup à celle que nous pensions avoir conclue avec les Twins. À condition, bien sûr, que je parvienne à me tailler un poste.

Quand je me suis présenté au complexe de Maryvale, à Phoenix, à l'ouverture du camp, tout s'est déroulé à merveille. Par contre, dès l'instant où j'ai tenté d'« ouvrir la machine » au monticule, les douleurs à l'épaule sont réapparues.

Pour une raison que j'ignorais, j'étais parfaitement à l'aise quand je lançais la balle à 80 % de ma force maximale. Mais aussitôt que je tentais d'atteindre le plateau suivant, j'en étais tout simplement incapable. La douleur était trop vive.

Le directeur général Doug Melvin et son adjoint Gord Ash m'ont alors rencontré.

— Il est clair que tu ne pourras entreprendre la saison, alors il y a deux possibilités qui s'offrent à nous, a indiqué Melvin. Nous pouvons te libérer et signer un autre contrat ensemble quand tu auras soigné cette blessure, ou nous pouvons te garder avec nous dans les mineures pendant environ quatre ou six semaines, histoire de t'accorder le temps nécessaire pour guérir.

Je commençais à en avoir plein mon casque d'être constamment blessé et j'étais découragé. À vrai dire, je me sentais coupable de me retrouver à nouveau dans cet état. Lorsque nous avions paraphé notre contrat, j'avais assuré les dirigeants des Brewers que tout était rentré dans l'ordre. Ce dont j'étais d'ailleurs convaincu.

— Libérez-moi, ai-je tranché. Libérez-moi et je reviendrai vous voir si je parviens à retrouver la forme.

Nous nous sommes quittés là-dessus.

Il était désormais très clair que ma carrière allait prendre fin si je ne parvenais pas à changer le cours des choses et à me débarrasser de cette blessure chronique. Pour une fois, j'ai donc décidé d'accorder à mon corps tout le temps dont il avait besoin pour guérir et j'ai entrepris un traitement de prolothérapie.

La prolothérapie parvient souvent à soigner des blessures aux ligaments et aux tendons que la physiothérapie et les médicaments traditionnels ne sont pas capables de guérir complètement.

Cette méthode consiste à faire des injections directement dans les tissus blessés. On crée ainsi une nouvelle inflammation, une nouvelle blessure qui se développe dans un environnement contrôlé et qui force le système immunitaire à réagir et à renforcer les ligaments et tendons exactement à l'endroit où ils sont usés.

La prolothérapie se situe aux antipodes des méthodes traditionnellement employées dans le monde du sport professionnel. Pressée par le temps et les exigences de la performance, la médecine du sport professionnel ne vise souvent qu'à masquer la douleur pour renvoyer l'athlète blessé sur le terrain le plus rapidement possible.

Ma période de traitements et de repos a duré environ deux mois. J'ai par la suite recommencé à lancer en douceur et les soins qu'on m'avait prodigués semblaient avoir donné de bons résultats.

Vers la fin du mois de mai, alors que je disputais une ronde de golf avec des amis dans la région de Montréal, j'ai annoncé à mes partenaires de jeu que j'avais décidé de me reconvertir en lanceur partant. Cela m'apparaissait être la seule manière de pouvoir regagner une place dans les majeures.

C'était une simple question de logique. Depuis 2004 mon corps m'avait clairement exprimé, à maintes reprises, qu'il n'était plus capable de supporter la charge de travail continue et les courtes périodes de récupération qui sont le lot des releveurs. En devenant partant, j'allais dorénavant pouvoir bénéficier de quatre jours d'entraînement et de repos entre chaque départ. Et cela allait fort probablement me permettre d'être frais et dispos à chaque fois que j'allais prendre place au monticule.

Aussi, compte tenu de l'expérience que j'avais acquise dans les majeures, j'étais convaincu de pouvoir me réadapter assez facilement au rôle de lanceur partant.

Mais voilà, je ne voulais pas vraiment procéder à cette transition au sein d'un club-école d'une équipe des ligues majeures. Je cherchais un environnement qui allait me permettre de retrouver la forme à mon rythme, sans avoir à subir la pression des résultats rapides. Je cherchais avant tout à retrouver la forme. Par ailleurs, j'arrivais à la mi-trentaine et j'étais père de famille. Il n'était donc pas question que je m'installe loin de ma femme et de mes enfants pendant des mois. Pas pour jouer dans les mineures en tous cas.

Pendant cette fameuse ronde de golf, par simple curiosité, j'ai demandé à l'un de mes amis si les Capitales de Québec attiraient des foules intéressantes. Depuis le départ des Expos, je m'interrogeais souvent sur la popularité et l'avenir du baseball au Québec.

À mon grand étonnement, mon interlocuteur m'a répondu que la petite équipe de Québec jouait souvent devant des foules de 4 000 spectateurs et qu'elle était gérée de manière très professionnelle.

Les Capitales de Québec évoluaient dans la ligue Can-Am et les équipes de cette ligue professionnelle étaient indépendantes, dans le sens où elles n'étaient pas affiliées à des organisations du baseball majeur.

L'équipe était alors dirigée par Michel Laplante, un ex-lanceur qui avait connu une carrière pour le moins phénoménale. Originaire de l'Abitibi, Laplante avait pratiqué le tennis durant presque toute son enfance et il n'avait commencé à jouer au baseball qu'à l'âge de 18 ans. Cela ne l'avait toutefois pas empêché de connaître une belle carrière de 14 saisons dans les rangs professionnels mineurs, au sein des organisations des Pirates de Pittsburgh, des Braves d'Atlanta et des Expos, notamment.

En me faisant raconter à quel point les Capitales étaient populaires à Québec et en entendant parler du professionnalisme avec lequel cette petite organisation était menée, je me suis demandé si je ne venais pas de trouver l'endroit idéal pour tenter une nouvelle ascension vers le baseball majeur.

Je n'avais pas porté les couleurs d'une équipe québécoise depuis 15 ans. Et à cause de la honte que j'avais ressentie lors de la parution du Rapport Mitchell en 2007, je n'avais pas depuis remis les pieds au Québec. J'avais aussi évité, le plus possible, tout contact avec les médias de chez nous.

Et puis, à ce stade, je savais que je n'en avais plus pour très longtemps à jouer. Je me disais qu'il s'agissait d'une belle occasion de revenir aux sources et de donner une partie de ce qui me restait aux amateurs de baseball de mon coin de pays. En plus, Québec était une ville agréable où j'allais pouvoir installer notre famille durant la saison, tout en permettant à nos enfants de baigner dans un environnement français.

— Est-ce que ça te gênerait de téléphoner à Michel Laplante et de lui demander s'il aurait une place pour moi dans son équipe ? ai-je demandé à mon ami.

— Certainement ! Je vais l'appeler dès aujourd'hui, a-t-il répondu.

À ma grande surprise toutefois, cet appel n'a pas tout à fait eu l'effet escompté chez les dirigeants des Capitales.

Laplante était évidemment aguiché par la perspective d'accueillir un ex-récipiendaire du trophée Cy Young au sein de son organisation. Il s'agissait à la fois d'un immense coup de marketing pour les Capitales et pour la ligue, ainsi que d'une occasion d'ajouter un joueur compétitif à son alignement.

Mais en même temps, cette offre que j'avais lancée créait un immense malaise dans les bureaux de l'équipe.

Michel Laplante avait développé et monté cette organisation autour d'une valeur qui était pour lui fondamentale : la loyauté. Cela signifiait que les Capitales prenaient bien soin de leurs joueurs et qu'au lieu de considérer leurs athlètes comme des pièces interchangeables, ils misaient sur la stabilité et ne touchaient à peu près pas à leur noyau d'une saison à l'autre.

Leur vestiaire était donc tissé extrêmement serré. Et cela donnait des résultats parce que les Capitales étaient un véritable *success story* sportif. Ils accumulaient les championnats de la ligue Can-Am de manière presque routinière.

Laplante ne pouvait m'ouvrir les portes de son vestiaire parce qu'un règlement de la ligue interdisait aux équipes d'aligner plus de quatre joueurs comptant six ans ou plus d'expérience dans les rangs professionnels. Cette contrainte, d'ailleurs, venait tout juste de créer une commotion chez les Capitales.

Le receveur québécois Pierre-Luc Laforest, qui s'était hissé jusqu'aux majeures dans l'uniforme des Devil Rays de Tampa Bay, des Padres de San Diego et des Phillies de Philadelphie, venait tout juste de se joindre à l'équipe. Et pour lui faire une place, Laplante avait été confronté exactement au même dilemme.

Quand Laforest avait fait part de son désir d'aller jouer à Québec, l'équipe misait déjà sur ses quatre vétérans comptant six années d'expérience chez les pros. Il avait alors fallu que Patrick Scalabrini, pourtant l'une des vedettes québécoises des Capitales, propose lui-même de raccrocher son gant et de devenir entraîneur des frappeurs pour que l'on puisse faire une place à Laforest.

— Je prends ma retraite dans l'intérêt du baseball québécois et dans l'intérêt des Capitales, avait alors expliqué Scalabrini. Nous ne pouvons rater l'occasion d'embaucher un joueur comme Laforest. Si je peux l'avoir au sein de mon équipe, ça ne me dérange pas de devenir spectateur.

Sans ce geste hautement altruiste de Scalabrini, Laforest n'aurait probablement jamais endossé l'uniforme des Capitales. Et ce, même s'il avait déjà évolué dans les majeures.

Michel Laplante m'a donc téléphoné afin d'expliquer qu'il ne voulait pas – et ne pouvait pas – rouvrir ce genre de débat pour une deuxième fois en l'espace de quelques semaines. Dans l'immédiat, malgré tout ce que j'avais accompli dans le monde du baseball, il n'y avait donc pas de place pour moi au sein de son équipe.

— Je veux que tu viennes jouer pour nous, mais je ne peux pas le faire, a-t-il expliqué. Je sais que ça peut paraître ridicule de dire non à un joueur comme toi. Mais pour les joueurs de notre équipe, le poste qu'ils détiennent est en quelque sorte toute leur vie. Ils ont déménagé ici pour jouer avec les Capitales et ils ne gagnent pas beaucoup d'argent. Ce serait contre toutes nos valeurs de libérer l'un de nos quatre vétérans dans des circonstances pareilles.

Sur le coup, je dois avouer que mon ego a encaissé un petit choc. Je me demandais comment le gérant d'une équipe indépendante pouvait lever le nez sur un joueur de 34 ans qui arrivait directement des ligues majeures et qui était, de surcroît, un ex-joueur étoile.

Mais en même temps, je savourais littéralement le discours que Laplante était en train de me servir. J'avais au bout du fil un dirigeant d'équipe qui aimait et défendait ses joueurs! J'éprouvais donc beaucoup de respect pour la position qu'il avait adoptée. Je me disais qu'à sa place, la quasi-totalité des hommes de baseball m'auraient probablement ouvert les portes sans hésiter et sans trop se soucier de l'autre joueur qu'ils auraient eu à congédier.

De mon côté, j'avais encaissé pas mal d'argent dans ma carrière et je n'étais plus obligé de jouer pour gagner ma vie. La possibilité de porter les couleurs des Capitales était pour moi une option parmi d'autres, un chemin que je voulais emprunter pour tenter un retour dans les grandes ligues. Mais les joueurs des Capitales, eux, n'avaient pas d'autre option. Leur poste au sein de cette équipe était leur gagne-pain.

— OK, Michel. Il n'y a aucun problème. Je respecte énormément ta position et ta philosophie. Et je ne veux surtout pas déranger ou créer de conflit au sein de votre équipe, ai-je répondu.

— J'ai quand même quelque chose à te proposer, a renchéri Laplante. Si tu veux venir t'entraîner avec nous, tu es le bienvenu. Tu auras un receveur à ta disposition et ça te permettra de retrouver la forme à ton rythme et de t'intégrer au sein de l'équipe. Si tu veux qu'on s'implique un peu pour travailler sur ta mécanique, nous allons le faire. Tu pourrais aussi conseiller nos lanceurs, ce qui serait extraordinaire. Puis en bout de ligne, des blessures surviendront inévitablement, et nous finirons par t'insérer dans l'alignement.

J'ai demandé à Michel de me laisser le temps d'y réfléchir un peu mais mon idée était presque faite. J'avais envie de revenir jouer chez nous. Au bout de quelques jours, je l'ai donc rappelé.

— Écoute, Michel, ton offre m'intéresse. C'est une expérience que j'aimerais vivre.

Le plan était alors très clair. J'allais me joindre aux Capitales et m'entraîner avec eux pendant plusieurs semaines, jusqu'à ce que l'occasion de m'insérer dans l'alignement finisse par se présenter.

Le 26 mai, à 48 heures du début de la saison de la ligue Can-Am, le site internet RueFrontenac.com a annoncé en primeur mon arrivée chez les Capitales.

Dans les bureaux de l'équipe, les appels se sont alors mis à fuser de partout. Pour les médias nationaux canadiens et américains – certains ignoraient même l'existence de la ligue Can-Am –, il s'agissait d'une nouvelle pour le moins inusitée.

Dans le monde du baseball professionnel, on regarde souvent le baseball indépendant de très haut, comme s'il s'agissait de l'échelon le plus bas auquel un joueur puisse s'accrocher. Un peu tout le monde se demandait donc ce qu'un ex-récipiendaire du trophée Cy Young pouvait bien vouloir prouver en allant jouer à Québec. Peu de gens comprenaient ce que j'essayais d'accomplir.

Avant même que j'aie le temps de me rendre à Québec, Michel et moi avons toutefois été contraints d'oublier la planification que nous avions faite.

Les Capitales étaient allés disputer une série de matchs au New Jersey et l'un de leurs quatre vétérans, le lanceur Orlando Trias, s'était gravement blessé au coude. Sa saison était foutue.

Je me suis donc présenté à Québec plus rapidement que prévu. Et les Capitales ont organisé une conférence de presse afin d'officialiser mon arrivée au sein de l'organisation.

Assis à mes côtés, Laplante était parfois mal à l'aise durant cette rencontre avec les représentants des médias. Il était au courant de ma situation et les questions des journalistes démontraient assez clairement qu'on s'attendait à me voir réussir 15 retraits sur des prises à chaque partie.

J'essayais d'expliquer que je devais avant tout retrouver la forme et que dans les camps d'entraînement, il n'était pas rare qu'un lanceur des majeures se fasse solidement cogner par des frappeurs de niveau A ou AA. Peu importe l'échelon où ils se situent, les joueurs professionnels sont des joueurs professionnels. Tous les jours, ils font tous face à des lanceurs dont la rapide file à plus de 90 milles à l'heure.

Au sein de l'organisation, joueurs et entraîneurs ont alors commencé à se demander si je ne venais pas de me «peinturer dans un coin» en décidant d'aller jouer à Québec.

— Gagné a tout à perdre. S'il domine outrageusement, les gens se diront que c'est normal. Et s'il éprouve des difficultés, ils diront qu'il est fini.

Dès mon arrivée, le gérant des Capitales a constaté qu'il venait de mettre la main sur un lanceur qui voulait toujours qu'on lui remette la balle.

— Pourquoi ne pas entreprendre un match le plus rapidement possible? lui ai-je demandé.

Méthodique, Laplante avait l'habitude de planifier minutieusement les sorties de ses lanceurs et d'exercer un suivi constant de leurs performances. Mais durant cette saison 2009, je l'ai pour ainsi dire forcé à développer des talents d'improvisateur et de négociateur!

Il a souvent répété que parmi tous les lanceurs qu'il avait côtoyés au cours de sa vie, j'étais celui qu'il avait eu le plus de difficulté à retirer des matchs.

— Ç'a pas d'allure! Si je te laissais décider, tu ferais 150 lancers à tous les matchs! déplorait-il.

Après quelques semaines, peut-être un mois, ces négociations sans fin sont cependant devenues une sorte de jeu entre nous. Pour favoriser la guérison de mon épaule, Michel essayait de gérer le nombre de lancers que j'allais effectuer dans chaque match. Par exemple, si la limite était fixée à 80 lancers, il venait éventuellement me voir entre les manches pour me dire :

— Je te laisse encore faire 10 lancers et je te sors.

— Non ! Je me sens bien ! Je peux facilement en faire 25, répliquais-je.

Et nous finissions généralement pour nous entendre sur une limite de 15 lancers supplémentaires.

Quand j'étais au monticule et que je savais que ma limite de lancers avait été atteinte, j'essayais de le prendre de court avant qu'il ne quitte l'abri. Discrètement, je déployais mes doigts le long de ma jambe afin de lui faire savoir que je voulais effectuer trois ou quatre lancers de plus.

Parfois, entre les manches, nous nous rendions dans le tunnel menant au vestiaire afin de pouvoir «négocier» plus librement. Les autres joueurs de l'équipe rigolaient. En d'autres occasions, dès que je le voyais s'attarder sur le nombre de lancers que j'avais effectués, j'allais directement le voir et j'essayais de le faire changer d'avis.

— Hey Michel, ça va super bien ! Je suis vraiment en train de retrouver mon rythme...

La plupart du temps, il souriait et disait :

— C'est bon, c'est bon...

Michel avait du respect pour ce que j'avais accompli dans le baseball et il me laissait de la latitude. Toutefois, il m'est parfois arrivé d'aller trop loin et de m'obstiner avec plus d'insistance pour rester impliqué dans certains matchs. Pierre-Luc Laforest, notre receveur, venait alors à sa rescousse.

— Non, non ! Crisse, Éric, c'est assez ! T'as suffisamment lancé aujourd'hui. Il faut que tu penses à ton prochain départ.

Lorsqu'ils s'y mettaient à deux pour réfréner mes ardeurs, j'avais moins d'arguments.

Laplante et moi avons disputé ensemble un nombre incalculable de parties de golf cet été-là. Nous nous connaissions déjà depuis plusieurs années quand j'étais arrivé avec l'équipe, mais pas vraiment intimement. Nous avons fini par développer une excellente relation. Une belle amitié, même.

Michel et moi avions toutes ces discussions par rapport à mon utilisation parce qu'il se préoccupait de mon bien-être et qu'il voulait que je réussisse mon retour dans les majeures. Je l'avais compris dès le premier jour : il aimait et défendait ses joueurs. Nous avons donc fini par trouver un *modus operandi* qui satisfaisait tout le monde et qui lui permettait de mener l'équipe à sa façon.

Peu de temps après cette première conférence de presse, donc, nous avons établi que j'allais effectuer mon premier départ le samedi 13 juin, à Québec.

Le vieux stade municipal contenait 4 000 places et les Capitales ont vendu près de 5 500 billets à la suite de cette annonce. Une situation comme celle-là n'était jamais survenue auparavant.

Le soir du match, les plus vieux amateurs de baseball de la ville disaient n'avoir jamais ressenti une telle fébrilité dans cette enceinte, pourtant inaugurée en 1938. Depuis sa construction, le stade municipal avait été le domicile de grandes équipes. Dans les années 1970, il avait même abrité le club-école AA des Expos et les gens de Québec s'y étaient entassés pour voir jouer de futures vedettes des majeures comme Gary Carter, Andre Dawson, Larry Parrish, Steve Rogers et Ellis Valentine.

Cette foule inhabituelle qui franchissait les tourniquets pour mon premier match posait des problèmes logistiques assez considérables et tout le personnel administratif des Capitales avait été mobilisé pour tenter de les solutionner.

Pendant ce temps, Michel Laplante, lui, était engagé à fond dans l'opération « Protégeons Éric Gagné ».

Michel m'avait observé quand j'avais lancé sur les lignes de côté au cours des jours précédents et ce qu'il avait vu ne l'avait pas renversé. Mes séances dans le *bullpen* avaient été correctes, sans plus. Mes lancers n'avaient pas vraiment de vélocité ni de mordant.

Il savait que je revenais de loin, que j'étais en train de me rétablir d'une blessure sérieuse et que le processus allait être long. Mais en même temps, il était conscient que tous les gens qui franchissaient les tourniquets avaient payé pour voir lancer un récipiendaire du trophée Cy Young. Il était donc extrêmement nerveux pour moi et il se demandait si j'allais pouvoir y aller plus à fond dans le cadre d'une vraie compétition.

Pour ma part, j'avais perdu l'habitude d'entreprendre des matchs. Et avant ce fameux premier rendez-vous à Québec, je suis allé m'échauffer beaucoup trop tôt. Après quelques minutes, me rendant bien compte que j'allais finir par me vider de toute mon énergie avant le premier lancer de la rencontre, j'ai décidé de faire une pause et d'aller m'asseoir au champ extérieur avec Pierre-Luc Laforest. Notre gérant est venu nous y rejoindre.

— Les gars, j'ai rarement été nerveux comme ça avant un match, ai-je annoncé en brandissant une main droite tremblotante.

Pierre-Luc et Michel ont semblé très surpris par ma confession. Ils se demandaient comment un type habitué de lancer tous les soirs devant des foules de 56 000 personnes au Dodger Stadium pouvait ressentir de la nervosité à l'idée de jouer au stade municipal de Québec.

Mais ce n'était pas le match qui m'effrayait. M'installer au monticule et lancer des balles était ce que je savais faire le mieux. C'était le seul job que j'avais eu dans ma vie. Cette petite butte était mon bureau, l'endroit où je me sentais le plus à l'aise. Presque en sécurité. Je ne craignais donc pas de lancer ce match, même si je n'étais pas physiquement prêt à le faire.

C'étaient plutôt les séquelles du Rapport Mitchell qui me rendaient anxieux. Pour la première fois depuis la publication de ce document, j'allais être présenté à une foule exclusivement québécoise et j'appréhendais la manière dont les gens allaient m'accueillir. Je me sentais mal d'avoir évité de revenir chez nous et d'avoir gardé le silence durant tout ce temps. Je ne savais pas si on allait m'en tenir rigueur.

De façon générale, je m'attendais à ce que l'accueil soit plutôt favorable. Mais un groupe de spectateurs hargneux n'a pas nécessairement besoin d'être très imposant pour gâcher la journée d'un athlète. Je l'avais appris à Boston.

Quand je me suis dirigé vers le monticule avant l'interprétation des hymnes nationaux, les gens se sont levés d'un seul trait et ils m'ont servi une ovation de plusieurs minutes. Ému et soulagé, je me suis mis à pleurer comme un enfant. Derrière ces applaudissements et ces cris, j'entendais: «On se fout du passé. Nous sommes juste contents que tu sois là et nous allons te supporter à 100 %.»

Cette démonstration signifiait beaucoup pour moi. Elle démontrait que malgré les erreurs que j'avais commises, les gens avaient apprécié ce que j'avais accompli dans le baseball majeur.

Pour ce qui est de lancer, par contre, malgré l'incroyable accueil auquel j'avais eu droit, je n'étais pas prêt à performer de façon acceptable dans un match. Je le savais mais je voulais recommencer à lancer le plus rapidement possible parce qu'après mes traitements de prolothérapie, les médecins avaient été catégoriques :

— Il faut que tu lances. La seule façon de réparer ton bras, c'est de continuer à lancer. Maintenant, il ne nous reste qu'à espérer que ça rentrera dans l'ordre.

Quand le match a débuté, j'ai ressenti un étrange *feeling*. À peine quelques mois auparavant, je lançais en série de division contre les futurs champions de la Série mondiale et je me battais pour retirer Jimmy Rollins et Chase Utley. Et là, je me retrouvais au stade municipal de Québec face aux Skyhawks de Sussex. Mes adversaires s'appelaient désormais Crespi, Bardequez, Jova ou Kmiecik…

Et quelques minutes après le début de la rencontre, Crespi, Bardequez, Jova et Kmiecik faisaient la loi dans le stade, qui fut soudainement plongé dans le silence le plus total. J'avais accordé un simple, un double et deux buts sur balles aux quatre premiers frappeurs à me faire face et il y avait autant de circulation sur les sentiers que sur le pont Pierre-Laporte.

À un certain moment, les Skyhawks avaient trois points au tableau et deux coureurs sur les sentiers alors que nous n'avions enregistré qu'un seul retrait. Dans l'abri comme dans les gradins, je sentais le malaise s'installer et grandir. En silence.

On aurait pu entendre une aiguille tomber sur le marbre. Dans l'abri, Michel avait les mains moites et se demandait comment il allait pouvoir mettre fin à ce carnage de manière élégante.

Soudain, un spectateur s'est levé dans les gradins. Et à pleins poumons, il s'est écrié :

— Ériiiiic ! On t'aime et on est avec toi !

Puis d'un seul trait, la foule s'est levée pour recommencer à applaudir. Cette scène émouvante a complètement changé l'allure de la soirée.

Nous sommes revenus au bâton avec un déficit de 0-3. Toutefois, mes coéquipiers ont pris les choses en mains, répliquant avec quatre points.

Nous avons finalement remporté la rencontre au compte de 7 à 6. J'ai quitté le monticule après quatre manches et deux tiers de travail, au cours desquelles j'ai concédé neuf coups sûrs et quatre buts sur balles.

C'était loin d'être un triomphe mais la glace était brisée. Ma période de rééducation était bel et bien amorcée. Et aussi curieux que cela puisse paraître, je venais aussi d'entreprendre l'une des plus amusantes saisons de ma vie.

Durant l'un de mes matchs subséquents avec les Capitales, je venais d'accorder un coup sûr et il y avait quelques coureurs sur les sentiers quand Michel a décidé de me rendre visite au monticule. Il s'approchait d'un air sérieux. Je pense que ça l'intimidait parfois un peu, étant donné nos expériences différentes, de venir me parler de mécanique ou de m'offrir un conseil.

Quand il est arrivé au monticule, j'avais le sourire fendu jusqu'aux oreilles.

— Pourquoi tu ris?

— Pat Deschênes vient de me remettre la balle. Ça fait longtemps que je n'ai pas entendu mon troisième-but me remettre la balle en disant "*Come on*, Éric, tabarnac! T'es capable!"

Au fil des semaines, je me suis mis à apprécier ces petits moments anodins. Le simple fait de voir Pat Deschênes, Ivan Naccarata, Pierre-Luc Laforest et Michel converger vers le monticule pour tenir des caucus en français me faisait sourire. Je me disais que j'avais bouclé la boucle et que j'étais bel et bien revenu chez nous. Ça me faisait du bien parce que mes dernières années dans les majeures m'avaient fait perdre une partie de mon enthousiasme, de mon émerveillement.

Par-dessus tout, le spectacle que j'appréciais le plus était celui que mes coéquipiers m'offraient – sans le savoir – tous les jours. On aurait dû tourner une télé-réalité sur cette équipe tellement on y retrouvait des personnages et des caractères différents.

Quand j'avais pris la décision d'aller à Québec, j'avais d'abord imaginé que j'allais replonger dans une atmosphère semblable à celle qu'on retrouve dans les club-écoles des ligues majeures. Dans ces équipes, de façon générale, chaque joueur fait sa petite affaire sans vraiment se soucier de l'aspect collectif.

Or, je me retrouvais au sein d'un groupe de joueurs qui se soutenaient, qui se respectaient et qui étaient des amis.

La plupart des joueurs de l'équipe avaient évolué – à divers niveaux – dans le cadre rigide du baseball professionnel, où il fallait faire le moins de vague possible. Et il était clair que tous étaient heureux de se retrouver dans un autre contexte et de pouvoir, à nouveau, faire preuve de spontanéité et exprimer leur vraie nature.

Cette expérience m'a vraiment permis de redécouvrir l'esprit qui m'avait animé et pour lequel je m'étais imposé tant de sacrifices plusieurs années auparavant : le pur amour du baseball.

J'ai réalisé à quel point mes coéquipiers jouaient par amour du baseball. Ils étaient passionnés par la *game*. Ils étaient bien sûr payés pour jouer, mais à 1 200 $ ou 1 500 $ par mois, cela constituait en quelque sorte une perte financière par rapport à ce qu'ils auraient pu toucher en occupant un emploi conventionnel.

Le propriétaire des Capitales, Miles Wolf, avait été froissé par une déclaration que j'avais faite un jour dans le cadre d'une entrevue avec un grand quotidien américain. J'avais alors fait référence à une «ligue de garage» en évoquant l'ambiance qu'on retrouvait au sein de notre vestiaire. Je parlais alors de notre incroyable esprit d'équipe et des liens d'amitiés qui unissaient nos joueurs.

Le calibre de jeu de la ligue Can-Am était nettement plus relevé que je l'avais imaginé au départ. À mon avis, cela se comparait au niveau AA dans les ligues mineures, sauf que les joueurs y étaient un peu plus âgés. Mais le journaliste, au grand dam de Miles Wolf, avait titré que je jouais dans une ligue de garage...

À mon arrivée à Québec, les gars ne semblaient pas trop savoir à quoi s'attendre. On aurait dit qu'ils pensaient que j'allais me présenter avec une attitude un peu *Big League* et que j'allais les regarder de haut. Au contraire, j'essayais de les aider et de partager mon expérience avec eux.

C'était vraiment sympathique ! Les jeunes posaient beaucoup de questions. Ils voulaient savoir à quoi ressemblait la vie dans les ligues majeures. Ils voulaient tout savoir ! Tant au sujet du métier proprement dit que des extravagances qui pouvaient à l'occasion survenir à l'extérieur du terrain.

Ce contact avec les joueurs des Capitales m'a fait réaliser à quel point j'avais été chanceux de connaître une aussi belle carrière. Lorsqu'on débarque au sein du *Show*, on est d'abord ébahi par tout ce qui nous entoure. Mais après quelques saisons, les millions pleuvent. Le baseball reste alors un jeu, mais on en vient à se concentrer uniquement sur l'entraînement, les performances et les contrats. Et on finit par oublier les véritables raisons qui nous faisaient aimer ce sport.

Dans l'uniforme des Capitales, j'ai redécouvert à quel point les duels avec les frappeurs m'allumaient. Peu importe l'identité des gars qui se trouvaient à 60 pieds et demi du monticule, et peu importe que je lance à 82, 89 ou 92 milles à l'heure, j'essayais quand même à 100 % de les retirer.

J'ai réalisé que c'était pour livrer chacun de ces duels que j'avais tant aimé le baseball. Et je me suis rendu compte que lorsque j'optais pour une stratégie et que je parvenais à l'exécuter pour retirer un frappeur de la ligue Can-Am, je ressentais la même chose que quand j'avais retiré Juan Pierre, J.T. Snow ou Barry Bonds dans les majeures.

Cet été passé à Québec m'a permis de voir les choses d'un regard différent et de mettre plusieurs éléments de ma vie en perspective.

D'un point de vue familial, cette saison passée chez les Capitales s'est aussi avérée extraordinaire. Juste avant notre arrivée, l'équipe nous avait déniché une jolie maison aux abords du fleuve et nous y avons passé de beaux moments.

Nos trois plus jeunes enfants, Maddox, Bluu et Harley, ne m'avaient pas vraiment vu lancer au cours des trois années précédentes. Ils étaient de toute manière très jeunes et n'avaient à peu près aucun souvenir de la carrière de leur père dans les majeures. Ils ont donc eu la chance de me voir œuvrer au monticule, même s'il ne s'agissait pas d'un monticule des grandes ligues.

Et comme Michel ne m'obligeait pas nécessairement à accompagner l'équipe à l'étranger quand je n'avais pas de départ prévu (je poursuivais mon programme d'entraînement et de rééducation à Québec), nous passions davantage de temps en famille.

Nos parents et amis pouvaient aussi venir assister à mes matchs quand bon leur semblait. Ils n'avaient plus à se rendre à Los Angeles ou Chicago pour le faire. Je n'ai donc jamais eu à laisser autant d'enveloppes de billets au comptoir de courtoisie de toute ma vie. À elle seule, ma mère avait 16 frères et sœurs! J'ai sans doute été le plus important acheteur de billets des Capitales cet été-là!

Même si elle était on ne peut plus authentique, la vie des ligues mineures était loin d'être parfaite. En voyage notamment. En l'espace de quelque mois, j'étais passé du rythme de vie des ligues majeures et des suites du Ritz Carlton à des séjours au motel Super 8. Et encore, le Super 8 se situait vraiment dans une catégorie supérieure par rapport à d'autres hôtels qu'on retrouvait dans les petites villes de la ligue Can-Am.

Il y avait aussi les interminables trajets en autobus. La première fois que j'ai voyagé avec l'équipe, j'ai ressenti une sorte de mal de mer. L'autobus était moderne et extrêmement bien aménagé. On pouvait y dormir et tout. Mais même si le véhicule était extrêmement bien équipé, nous étions 30 ou 40 à l'intérieur et les trajets de 10 ou 12 heures me semblaient encore plus longs qu'ils ne l'étaient en réalité.

Pour contourner ce problème, j'ai demandé à mon père de ramener à Québec un «VR» (un motorisé) dont je venais de faire l'acquisition en Arizona. Les voyages de l'équipe ont alors pris une tout autre tournure. J'avais presque hâte de partir «sur la route» tellement nous avions du plaisir.

Il m'arrivait souvent de dénicher un chauffeur volontaire pour m'accompagner. Deux ou trois joueurs montaient alors à bord et nous disputions d'interminables parties de poker durant le trajet.

Une fois arrivés à destination, nous nous garions à proximité de l'hôtel où séjournait l'équipe et les gars finissaient tous par venir faire un tour à bord du motorisé pour prendre une bière ou jouer quelques parties de cartes. Au lieu de sortir avec mes coéquipiers dans un bar huppé de Los Angeles ou New York comme je l'avais fait dans le passé, nous nous réunissions à l'intérieur de mon *motorhome* dans un stationnement de Nashua. Et on jouait aux cartes. C'était vraiment trippant!

Quand un joueur des ligues majeures doit se soumettre à une période de rééducation dans les mineures, il est de coutume qu'il prenne soin de ses coéquipiers en les gâtant un peu. Comme je me trouvais dans cette situation à Québec, j'ai tenté de faire ma part pour agrémenter la saison de tous ces chics types qui m'entouraient.

Après mon premier départ avec l'équipe, quand notre séjour à domicile a pris fin, je suis allé voir Michel pour lui demander s'il n'y avait pas moyen de rehausser le niveau de confort des joueurs dans le vestiaire.

— Michel, on pourrait-tu avoir un divan et une télé dans ce *clubhouse*-là ?

Il était bien sûr d'accord.

Comme je n'accompagnais pas l'équipe lors de ce voyage, j'en ai profité pour aller faire un peu de magasinage. Et quand les gars sont rentrés au bercail quelques jours plus tard, il y avait un grand écran HD fixé au mur et un divan neuf pour permettre aux joueurs de relaxer.

Comme je l'avais fait à Los Angeles, j'aimais organiser des dîners d'équipe afin que les joueurs puissent passer ensemble du temps de qualité à l'extérieur du terrain. À l'occasion, je tentais de dénicher le meilleur restaurant de la petite ville où les Capitales séjournaient et je passais y faire une réservation pour nos joueurs et entraîneurs.

En d'autres occasions, il m'arrivait parfois d'appeler ou d'envoyer un texto à Michel pour lui dire :

— Ne m'attendez pas, je ne prendrai pas l'autobus avec l'équipe aujourd'hui.

Je passais alors chez Subway ou ailleurs pour faire préparer des sous-marins. J'allais ensuite faire quelques emplettes chez le boucher ou je complétais le tout par un petit saut à l'épicerie.

Quand les joueurs de l'autobus se présentaient au vestiaire, un lunch digne de ce nom les attendait.

L'activité sociale la plus amusante que j'ai organisée cette saison-là fut une partie de *paintball* qui avait eu lieu alors que l'équipe rentrait d'une série de matchs disputée à Sussex, au New Jersey.

J'avais accompagné l'équipe durant ce voyage mais la rotation de partants faisait en sorte que je ne devais pas lancer avant le vendredi suivant à Québec. Le lundi, j'étais donc allé voir Michel pour lui demander une permission spéciale.

— Est-ce que ça te dérangerait si je rentrais à Repentigny tout de suite ? Ça me permettrait de bien préparer la journée d'activités pour les gars.

Je suis donc monté à bord du premier vol et je suis rentré à Montréal.

Le mercredi après-midi, dans les minutes précédant le dernier match de la série, Michel a pris soin de rappeler à tout le monde que la journée de congé du lendemain allait être spéciale. Les joueurs, d'ailleurs, anticipaient cette fête depuis des semaines.

— Les gars, nous allons probablement avoir droit à un incroyable party demain. Assurons-nous de remporter ce match afin de profiter au maximum de cette journée de congé.

L'équipe a remporté le match de manière spectaculaire en neuvième manche et tout le monde avait le cœur joyeux en remontant à bord de l'autobus.

Pendant ce temps, je me trouvais chez Ludger et Solange, les parents de Valérie. Ces derniers possédaient un petit complexe de maisons mobiles aménagé aux abords du fleuve. Et juste en face de leur maison, on retrouvait une île privée de 2,4 millions de pieds carrés, sur laquelle mon beau-frère Francis avait aménagé un terrain de *paintball*. Quelques années auparavant, j'avais aidé Francis à démarrer cette entreprise qu'il avait baptisée Le Fou de l'Île.

En fin de soirée, j'avais mis la dernière touche aux préparatifs et j'attendais fébrilement que l'autobus de l'équipe se pointe. Mais le chauffeur des Capitales s'était égaré. Je téléphonais à Michel à toutes les demi-heures.

— Sacrament! Qu'est-ce que vous faites?

— Nous sommes sur le point d'arriver, Éric. Tout est OK.

— Est-ce que les gars ont faim?

— Euh, oui. Ils ont faim.

— Je vous attends!

Quand les joueurs sont arrivés, deux grandes embarcations les attendaient. Tout le monde est monté à bord et nous nous sommes dirigés vers l'île.

C'était presque une scène de film. Des flambeaux avaient été installés pour illuminer les lieux et un gros feu de camp crépitait. Nous avions aménagé et rempli un bar juste à côté et il y avait des victuailles pour tout le monde. Il y en avait pour tous les goûts.

Tout le monde s'est rassasié, puis le chanteur Bob Bissonnette – mon ami Roberto – s'est installé avec sa guitare et nous avons festoyé jusqu'à 5 h du matin.

Les joueurs ont ensuite dormi quelques heures à bord de l'autobus. Disons que ça sentait l'esprit d'équipe lorsqu'ils se sont réveillés, deux ou trois heures plus tard. Puis nous sommes retournés sur l'île pour disputer nos parties de *paintball*. Tout était organisé de A à Z, et les joueurs ont vraiment apprécié leur journée.

Ils se sont même payé ma tête lorsqu'ils m'ont vu arriver avec mon uniforme et mon équipement digne de Rambo. En comparaison avec eux, j'étais équipé jusqu'aux dents! J'avais des milliers de balles en réserve et même une mitraillette. Ce *léger* avantage m'a permis de faire de très nombreuses victimes au cours de cette journée qui s'est avérée un point tournant de notre saison.

Le genre de fête qui reste longtemps en mémoire et qui rapproche tout le monde.

Aussi agréable était-elle au plan humain, cette saison à Québec n'en restait pas moins ardue d'un point de vue sportif. Même si je n'étais plus dans les majeures et que j'affrontais des joueurs moins aguerris, je connaissais des hauts et des bas. Au point où, à un certain moment, j'ai dû me résoudre au fait que mon corps n'allait probablement plus jamais me permettre de lancer comme je l'avais fait dans le passé.

Le 29 juin, alors que nous disputions un match à Nashua, au New Hampshire, j'ai atteint le fond du baril. Le plus bas niveau qui puisse être atteint par un lanceur professionnel.

Il s'agissait de mon troisième départ dans l'uniforme des Capitales. Il pleuvait abondamment et il y avait peut-être 25 ou 35 spectateurs dans les gradins. Le stade (ou plutôt le parc) où évoluaient les American Defenders n'était pas éclairé convenablement. L'avant-champ était dans un état lamentable. Bref, la motivation était difficile à trouver quand j'ai entrepris ce match.

J'ai accordé un point et deux coups sûrs en première manche. Et en deuxième, le ciel m'est tombé sur la tête. Nos adversaires ont explosé de six coups sûrs – tous des simples – pour inscrire quatre points supplémentaires.

Il n'y avait rien qui fonctionnait. Les conditions de jeu étaient pitoyables. Mes lancers atteignaient peut-être 82 ou 84 milles à l'heure et je me faisais joyeusement ramasser.

J'arrivais directement des ligues majeures. J'avais beau être en période de rééducation, il n'était pas normal que je me fasse cogner avec autant d'autorité dans la ligue Can-Am. Avec une expérience aussi vaste que la mienne, un lanceur peut remporter un match de baseball même en lançant à 62 milles à l'heure.

À un certain moment, je me suis dit :

« *Fuck off*, hostie ! Je vais continuer à lancer quand même, ne serait-ce que pour permettre à Michel de préserver les bras des autres lanceurs. »

En quatrième, les American Defenders sont revenus à la charge avec trois autres coups sûrs, un double et deux circuits pour inscrire trois points supplémentaires.

Quand j'ai quitté le match après cinq manches, j'avais accordé 14 coups sûrs et 9 points, dont 8 étaient mérités. Et depuis mon arrivée chez les Capitales, j'avais lancé 20 manches et accordé 40 coups sûrs.

« *How low can you go ?* », comme disent les Américains.

Dans ma tête, quand j'ai quitté le parc ce soir-là, tout était terminé. Il n'était plus question de jouer au baseball. La scène avait été tellement désolante que mes coéquipiers étaient aussi convaincus que j'allais plier bagages.

Durant la soirée, je suis allé voir Michel et je lui ai fait part de ma décision :

— C'est fini, Michel. Je l'ai plus pantoute et je suis écœuré. Je suis pas tanné de jouer. Je suis juste écœuré de ne plus être bon.

Il m'a écouté avec beaucoup d'empathie. La dernière chose que Michel souhaitait, c'était que ma présence dans la ligue Can-Am se transforme en cirque. Malgré mes déboires, il prétendait avoir vu des flashs intéressants depuis mon arrivée avec l'équipe. Et à son avis, le pari que j'avais fait de retourner dans les ligues majeures était toujours réalisable. Il y croyait.

— Éric, tu viens de lancer dans des conditions affreuses. Et nous savons tous les deux que tu ne retrouveras pas la forme du jour au lendemain. Nous avons une longue saison à disputer. Prends ça un jour à la fois. Tu dois remonter les échelons un par un.

Je ne l'écoutais plus. Dans ma tête, le sort en était jeté.

J'ai téléphoné à Valérie pour lui annoncer que l'expérience de Québec était terminée et que je raccrochais gant et souliers à crampons. Elle m'a conseillé de ne pas prendre une décision aussi importante sur un coup de tête et d'y réfléchir pendant quelques jours.

Quarante-huit heures plus tard, l'équipe était toujours à Nashua. Et comme Michel me l'avait recommandé, je me suis présenté au monticule d'exercice. À son avis, il suffisait de corriger certains détails techniques pour me remettre sur le droit chemin.

Cette séance dans l'enclos a finalement été le théâtre d'une conversation à trois qui fut assez musclée.

Ça faisait une dizaine de minutes que je lançais des balles. Pierre-Luc était accroupi derrière le marbre. Michel analysait mon élan.

Et je m'attardais sur mon changement de vitesse. C'est ce lancer déroutant et unique, que j'avais baptisé le *Vulcan change-up*, qui avait en grande partie été responsable des succès que j'avais connus dans les majeures.

J'étais convaincu qu'en parvenant à lui redonner son lustre, mon changement de vitesse allait me permettre de redevenir dominant. Michel et Pierre-Luc n'étaient absolument pas d'accord avec mon plan.

Plus je lançais des changements de vitesse, plus je me fâchais.

— Câlice, ça veut pas revenir ! Ça veut pas revenir !

La voix de Pierre-Luc s'est lors faite entendre.

— Ce *pitch*-là, en passant, il est pourri, a-t-il laissé tomber.

— Pardon ?

Le ton de nos voix s'est alors élevé d'un cran, mais toujours de façon respectueuse. Chacun allait droit au but parce qu'il n'y avait plus de temps à perdre. Au diable les susceptibilités !

— Regarde, Éric. Tu essaies de lancer comme tu le faisais quand ta balle rapide voyageait à 95 milles à l'heure. Mais ce n'est plus le cas. Dans le passé, tu déstabilisais les frappeurs en faisant passer tes lancers de 95 à 75 milles à l'heure. Mais aujourd'hui les frappeurs te perçoivent différemment. Il va falloir que tu apprennes à gérer le match autrement.

— Non, non ! Chu capable de retrouver mon *change-up* !

— Si ton bras ne passe plus à la même vitesse qu'avant, l'effet sur la balle ne sera plus jamais le même. Tu ne le retrouveras pas, ce lancer.

Leur argument était simple : si mes lancers atteignaient 84 milles à l'heure dans un match donné, Michel et Pierre-Luc me conseillaient de m'ajuster à la situation en donnant un peu plus de mouvement à mes lancers, en développant une *cutter*[1] par exemple, et en forçant l'adversaire à cogner des roulants. Et si j'atteignais 92 milles à l'heure dans une autre rencontre, je n'avais qu'à lancer en conséquence.

Il fallait, disaient-ils, que je cesse de rechercher le retrait sur des prises à tout prix.

Sur le coup, c'était un ajustement difficile à imaginer parce que tous les lancers qui m'avaient rendu dominant étaient encore bien présents dans ma tête. Et quand j'étais dominant, je savais longtemps d'avance comment j'allais retirer chaque frappeur.

Mais en même temps, j'avais l'esprit ouvert et j'étais prêt à modifier mon approche si on me démontrait que c'était logique.

J'ai vite reconnu que les arguments de Pierre-Luc et Michel avaient du sens. Après tout, d'autres lanceurs étaient passés par là avant moi et certains s'en étaient extrêmement bien tirés. D'ailleurs, j'avais toujours admiré des artilleurs comme Greg Maddux et Tom Glavine. Ils lançaient à 92 ou 95 milles à l'heure à leur arrivée dans les majeures et le temps avait fini par étioler la puissance de leurs lancers, mais ils s'étaient brillamment ajustés et ils étaient parvenus à rester efficaces pendant deux décennies.

La durabilité est une extraordinaire qualité qui n'est pas reconnue à sa juste valeur dans le monde du sport.

Lors de mes départs subséquents, je me suis donc efforcé de mettre en pratique les changements que Michel et Pierre-Luc avaient proposés. De toute manière, je n'avais pas vraiment le choix. Il me fallait dorénavant travailler avec les outils que j'avais.

Une telle chose m'était déjà arrivée lors de mes premières années dans les ligues mineures, juste avant que je subisse une greffe de

---

1. La *cutter* est une balle rapide que le lanceur tient légèrement différemment entre ses doigts. Au lieu d'avoir l'index et le majeur exactement derrière la balle au moment de la relâcher, l'axe est légèrement déplacé. Cela a pour effet de faire soudainement dévier la balle de sa trajectoire lorsqu'elle arrive au marbre.

tendon au coude. Sans que je sache pourquoi, mes lancers avaient alors perdu une dizaine de milles à l'heure. Et pendant presque une saison complète, j'avais tout naturellement fait les ajustements nécessaires pour continuer à retirer les frappeurs.

À compter de cette « mise au point », toutes les pièces du puzzle se sont mises à s'assembler. Dès la semaine suivante, j'ai connu un départ de bien meilleure qualité. Puis, lors de mes cinq matchs subséquents, l'adversaire a été limité à un, quatre, deux, zéro et deux points. Mes sorties étaient plus longues et plus constantes. Mes lancers avaient de l'étoffe et leur vélocité était redevenue digne des ligues majeures.

Les recruteurs de plusieurs organisations (les Phillies, les Blue Jays, les Mets et les Brewers, notamment) ont alors commencé à fréquenter le stade municipal.

Le 6 août, après m'avoir vu limiter les Skyhawks de Sussex à cinq coups sûrs et un point mérité, Michel a confié aux journalistes de Québec qu'il s'attendait à me voir quitter la ville.

— Éric a gagné son pari et il est nettement prêt à faire le saut dans le baseball affilié. Si ça arrive, il devrait se retrouver au niveau AAA. Je ne serais pas surpris de le voir quitter Québec prochainement tellement il est dominant, disait-il.

Interrogé par les mêmes journalistes, le recruteur des Brewers, Jean-Philippe Roy, tenait le même genre de discours :

— Ce n'est pas compliqué : Gagné s'amuse littéralement avec les frappeurs.

Finir la saison dans les majeures ! C'était l'objectif que je m'étais fixé depuis le début : d'abord retrouver la forme, et ensuite recevoir un coup de fil d'une équipe à la recherche de profondeur pour attaquer le dernier droit de la saison.

Cet appel, toutefois, n'est jamais venu.

Il ne me restait qu'à vivre mon expérience jusqu'au bout. J'allais compléter la saison – et en même temps ma carrière – à Québec.

En incluant les séries éliminatoires, il nous restait environ un mois de baseball à disputer quand il est apparu de façon assez claire qu'aucune organisation des majeures n'allait solliciter mes services. D'un point de vue professionnel, je n'avais à peu près plus rien à gagner.

Quand je me suis retrouvé dans ce cul-de-sac, Valérie et les enfants venaient de rentrer en Arizona pour préparer la rentrée scolaire. Les enfants devaient commencer à fréquenter l'école à la mi-août et il pleuvait constamment à Québec. Nous avions convenu qu'il valait mieux qu'elle les ramène à la maison quelques jours avant la rentrée afin qu'ils puissent se replonger dans leur petit monde et renouer avec leurs amis.

À compter de ce moment, j'ai frappé une sorte de mur et j'ai recommencé à plafonner sur le terrain. Mais en même temps, je n'avais rien à perdre non plus, et je me suis dit que j'allais offrir aux Capitales tout ce qui me restait dans le bras pour les aider à décrocher un autre championnat.

Une semaine avant le début des séries, je suis donc allé voir Michel pour parler stratégie.

— Michel, j'ai eu pas mal de succès comme *closer* au cours de ma vie. J'ai été pas pire dans ce rôle-là. Je veux juste que tu saches que si jamais tu voulais me faire commencer le premier match des séries, je pourrais revenir t'aider en relève dans la troisième ou la quatrième rencontre.

Il a acquiescé.

Le mercredi 9 septembre, j'ai donc entrepris la série qui nous opposait au Rox de Brockton. Ce départ s'est cependant avéré très ordinaire. J'ai accordé 9 coups sûrs et 7 points mérités en 7 manches de travail, mais nous sommes tout de même parvenus à nous en tirer avec une victoire de 8 à 7.

Ma vie de baseballeur tirait à sa fin et on aurait dit que mon corps avait reçu le message. J'ai ressenti au cours de ce match des douleurs au dos différentes – et nettement plus intenses – que celles avec lesquelles j'avais eu l'habitude de négocier dans le passé.

J'étais trop mal en point pour revenir en relève dans cette série, que nous avons remportée le dimanche suivant.

La série finale (un 3 de 5) devait se mettre en branle le mardi 15 septembre à Worcester, et j'étais désigné pour entreprendre le premier match.

La veille de la finale, nous avons profité de notre journée de congé pour réunir toute l'équipe sur un terrain de golf que nous aimions particulièrement, dans la région de Worcester. Nous avions baptisé ces sorties nos «journées de golf de rêve».

Ce jour-là, par contre, le rêve était assez douloureux. Cela faisait maintenant cinq jours que j'avais effectué mon dernier départ et l'état de mon dos ne s'améliorait pas. Il était clairement impossible que je puisse monter sur la butte le lendemain.

Je m'étais toujours fait un point d'honneur de saisir la balle lorsqu'on me la tendait. Mais pas cette fois. Il n'y avait rien d'autre à faire que de déclarer forfait. J'ai donc pris Michel en aparté :

— Ça ne va pas bien du tout. Je ne pourrai pas lancer demain. Et de toute manière, même si je lançais le premier match je ne serais pas en mesure de revenir dans le cinquième. Je suis désolé.

Michel a ainsi dû remanier sa rotation à quelques heures d'avis.

Après notre ronde de golf, j'ai demandé à notre gérant de me laisser rentrer à Québec pour que je puisse m'y faire soigner.

— Si tu le permets, je passerai les prochains jours à recevoir des traitements et je pourrai lancer le troisième match de la série, jeudi, ai-je fait valoir.

Le lendemain matin, je suis donc remonté à bord de mon motorisé pour rentrer à Québec. Et en soirée, nous avons perdu le premier match de la série finale.

Dans le deuxième affrontement, le mercredi soir, nous avons ensuite frôlé la catastrophe.

Nous menions 8 à 0 en neuvième manche et il y avait un retrait au tableau quand les Tornados ont entrepris une incroyable remontée. Contre toute attente, ils sont parvenus à égaler la marque et à provoquer la tenue de manches supplémentaires.

Nous sommes finalement parvenus à l'emporter au compte de 9 à 8. Puis l'équipe a voyagé toute la nuit pour rentrer à Québec et disputer le troisième match.

Mon dernier match.

La veille de cet affrontement, Valérie m'a téléphoné afin de savoir si ce match allait effectivement marquer la fin de ma carrière.

— Est-ce que je dois prendre l'avion ? S'il te plaît, dis-moi que tu vas relancer. Sinon, je monte à bord du premier vol. Je ne voudrais pas rater ton dernier match, avait-elle insisté.

— Val, je te promets que je vais lancer à nouveau. Je ne sais pas si j'aurai la chance de relancer dans un vrai match, mais je lancerai au camp d'entraînement le printemps prochain. C'est sûr.

Quand je me suis présenté au stade municipal en ce 17 septembre, une émotion particulière flottait dans l'air.

— Tu sais, Michel, je vais tout donner et je veux que tu me laisses dans le match le plus longtemps possible parce que ce sera probablement le dernier match de ma vie.

J'avais pris la peine de confirmer à Michel que ce match allait probablement être mon chant du cygne parce que je souhaitais qu'il en tienne compte dans sa façon de diriger la partie. Mais la rumeur courait déjà depuis quelques jours. Mes coéquipiers le savaient. Les médias y avaient fait allusion et, en conséquence, les gradins étaient remplis à pleine capacité.

Quand je me suis présenté dans le vestiaire, je n'étais définitivement pas dans le même état d'esprit que d'habitude, à la fois fébrile et totalement absorbé par la tâche à accomplir.

Je voulais conclure sur une note positive et j'étais confiant de pouvoir le faire. En même temps, chaque geste que je faisais dans ma préparation d'avant-match semblait se dérouler au ralenti.

Je sentais le regard de mes coéquipiers. Certains d'entre eux ne me regardaient pas du même œil. Dans le vestiaire, nous sentions tous qu'il se passait quelque chose.

Dès le premier lancer, tout cela s'est confirmé. Je lançais plus fort que je ne l'avais fait durant toute la saison et chacun de mes lancers avait plus d'étoffe qu'à l'habitude. J'étais seul dans ma bulle.

Il circulait une énergie unique dans l'enceinte.

Le premier frappeur des Tornados a mordu la poussière sur élan. Et nous avons retiré nos sept premiers adversaires à se présenter à la plaque.

En septième, nous détenions une avance de 4 à 1. Les Tornados avaient éparpillé cinq coups sûrs et j'avais récolté cinq retraits sur des prises. J'avais atteint le plateau des 80-85 lancers et les spectateurs, comme s'ils avaient voulu me transporter jusqu'au fil d'arrivée, ont commencé à bondir de leur siège à chaque fois que le compte d'un frappeur atteignait deux prises.

Considérant sa taille, le stade était extraordinairement bruyant. Les spectateurs réclamaient des *strikeouts*. Et je m'arrangeais pour leur en donner !

Pour la première fois de la rencontre, Michel est venu me parler avant la huitième manche. J'étais assis dans un coin de l'abri, seul. Et cette fois, il ne m'a pas parlé du nombre de lancers que j'avais effectués. Ça n'avait plus d'importance. C'était mon match.

Quand nous nous sommes élancés vers le terrain en huitième, le niveau de décibel était encore plus fort. Et les spectateurs n'étaient plus simplement debout. Ils étaient sur le bout de leurs pieds. J'avais des frissons. Et je me rendais compte que mes coéquipiers – mes chums – vivaient ces instants presque aussi intensément que moi.

En neuvième, quand j'ai quitté l'abri pour entreprendre ma toute dernière manche, la chanson *Welcome to the Jungle* a retenti dans les haut-parleurs du stade.

Les responsables de l'animation m'avaient demandé la permission d'utiliser ma chanson fétiche dans cet ultime match si jamais l'occasion s'y prêtait. Et comme il s'agissait d'une journée très spéciale, j'avais acquiescé. C'était la première fois depuis mon départ de Los Angeles que j'acceptais que l'on refasse jouer *ma* chanson.

Je croyais qu'on avait atteint la limite mais *Welcome to the Jungle* a survolté encore plus la foule. C'était du délire. Tout le monde était debout et hurlait à chaque lancer. Les gens ne s'étaient pas rassis depuis la septième manche et ils en redemandaient ! Ils étaient déchaînés.

Dans l'abri, tous les joueurs et entraîneurs étaient aux avant-postes. J'avais les larmes aux yeux, des papillons dans l'estomac.

Je me suis alors laissé transporter par la vague. J'ai embarqué et je me suis dit que je recommençais à zéro, que j'allais préserver ma propre victoire. Avec la musique et le délire de la foule, c'était comme si je faisais un bond dans le temps. Je me sentais comme à l'époque des Dodgers, en présence de 56 000 partisans.

Après deux retraits, le voltigeur de gauche des Tornados, Alex Pena, s'est présenté à la plaque. Et quand j'ai atteint le compte de deux prises avec lui, j'ai su que c'était la fin.

Il n'y avait plus de mal de dos, d'épaule, de hanche ou de coude. Seulement un lancer à effectuer.

Mon dernier lancer.

Mon premier réflexe fut d'opter pour une balle glissante. Puis je me suis dit :

« *Fuck* la glissante ! Je vais lancer le plus fort possible. »

J'ai pris une grande respiration et je me suis élancé en puisant tout ce qui me restait. Ma rapide était haute et le frappeur s'est élancé, en vain.

De l'abri et de partout sur le terrain, mes coéquipiers se sont précipités au monticule pour m'étreindre. Et spontanément, ils m'ont hissé sur leurs épaules.

C'est à ce moment que j'ai craqué. Après la descente aux enfers et toutes les épreuves que j'avais traversées, il ne pouvait y avoir de sensation plus grande que celle que je ressentais en tirant ma révérence de cette manière. En revivant cette émotion une dernière fois, après mon tout dernier lancer.

Les spectateurs étaient toujours debout. Ils applaudissaient et scandaient «Gaa-gné! Gaa-gné!» En même temps, chacun des membres de l'équipe venait me servir une accolade ou une amicale tape dans le dos.

Le moment était trop intense. Il fallait que je sorte. Je me suis donc précipité dans le tunnel menant au vestiaire.

Après avoir félicité mes coéquipiers, Michel s'est rendu compte que je n'étais plus là. Quand il est venu me retrouver au vestiaire, j'étais couché par terre et je pleurais comme un enfant.

— C'était ma dernière fois. J'ai tout donné…

— Éric, tu ne veux pas venir saluer la foule?

— Je ne suis pas capable.

— Prends ton temps…

J'ai fini par me relever et j'ai parcouru le tunnel en sens inverse. Michel marchait derrière moi. À l'autre extrémité, des dizaines de personnes m'attendaient en applaudissant. Et en arrière-plan, l'écho de la foule, qui scandait:

— Gaa-gné! Gaa-gné!

Dans notre maison en Arizona, Valérie écoutait Jacques Doucet décrire cette fabuleuse fin de match. Et elle regrettait amèrement de ne pas avoir fait le voyage.

Elle avait aussi regretté, au milieu de l'été 2004, d'être restée à la maison avec les enfants le jour où ma séquence historique de 84 sauvetages avait été brisée. Catastrophée, elle avait alors assisté par le truchement de la télévision à l'une des plus belles ovations jamais servies dans l'enceinte du Dodger Stadium.

Des gens lui ont parfois souligné qu'il était dommage qu'elle ait raté la plupart des plus beaux moments de ma carrière. Elle répondait alors en présentant l'autre côté de la médaille.

— J'ai peut-être raté les plus grands moments, mais j'étais là quand chacune des épreuves sont survenues. Et croyez-moi, Éric avait bien plus besoin de moi quand ça allait mal, soulignait-elle.

Elle avait raison.

La victoire a plusieurs pères et la défaite est orpheline, dit l'adage. Mais grâce à Val, durant toutes ces années et jusqu'à ce dernier lancer, je ne me suis jamais senti seul.

CHAPITRE 15

Le rasoir

Le lendemain de mon dernier match à Québec, Michel Laplante a confié la balle à Karl Gélinas. C'est ce dernier qui a eu le bonheur de signer le gain ultime et de sceller le championnat des Capitales aux dépens des Tornados de Worcester. Il s'agissait pour l'équipe d'un deuxième titre en deux ans.

Il n'y avait rien pour nous arrêter après cette ultime victoire. La mission était accomplie ! Et comme une bande d'assoiffés au terme d'une traversée du désert, nous avons mis le cap sur la Grande Allée pour célébrer. Notre spectaculaire virée – et c'est un euphémisme – s'y est prolongée jusqu'à la fin de la nuit.

Même s'il ne s'agissait pas d'une conquête de la Série mondiale, ce championnat me procurait beaucoup de satisfaction. Notre vestiaire était habité par des hommes de qualité que j'avais beaucoup appréciés. Et personnellement, je me félicitais de ne pas avoir jeté l'éponge à la fin de juin, après l'humiliant match que j'avais connu à Nashua. Si je l'avais fait, je n'aurais jamais eu la chance de vivre la magie de ma dernière présence à Québec. Et j'aurais probablement quitté le baseball avec beaucoup d'amertume.

La victoire est la plus puissante des drogues qui soient. C'est un *trip* qui crée une dépendance et qu'on veut toujours essayer de revivre. Tant qu'on ne l'a pas vécu et ressenti, c'est un *high* qui est difficile à imaginer. Et même après l'avoir vécu, c'est une sensation difficile à décrire. Je n'ai d'ailleurs jamais vu un athlète capable d'expliquer exactement ce qu'il ressentait après avoir remporté un titre important.

Lors de mon dernier match, les gens de Québec m'avaient injecté une incroyable dose de cette drogue. Et je suis redevenu accro. C'est pour cette raison, je crois, que j'ai insisté pour tenter ma chance une dernière fois au printemps de 2010. Juste pour en avoir le cœur net, juste pour voir si je pouvais retourner au sommet du monde.

Dès mon retour en Arizona quelques jours plus tard, j'ai donc recommencé à me soumettre à des traitements de prolothérapie et à m'entraîner avec une féroce intensité, tout en protégeant jalousement mes épaules.

C'était reparti!

Je me déchaînais au gymnase pour forcer mon corps, qu'il le veuille ou non, à surmonter les rigueurs d'une autre saison de 162 matchs. Mais était-ce possible? Cela faisait déjà cinq ans que je n'avais pas disputé un calendrier complet sans être inquiété par des maux de coude, d'épaule ou de dos ou sans être ralenti par des interventions chirurgicales.

Dans des circonstances pareilles, plus les entraînements sont ardus et punitifs, plus on se convainc que le *body* usé a fini par se réparer, que la « machine » est à nouveau en état et que tout est encore possible.

Par ailleurs, contrairement aux années précédentes, je ne me suis pas éloigné du monticule durant les mois qui séparaient la fin de la saison 2009 et le camp de 2010. Je n'ai pas cessé de lancer, un peu par crainte qu'un congé me fasse redescendre les échelons que j'avais difficilement gravis à Québec. Et aussi parce que je pensais pouvoir progresser davantage avant le prochain camp d'entraînement.

Je me sentais bien, le bras tenait le coup. Il ne restait plus qu'à dénicher une équipe qui allait bien vouloir m'accorder une chance de me battre pour retrouver ma place au sein du *Show*.

Le fait de connaître une bonne carrière dans le baseball majeur amène son lot d'avantages, d'opportunités et de privilèges. Il y a toujours une équipe, quelque part, dont les dirigeants sont prêts à miser sur un joueur qui a déjà connu du succès.

En août 2009, alors que leur équipe s'engageait dans le dernier droit du calendrier, aucun directeur général du baseball majeur ne s'était montré prêt à prendre le risque de m'embaucher et à me lancer dans la mêlée comme partant. Mais durant la morte-saison, à tête reposée, certains étaient beaucoup plus enclins à écouter et à tenter certaines expériences.

J'avais la chance de compter sur un vaste réseau de contacts et je m'en suis servi, tout bonnement.

Pendant que Scott contactait les directeurs généraux des équipes qui nous semblaient les plus intéressantes, ou tout simplement les plus intéressées, je téléphonais personnellement à tous les décideurs que je connaissais et qui étaient susceptibles de m'accorder une chance. Parmi eux : le propriétaire des Dodgers, Frank McCourt.

Dans les mois qui ont précédé l'ouverture des camps, ces démarches m'ont permis de lancer devant un nombre considérable de dépisteurs qui se sont déplacés jusqu'en Arizona pour me voir à l'œuvre.

Les choses se sont bien passées, au point où quatre équipes étaient prêtes à m'accorder un contrat des ligues mineures et à m'inviter à leur camp des majeures pour me donner l'opportunité de décrocher un poste : les Phillies de Philadelphie, les Rangers du Texas, les Rockies du Colorado et les Dodgers.

Après avoir décortiqué les offres et les alignements des quatre équipes concernées, il ne restait plus que les Rockies et les Dodgers sur ma liste.

Les Rockies étaient alors dirigés par Jim Tracy, avec qui j'avais connu mes saisons de rêve à Los Angeles. Injustement congédié par les Dodgers le 3 octobre 2005 (vingt-quatre heures après avoir complété sa seule saison perdante à Los Angeles), Tracy avait été embauché par les Pirates de Pittsburgh seulement huit jours plus tard.

Dans la ville de l'acier, au sein d'une organisation limitée par des contraintes budgétaires, il avait compilé une fiche de 135-189 lors des deux saisons suivantes. Congédié par les Pirates en octobre 2007, il était réapparu chez les Rockies un an plus tard à titre d'adjoint (sur le banc) au gérant Clint Hurdle.

Le 29 mai 2009, après avoir connu un désastreux départ de 18-28, Hurdle avait été congédié et Tracy promu au poste de gérant. À la surprise générale, sous sa férule, les Rockies avaient ensuite maintenu une fiche de 74-42 et leurs 92 victoires les avaient propulsés en séries d'après-saison. Et Tracy, à juste titre, avait décroché le titre de gérant de l'année dans la Ligue nationale.

Au moment où j'étais à la recherche d'une équipe, Tracy était donc en position de force chez les Rockies. Nous avions une bonne relation et aucun autre gérant dans le baseball majeur ne me connaissait mieux que lui. Il y avait donc fort à parier que si je choisissais les Rockies, Tracy allait être en mesure de me donner toutes les chances possibles de percer son alignement, ou encore de faire mes preuves dans les mineures pour être éventuellement rappelé dans les majeures.

Valérie, qui avait vécu de l'intérieur mes dernières saisons chez les Dodgers, préférait de loin que je tente ma chance du côté des Rockies.

— Ne signe pas avec les Dodgers ! Si tu retournes à Los Angeles, les attentes des partisans seront trop élevées. Ils s'attendront à te voir dominer comme tu le faisais avant. Je te connais ! Tu veux revivre les bons moments que tu as connus là-bas mais c'est utopique de croire que ça se reproduira, plaidait-elle.

Ma femme craignait que les Dodgers transforment en simple coup de marketing ma tentative de retour au jeu. Elle estimait que les Rockies allaient me donner une meilleure chance de faire mes preuves.

— Ne signe pas avec les Dodgers ! C'est la pire erreur que tu puisses faire, avait-elle pris soin d'ajouter.

Lors de notre discussion, Frank McCourt s'était pourtant montré très enthousiaste.

— On va te donner une chance ! avait-il assuré. On va te faire signer un contrat des ligues mineures.

Je savais aussi que les partisans des Dodgers avaient passé l'éponge sur le Rapport Mitchell. Après ma saison à Québec, je m'étais rendu à L.A. pour assister à un match éliminatoire opposant les Dodgers aux Cards de Saint Louis. Et à la troisième manche, l'un des came-ramen chargés d'alimenter les tableaux indicateurs du Dodger Stadium était parvenu à me repérer dans la foule.

La réaction des partisans avait été instantanée. Ils m'avaient chaleureusement applaudi. Cette spontanéité de la foule m'avait à la fois ému et soulagé. Après tout ce que j'avais vécu dans ce stade, je ne voulais pas m'y sentir comme un étranger.

Alors, les Rockies ou les Dodgers ?

J'ai tenté de peser le pour et le contre. Et malgré tous les facteurs qui pouvaient faire pencher la balance du côté des Rockies, il était difficile d'empêcher mon cœur d'aimer. Et dans mon cœur, j'étais encore un Dodger. Malgré les vives appréhensions de Val, au lieu d'aborder ce retour au jeu de façon plus rationnelle, je me suis laissé guider par mes émotions. J'aimais Los Angeles. J'aimais les partisans des Dodgers. Et j'avais passé les plus belles années de ma vie au sein de cette organisation.

À Québec, j'avais déjà connu une sortie triomphale et une fin de carrière parfaite. S'il me restait quelque chose à vivre dans les majeures, je voulais que ce soit avec les Dodgers. Et si jamais mon aventure devait prendre fin durant ce camp d'entraînement, j'allais au moins voir le couperet me tomber dessus en portant leur uniforme.

C'est ce que Tommy Lasorda avait en tête, j'imagine, quand il a prétendu un jour que les vrais Dodgers avaient le sang bleu…

Toutefois, cette émotion, ce vif désir de réintégrer la famille des Dodgers m'éloignait considérablement du plan que j'avais établi en 2009 durant mon séjour chez les Capitales de Québec : redevenir un lanceur partant.

Toute l'expérience de Québec avait été basée sur le fait que mon corps n'était plus capable de récupérer suffisamment rapidement pour me permettre de camper un rôle de releveur et d'être employé dans deux ou trois matchs de suite. Ou encore, d'être utilisé dans deux matchs en trois jours.

Mais voilà, les Dodgers ne voyaient pas les choses ainsi. Si je tentais ma chance avec eux, le directeur général Ned Colletti tenait à ce que ce soit à titre de releveur. Son raisonnement se tenait parfaitement. J'avais été un releveur étoile et j'avais cumulé un important bagage d'expérience dans ce rôle. Il était sans doute difficile pour lui de s'imaginer que je puisse percer son alignement en tant que partant.

Ma décision était émotive. Je me suis écarté de mon plan. Et malgré tout ce que j'avais déployé comme efforts au cours de l'année précédente dans le but de redevenir un lanceur partant, j'ai accepté le contrat des ligues mineures qu'on m'offrait et je me suis présenté au camp des Dodgers à titre de releveur.

L'entente était la suivante : un salaire de base de 500 000 $ si je parvenais à décrocher un poste. Et ce montant était assorti de clauses qui allaient me permettre de toucher 500 000 $ de plus si j'atteignais certains objectifs.

D'un point de vue salarial, j'étais de retour au bas de l'échelle et je n'y voyais pas de problème. Mais intérieurement, en ce qui concernait ma capacité de remplir le rôle de releveur, je savais qu'il y avait toute une côte à remonter.

À la mi-février, je me suis donc présenté au site d'entraînement de l'équipe. J'étais enthousiaste et je ne m'étais pas aussi bien senti physiquement depuis des années.

Depuis mon départ en 2006, beaucoup de choses avaient changé chez les Dodgers. J'en étais à mon 11e camp d'entraînement avec cette équipe mais pour la première fois, je n'avais pas à me rapporter au mythique site de Dodgertown, à Vero Beach en Floride.

Cet endroit était un hommage à l'histoire des Dodgers : le stade et le complexe étaient ceinturés de rues portant les noms de Sandy Koufax, Jackie Robinson et même du légendaire commentateur Vin Scully.

L'organisation s'était installée sur ces terres – une ancienne base de l'aviation américaine – en 1948 alors que les Dodgers défendaient encore l'honneur de Brooklyn. Je me sentais chez moi à cet endroit et j'y connaissais un grand nombre d'employés.

Depuis le printemps de 2009, cependant, Dodgertown n'était plus qu'un souvenir. Une autre page d'histoire tournée. La direction des Dodgers avait décidé de se rapprocher de sa clientèle et l'équipe s'entraînait désormais dans le désert, pas très loin de mon domicile en Arizona. Les Dodgers cohabitaient avec les White Sox de Chicago à Camelback Ranch, un gigantesque complexe d'entraînement érigé dans la ville de Glendale.

Les lieux avaient changé. Les visages aussi. Les jeunes que j'avais vu grandir dans l'organisation et qui cognaient aux portes des majeures quand j'étais parti trois ans plus tôt étaient maintenant les vedettes du club. Et c'était l'un des aspects que je trouvais les plus amusants de ce retour au camp des Dodgers.

Clayton Kershaw et Chad Billingsley, deux jeunes lanceurs fort prometteurs à mon départ, étaient devenus les deux premiers partants de l'équipe.

Mon ami Russell Martin était toujours le receveur numéro un. James Loney et Andre Ethier, deux autres solides espoirs à l'époque,

En compagnie de Casey Deskins, le soir de mon 55e sauvetage de la saison 2003, qui égalait le record de la Ligue nationale détenu par John Smoltz. Malheureusement, je n'ai pas eu la chance de me lancer à l'assaut du record des majeures lors des derniers matchs du calendrier.

Les partisans des Dodgers m'ont supporté de façon extraordinaire quand j'étais le *closer* de l'équipe. Sans leur soutien, je n'aurais jamais pu signer une séquence de 84 sauvetages consécutifs. Le 5 juillet 2004, dans une scène semblable à celle-ci, ils m'ont servi une très longue ovation quand ma séquence a pris fin. Un moment fort de ma carrière.

Avec le légendaire Tommy Lasorda et Shawn Green, lors d'une présentation visant à souligner ma séquence record de 84 sauvetages de suite.

Le 30 septembre 2006, nous avons confirmé notre place en séries éliminatoires en disposant des Giants, à San Francisco, dans l'avant-dernier match du calendrier. Je n'étais pas en mesure de jouer en raison d'une intervention chirurgicale au dos, mais la victoire avait tout de même bon goût.

En compagnie d'Adrian Beltre, avec Maddox dans mes bras, alors que nous nous adressions aux partisans de l'équipe après avoir remporté le titre de la division Ouest en 2004.

Une marque d'appréciation à l'endroit des partisans après avoir subi une élimination rapide aux mains des Cardinals de Saint Louis lors des séries de 2004.

Le propriétaire des Dodgers, Frank McCourt, avait déjà le regard tourné vers l'avenir après notre élimination aux mains des Cards. Malgré ses encouragements, la défaite était amère.

Le 6 juin 2006, alors que Russell Martin et moi nous apprêtions à former la toute première batterie québécoise de l'histoire du baseball majeur. Ce fut aussi ma toute dernière présence dans l'uniforme des Dodgers.

Avec Russell Martin et le gardien québécois Jean-Sébastien Giguère, des Ducks d'Anaheim, en 2006.

En compagnie de deux des plus féroces compétiteurs de la confrérie des *closers* du baseball majeur : Mariano Rivera des Yankees de New York...

... et Billy Wagner des Astros de Houston.

Cette image a été captée durant les hymnes nationaux précédant mon premier départ dans l'uniforme des Capitales. Ému par l'accueil des Québécois, je tente de retrouver mon calme en faisant la conversation à mon jeune accompagnateur.

Porté en triomphe par mes coéquipiers des Capitales après mon tout dernier match. Un moment émouvant qui a couronné une soirée absolument électrique au vieux stade municipal de Québec.

Ma saison à Québec a été marquée par des moments fort difficiles mais elle m'a surtout permis de redécouvrir l'ambiance qui, au départ, m'avait donné la passion du baseball.

détenaient désormais les postes de premier-but et de voltigeur de droite.

D'ailleurs, ce vent de jeunesse faisait dire aux journalistes affectés à la couverture de l'équipe qu'il allait m'être difficile de décrocher l'un des cinq postes dans l'enclos des releveurs.

Le nouveau *closer* des Dodgers était un autre jeune formé au sein de l'organisation : Jonathan Broxton, qui avait signé 36 sauvetages la saison précédente. Et son préparateur, l'homme de la huitième manche, était Ramon Troncoso, un Dominicain de 27 ans qui évoluait au niveau A quand j'avais quitté Los Angeles.

Les représentants de la presse n'avaient d'ailleurs pas manqué de noter que Troncoso portait le numéro 38 que j'avais rendu célèbre à mes belles années avec les Dodgers. Nous étions donc deux joueurs à arborer ce numéro au camp. Une étrange situation qui ne faisait qu'illustrer davantage l'ampleur du défi qui m'attendait.

Quand les matchs de la Ligue des cactus ont débuté, je me sentais bien. Mes lancers atteignaient les 92-93 milles à l'heure et mon épaule droite était solide.

Toutefois, la précision de mes lancers faisait défaut. Lors de ma première sortie, les frappeurs adverses avaient récolté quelques coups sûrs sans toutefois parvenir à cogner la balle avec autorité. Puis mon séjour sur la butte avait pris fin avec deux doubles consécutifs, deux contacts solides.

Je ne lançais pas parfaitement mais il n'y avait rien de nouveau sous le soleil puisque depuis le début de ma carrière, je n'avais jamais vraiment bien performé au camp.

En tout, j'ai eu droit à deux manches et deux tiers au monticule dans la Ligue des cactus avant que le gérant de l'équipe, Joe Torre, me convie à son bureau.

— Écoute, Éric. Nous voulons te garder avec nous et te donner la chance de retrouver ton synchronisme. Mais nous devons préparer nos lanceurs pour la saison et je n'ai pas suffisamment de manches disponibles à t'offrir au camp des majeures. Nous allons te rétrograder au niveau AAA, où l'on pourra te faire jouer davantage. Est-ce que tu as un problème avec ça ?

— Aucun problème, ai-je répondu.

Un peu comme cela avait été le cas avec les Rangers du Texas en 2007, je savais que j'allais avoir besoin de quelques semaines supplémentaires avant d'être prêt à lancer dans les majeures et je n'avais aucune difficulté à accepter cette assignation. J'étais d'ailleurs le premier à vouloir y aller.

J'ai ensuite quitté Torre et je suis rentré à la maison. Les Dodgers m'avaient accordé une pause de 48 heures avant de me rapporter au niveau AAA. Sur le chemin du retour, je pensais à Valérie, qui allait me dire que sa prédiction s'était réalisée et que deux manches et deux tiers de jeu ne constituaient pas une véritable chance de se faire valoir.

Mais le baseball est ainsi fait. La patience des dirigeants d'une équipe des majeures est proportionnelle au statut du joueur qu'ils évaluent. À mes premiers pas dans les grandes ligues, je n'avais pour ainsi dire aucune marge de manœuvre. Chaque sortie au camp d'entraînement était importante et je passais mon temps à surveiller les performances des autres lanceurs de l'organisation pour tenter de déterminer si j'avais une chance de mériter un poste.

Entre 2003 et 2006, alors que j'étais le releveur numéro un de l'équipe, c'était totalement l'inverse. Personne ne se souciait de la manière dont je lançais au camp. On s'attendait seulement à ce que je me prépare pour la saison.

Mais j'étais de retour au bas de l'échelle. La qualité de mes performances et mes résultats dans la Ligue des cactus étaient donc redevenus les critères d'embauche de ceux qui m'évaluaient. Il n'y avait rien à y faire.

J'ai passé les deux jours suivants sans toucher à une balle. Et la troisième journée, un peu à froid, je suis revenu au camp et je me suis retrouvé au monticule dans un match de niveau AAA. Les choses ne se sont pas bien déroulées. J'ai accordé trois points en deux manches et je bouillais littéralement de l'intérieur.

Dès que j'ai quitté le monticule, le responsable du réseau des ligues mineures de Dodgers, De Jon Watson, est venu à ma rencontre.

— Éric, rien n'est acquis pour toi ici. Il va falloir que tu gagnes ton poste dans le AAA ! m'a-t-il interpellé, d'un ton hautain.

Après avoir fait carrière comme dépisteur chez les Indians de Cleveland et les Reds de Cincinnati, Watson avait été promu chez les

Dodgers à titre de directeur responsable du développement des joueurs à la fin du mois d'octobre 2006. Nous n'avions donc pas eu l'occasion de nous côtoyer auparavant.

La flèche qu'il venait de me lancer était certainement la dernière chose dont j'avais besoin à ce moment-là, quelques secondes après avoir connu une performance décevante. J'étais furieux. Je trouvais sa démarche irrespectueuse. Et je n'en revenais pas qu'il ait senti le besoin de venir me « chercher » de la sorte. Dans le monde du sport, c'est bien connu, les conversations qui surviennent « à chaud », dans le feu de l'action, mènent généralement vers un cul-de-sac.

— Pourquoi me dis-tu ça ? Pourquoi penses-tu avoir besoin de me dire une chose pareille ? Penses-tu que c'est la première fois que je joue au baseball organisé ? ai-je répliqué, du tac au tac.

La conversation ne s'engageait pas dans la bonne direction. Et Watson était visiblement mécontent de ma réplique. Avant de tourner les talons, il a cru bon d'ajouter :

— En passant, on est dans les mineures ici. Alors on se rase !

La phrase de mon interlocuteur débordait de condescendance. Elle était à peine terminée que des centaines d'images et de pensées s'entrechoquaient déjà dans ma tête.

J'étais au camp des ligues mineures d'une organisation pour laquelle j'avais sacrifié ma santé et pour laquelle j'avais tout donné. Et dans un passé encore récent, cette organisation avait fait de ma barbichette et de mes lunettes ses outils de marketing préférés. Les kiosques à souvenirs du Dodger Stadium en étaient remplis.

Entre 2002 et 2006, les fausses lunettes et les fausses barbes, de même que les t-shirts auxquels on greffait une barbichette se vendaient comme des petits pains chauds à Los Angeles. Cette barbichette avait sans contredit contribué à remplir les coffres des Dodgers…

Et là, je me retrouvais devant un membre de la direction qui m'ordonnait de me raser…

Je n'ai jamais été du type prima donna. C'est même tout le contraire. Dans ma vie, j'avais toujours abordé le baseball avec humilité. Ce n'était donc pas la demande du directeur des Dodgers qui me heurtait. Je savais fort bien que c'était un règlement de l'organisation et que les joueurs des ligues mineures devaient se raser.

J'étais dans les mineures et il me fallait repartir à zéro. Je m'étais justement présenté à ce camp dans cet état d'esprit. Et les règlements étaient faits pour être respectés.

De Jon Waston s'était-il mal exprimé? Les propos échangés durant cette courte conversation avaient-ils écorché mon ego? Chose certaine, la manière dont le message avait été livré m'avait profondément insulté. Et ça, c'était mon problème. Pas celui de Watson.

La tournure des événements me décevait. J'étais hors de moi. Alors j'ai réfléchi et je me suis demandé: «Pourquoi suis-je aussi fâché?» Avant de quitter Camelback Ranch pour rentrer à la maison, j'ai téléphoné à Val pour lui raconter ce qui venait de se produire. J'avais besoin du recul qu'elle pouvait m'apporter. Après m'avoir écouté, elle m'a posé exactement la même question:

— Si c'est un règlement, pourquoi es-tu aussi fâché?

Je connaissais Ned Colletti. Les choses se seraient sans doute passées différemment s'il m'avait pris à l'écart pour me demander de me conformer au règlement de l'équipe. Mais là, il n'était pas question que je rase cette barbe!

Et en mon for intérieur, je me disais:

«Si tu préfères ne pas te raser, mon vieux, je vais te le dire sérieusement, ça signifie que tu n'as plus le goût de jouer. Si tu préfères rentrer chez toi au lieu de te conformer au règlement de l'équipe, ça veut dire que ton désir de jouer se situe en dessous de 100 %.»

Valérie et moi avons continué de discuter. Puis j'ai fini par lâcher le morceau.

— Val, je pense que je veux prendre ma retraite.

Il y a eu un moment de silence.

Dans les fractions de seconde qui ont suivi, je suis certain que les images des trois ou quatre dernières années défilaient dans sa tête. On aurait dit que j'entendais un vieux projecteur tourner. Il diffusait des moments que nous avions vécus ensemble, loin du terrain, pendant ma descente aux enfers à Boston. Il y avait aussi de nombreux blancs: tous ces mois que nous avions écoulés séparément, en 2008, pendant que j'étais à Milwaukee et qu'elle était alitée en Arizona en attendant la naissance de Harley, notre quatrième enfant. Elle revisitait probablement aussi notre séjour à Québec, qui s'était bien terminé mais qui avait aussi été marqué par des moments très difficiles.

« S'il n'a pas été en mesure de dominer de façon constante dans la ligue Can-Am, pourra-t-il jouer à la hauteur de ses attentes dans les majeures et être heureux à nouveau ? », se questionnait-elle.

Elle ne me l'avait jamais dit, mais Val était à bout. Elle n'en pouvait plus. Elle avait hâte que je rentre à la maison. Mentalement, s'entend.

À ses yeux, je n'étais plus le même depuis les trois dernières années. Et elle n'avait pas tort. Les contre-performances m'avaient rendu taciturne et absent. Elles m'avaient même fait traverser des périodes de grande déprime. Et cette bataille acharnée, presque maladive, que je livrais chaque jour au gymnase dans l'espoir de remettre mon corps en état et de redevenir un lanceur dominant, était pour ainsi dire devenue ma seule préoccupation. Mon obsession.

Celle qui m'avait accompagné depuis le début, dans les meilleurs comme dans les pires moments, avait l'impression que j'étais en train de me détruire à petit feu et que j'allais finir par effacer de ma mémoire les moments et les exploits fabuleux que le baseball m'avait permis de vivre.

Valérie voulait que je cesse de souffrir dans mon corps et dans ma tête. Elle voulait que ça s'arrête et que je puisse rentrer chez nous fier de ce que j'avais accompli, en paix, la tête pleine de bons souvenirs.

— Éric. Lâche. Arrête. Prends ta retraite, a-t-elle répondu en pesant chacun de ses mots.

Sa réplique m'a un peu déstabilisé. Je m'attendais plutôt à ce qu'elle me conseille de persévérer encore, comme elle l'avait toujours fait.

— Notre sécurité financière est assurée. On va s'arranger. Ça va bien se passer, a-t-elle ajouté.

Tout de suite après cette conversation fort émotive, j'ai composé le numéro de Coletti.

— C'est fini pour moi, lui ai-je annoncé.

Je lui ai raconté ce qui s'était passé plus tôt dans la journée lors de ma rencontre avec son directeur du développement. Je lui ai dit que j'avais trouvé inappropriés le moment et la manière que Watson avait choisis pour venir me « picosser » aux abords tu terrain.

Les quelques manches que j'avais lancées au camp avaient aussi fait réapparaître mes sempiternels maux de dos et je commençais déjà à avoir du mal à m'entraîner. C'était en quelque sorte le jour de la marmotte. Et je me sentais affreusement coupable d'être encore aux prises avec cette douleur qui refusait de me quitter.

— Dans un rôle de releveur, ça ne fonctionnera pas du tout parce que je ne serai pas capable de lancer tous les jours, ai-je expliqué à Coletti. Dans ce rôle, je ne serai pas capable de passer à travers.

Nous nous sommes quittés en nous souhaitant bonne chance. Je suis monté à bord de ma voiture et je suis rentré à la maison.

Comme ça, en quelques minutes, ma carrière venait tout juste de prendre fin. Pour la première fois de ma vie, je n'étais officiellement plus un joueur de baseball.

Je n'avais que 34 ans, et c'était déjà *Game Over*.

CHAPITRE 16

Mea culpa

J'évoluais au niveau AA, en 1999, la toute première fois où j'ai pris conscience de la présence de produits dopants dans le baseball professionnel. Auparavant, je n'en avais jamais entendu parler et je n'avais jamais été témoin de scènes pouvant laisser croire que de tels produits étaient utilisés.

L'équipe dont je défendais les couleurs, le Mission de San Antonio, faisait partie de la Ligue du Texas. On retrouvait dans cette ligue des formations dont les noms n'étaient pas tout à fait poétiques, comme les Travelers de l'Arkansas (Cardinals de Saint Louis), les Generals de Jackson (Astros de Houston), les Drillers de Tulsa (Rangers du Texas) ou les Diablos d'El Paso (Diamondbacks de l'Arizona).

Par contre, ces équipes AA étaient en quelque sorte les Harvard, Yale ou Oxford du baseball. Ces formations étaient les meilleures universités du baseball professionnel, elles regroupaient les meilleurs jeunes espoirs des organisations qu'elles représentaient.

C'est au niveau AA que les organisations de la MLB assignent leurs jeunes joueurs qui ont le plus de chances d'atteindre les ligues majeures. L'équipe-école AAA, elle, regroupe plutôt des vétérans qui sont assez expérimentés pour pouvoir se débrouiller dans les majeures durant un court laps de temps, mais pas suffisamment pour y garder un poste permanent.

Les joueurs du AAA, la plupart du temps, sont donc des réservistes qu'on rappelle dans les grandes ligues lorsque des blessures surviennent ; ou des jeunes qui ont besoin de peaufiner leurs habiletés face à des joueurs plus expérimentés avant de faire le grand saut dans les majeures et d'y rester une fois pour toutes.

C'est lors d'une série de matchs disputés à El Paso que je me suis rendu compte, pour la première fois, que certains de mes coéquipiers faisaient des emplettes plutôt inhabituelles.

El Paso se situe à l'extrémité sud du Texas, exactement sur la frontière mexicaine. Cette ville compte environ un demi-million d'habitants. Et tout juste de l'autre côté de la frontière, on retrouve la ville de Juarez, où vivent plus de 1,2 million de personnes.

Lorsque notre équipe jouait à El Paso, il y avait toujours un Mexicain, un homme d'âge mûr, qui venait rencontrer certains de nos joueurs. Cet homme était tout le temps au stade et il semblait être ami avec énormément de gens. En tous les cas, tout le monde le connaissait ou le reconnaissait.

Cet *amigo* assistait à toutes nos parties. Et il m'arrivait même de le voir réapparaître à notre hôtel après les matchs, au volant de sa vieille mini-fourgonnette. Il venait y cueillir des joueurs qui souhaitaient terminer la soirée dans un bar ou dans une boîte de nuit et il les ramenait au bercail à la fin de la soirée.

Quand nous étions de passage à El Paso, quelques coéquipiers venaient parfois me voir, pour me demander :

— As-tu besoin de quelque chose ?

Ces deux ou trois joueurs passaient des commandes à leur « ami » mexicain. Ce dernier prenait leur argent et traversait ensuite à Juarez pour acheter les produits convoités par ses clients. Il faisait ensuite le trajet en sens inverse pour compléter ses livraisons.

Les premières fois, je croyais que cet homme procurait seulement des *greenies* (des amphétamines) à mes coéquipiers. La consommation de *greenies* était alors solidement ancrée dans les mœurs du baseball professionnel. Puis j'ai commencé à entendre des membres de l'équipe évoquer des noms de produits dont je n'avais jamais entendu parler auparavant.

Je me souviens clairement de Matt Montgormery, qui était notre *closer* à l'époque et qui était originaire de la Californie. Je m'en souviens parce que c'était la première fois de ma vie que j'entendais parler de stéroïdes de vive voix.

— Je vais faire du *deca*! Je vais faire du *deca* et je vais lancer à 100 milles à l'heure, disait-il.

Ce n'est que lors de la rédaction de ce livre, en 2011, que j'ai appris que l'expression *deca* faisait référence au deca-durabolin, une forme injectable de stéroïdes anabolisants à laquelle les auteurs du Rapport Mitchell ont plusieurs fois fait référence dans leur ouvrage.

Mais à l'époque, je ne faisais pas attention à ce que disaient mes coéquipiers lorsqu'ils recevaient leurs commandes. Je ne savais même pas ce qu'ils recevaient.

J'étais en train de cheminer de façon assez spectaculaire au sein de l'organisation des Dodgers à cette époque. J'étais le meneur de la ligue du Texas au chapitre des retraits au bâton, et je figurais parmi les meilleurs lanceurs dans toutes les catégories statistiques.

Je n'avais même jamais songé à utiliser quoi que ce soit pour améliorer mes performances.

À la fin de cette saison 1999, j'ai été rappelé par les Dodgers pour faire mes débuts dans le baseball majeur. Et je n'ai été témoin d'aucun incident relié aux produits dopants durant ce court séjour dans les grandes ligues.

En 2000, par contre, alors que je faisais souvent la navette entre le niveau AAA et les majeures, j'ai constaté une fois de plus que des produits visant à améliorer les performances étaient utilisés. Et d'après ce que j'ai vu et entendu cette saison-là, la consommation de ces substances dans le AAA était encore plus répandue qu'au niveau AA.

Dans son rapport, le sénateur Mitchell évoque les confidences de Todd Seyler, qui agissait à titre d'entraîneur responsable du conditionnement physique en 1999 et 2000 au sein du club-école AAA des Dodgers, les Dukes d'Albuquerque.

Seyler y raconte qu'avant un match de juillet 1999, les lanceurs Matt Herges, Jeff Williams, Mike Judd et Ricky Stone, ainsi que le receveur Paul Lo Duca et Seyler lui-même, se sont retrouvés dans l'appartement de Stone pour s'injecter des doses de deca-durabolin.

L'argent servant à acheter ces doses de stéroïdes avait été collecté par Herges, et Seyler avait compris que leur achat allait être fait par Herges ou par Lo Duca.

Seyler confie par ailleurs que la consommation de tels produits s'est poursuivie la saison suivante et que les six compères discutaient souvent, et très normalement, de cette situation lorsqu'ils se retrouvaient au stade ou dans le vestiaire. Ils ne craignaient ni représailles ni opprobre.

J'ai été témoin de cette période. Quand j'étais rétrogradé au niveau AAA au cours de la saison 2000, mon casier se situait entre ceux de Mike Judd et de Jeff Williams. Je me rappelle d'avoir été assis à mon casier et de les avoir vu se passer un sac. Et l'un des deux joueurs avait donné au second des instructions ou des conseils quant à la fréquence des injections qu'il devait s'administrer.

En une autre occasion, j'étais encore assis à mon casier, et Seyler était venu demander à l'un de mes voisins :

— Et puis, as-tu commencé ton cycle ?

J'étais complètement innocent en matière de dopage. Je ne savais même pas ce qu'était un « cycle ». Et sur le coup, je n'avais pas vraiment fait attention à leur discussion.

Quelques semaines plus tard, par contre, toutes les pièces du puzzle se sont rassemblées dans ma tête. Les joueurs en question passaient alors des commentaires du genre :

— OK, mon bras va bien maintenant !

Ou encore :

— Je commence à lancer plus fort !

Et il me semblait qu'ils lançaient effectivement plus fort.

Herges, Williams, Judd, Stone et Lo Duca avaient une histoire commune, un cheminement de carrière semblable. En 1997, ils avaient tous porté les couleurs du Mission de San Antonio au niveau AA. Et la saison suivante, ils avaient tous gradué ensemble au niveau AAA.

En 2000, seul Herges était parvenu à graduer avec les Dodgers dans le baseball majeur. Les quatre autres étaient donc bloqués au niveau AAA depuis plus de deux ans. Certains d'entre eux étaient rappelés occasionnellement dans les majeures pour faire des remplacements, mais ils ne parvenaient pas à s'y tailler une place régulière.

Avec le recul, je pense que c'était dans des circonstances semblables que le recours à des substances dopantes devenait une solution attrayante pour de nombreux joueurs. Les frappeurs se mettaient à croire qu'ils devaient cogner un peu plus de circuits pour gravir le dernier échelon et les lanceurs se disaient que si leurs lancers gagnaient deux ou trois milles à l'heure de plus, les embûches allaient sans doute être moins nombreuses sur leur chemin.

Peu importe la discipline sportive, lorsqu'on se retrouve tout près du sommet de la pyramide, l'écart entre les meilleurs joueurs et les joueurs de soutien est souvent minime. Par exemple, la différence entre un frappeur de ,250 et un frappeur de ,300 se résume à environ 25 coups sûrs pour l'ensemble de la saison. On parle ici d'une différence d'environ un coup sûr de plus par semaine…

Pour des joueurs de niveau AAA comme eux, le destin pouvait se jouer sur une très courte période de temps, presque sur un claquement de doigts.

Un joueur des majeures pouvait se blesser à n'importe quel moment et ils pouvaient être rappelés dans les majeures n'importe quand. Et une fois arrivés au sein du *Show*, ils n'allaient bénéficier que d'une semaine ou deux pour faire bonne impression auprès des dirigeants de l'équipe.

Au fil des saisons, après quelques rappels, les joueurs finissent toutefois par se faire accoler une étiquette correspondant aux performances qu'ils ont livrées dans les grandes ligues. Et je crois que ces joueurs, qui avaient longtemps joué ensemble, vécu ensemble et qui formaient une espèce de clan, tentaient d'éviter cette fameuse étiquette, ou encore de s'en défaire.

Un joueur comme Paul Lo Duca, par exemple, a certainement dû se poser de sérieuses questions durant son cheminement dans les ligues mineures. Il était un athlète extrêmement travaillant qui avait, de surcroît, connu beaucoup de succès à tous les échelons où l'organisation des Dodgers l'avait assigné. Et après sept ou huit ans de carrière, il n'avait toujours pas eu sa chance de jouer dans les majeures sur une base régulière. Même chose pour Matt Herges, dont le séjour dans les mineures a duré huit ans avant qu'il ne puisse graduer dans les grandes ligues.

Pour ma part, après une saison marquée par plusieurs allers-retours entre les mineures et les majeures en 2000, ma carrière s'est poursuivie presque exclusivement dans les majeures en 2001. Et ce fut une saison difficile, comme je l'ai précédemment raconté dans cet ouvrage.

C'est durant cette saison 2001 que, au fil de nos conversations, Lo Duca a commencé à faire des allusions à la possibilité de me procurer des substances pouvant améliorer mes performances. Il ouvrait toujours cette porte sur un ton badin.

— Hey, tiens-moi au courant si tu as besoin de quelque chose !

Lo Duca m'avait expliqué qu'il pouvait me procurer des *growth* et qu'il connaissait un type fiable et capable de lui faire parvenir cette substance de façon régulière.

La première fois, je ne comprenais rien à ce charabia. Je ne savais pas que son fournisseur avait travaillé pour les Mets de New York. Je ne savais rien, j'étais vraiment innocent en cette matière. J'arrivais de Mascouche et j'avais fait un détour par Seminole en Oklahoma, dans un collège où nous n'avions même pas le droit de songer à prendre une bière. Et là, j'avais devant moi un coéquipier qui me parlait d'injections et de produits que je ne connaissais pas.

Des injections ? J'avais toujours eu peur des aiguilles à en mourir. Je ne voulais pas de ça. Et je me disais :

« *Fuck off !* Je ne toucherai jamais à ça. »

C'est aussi durant cette saison 2001, alors que je regardais la télé dans la salle d'entraînement du Dodger Stadium, que j'ai entendu un médecin et un soigneur de l'équipe vanter les mérites des hormones de croissance humaine (*HGH*), ainsi que leur légalité et leur indétectabilité. À cette époque, contrairement aux stéroïdes, la consommation de *HGH* n'était effectivement pas prohibée dans le baseball majeur. Et la possession de cette substance n'était interdite par aucune loi.

Les *HGH*, disaient-ils, ne promettaient pas à leurs utilisateurs de les rendre plus forts. Aucune étude scientifique n'est d'ailleurs parvenue à démontrer que les hormones de croissance peuvent avoir de tels effets. C'était un produit dont on disait qu'il combattait le vieillissement et qu'il accélérait considérablement le processus de guérison des blessures. On disait :

— Tu seras moins courbaturé le lendemain des entraînements, ce qui t'aidera à t'entraîner sur une base plus régulière et à faire des entraînements de meilleure qualité. Ça t'aidera donc vraiment si tu dois lancer à tous les jours.

De fil en aiguille, ma position sur le sujet a donc évolué. Et durant l'hiver suivant, quand je me suis blessé à un genou juste avant de me présenter au camp de mise en forme à Los Angeles (avant le camp d'entraînement officiel à Vero Beach), mon gagne-pain était en jeu et l'idée de recourir à ces produits ne m'apparaissait plus aussi effrayante qu'auparavant. D'autant plus qu'on m'avait souligné que les effets secondaires des *HGH* n'étaient nullement comparables aux nombreux effets secondaires indésirables des stéroïdes.

Aussi, j'avais appris qu'il y avait pas mal plus de consommateurs de *HGH* dans notre vestiaire que je ne le croyais au départ.

Au cours des années, plusieurs personnes ont essayé de quantifier le nombre d'utilisateurs de produits visant à améliorer les performances dans l'ensemble du baseball majeur. Et j'ai toujours trouvé ces évaluations farfelues parce que personne au monde n'avait accès à tous les vestiaires des majeures sur une base suffisamment régulière pour se rendre compte de l'étendue de ces pratiques ou de cette culture. C'était d'ailleurs un sujet que les joueurs, entre eux, évitaient le plus possible – un sujet tabou.

Par contre, j'ai fini par connaître intimement le vestiaire dans lequel je vivais. Et je dirais que 80 % des joueurs des Dodgers en consommaient. Dans ces conditions, et dans une jungle aussi impitoyable que celle du baseball majeur, il y a une question qui vous revient immanquablement en tête :

« Y a-t-il un de ces gars qui finira par prendre ma job parce qu'il utilise ces produits et que moi, le cave, je ne les utilise pas ? »

Quand Paul Lo Duca est venu me voir en janvier 2002 pour me demander si j'avais besoin de quelque chose, j'étais donc prêt à franchir ce pas.

— Si tu peux m'en avoir, je vais essayer, ai-je répondu.

Il n'a pas passé de commande pour moi, il en avait déjà en sa possession. Peu après, Paul m'en a remis une certaine quantité, ainsi qu'un stock de petites seringues, et je me suis retrouvé à la maison dans la salle de bain, en train de procéder à une première injection.

Je n'avais aucune idée de ce que je faisais. Je ne savais pas quel était le protocole à respecter quant aux quantités qu'il fallait s'administrer, ou quant à la fréquence des injections. Je ne savais pas quelle était la durée normale d'un cycle. Et de toute ma vie, je n'avais jamais tenu une seringue entre mes mains.

De mémoire, j'en ai consommé pendant environ deux semaines mais je ne me souviens plus du nombre d'injections que je me suis faites durant cette période. Je m'injectais environ tous les deux jours.

À la fin de ces quelques semaines, toutefois, les choses se sont mises à mal tourner. J'avais mal aux doigts, j'avais mal au cou, j'avais mal partout. Je ressentais une vive douleur aux jointures et j'avais de la difficulté à fermer les mains. C'en était rendu au point où j'avais de la difficulté à saisir et à sentir la balle entre mes doigts.

« Tabarnac! C'est quoi cette affaire-là? C'est supposé m'aider et j'ai mal partout. »

J'ai eu vraiment peur. J'avais l'impression de tomber en morceaux. Et j'ai cessé les injections.

Je souffrais du syndrome du tunnel carpien, un effet secondaire connu des *HGH*. Mais un effet secondaire dont personne ne m'avait parlé.

Je m'étais injecté des doses trop fortes. Les hormones avaient eu pour effet de précipiter la régénération de tissus et d'étrangler un nerf à l'intérieur du tunnel carpien, dans le poignet.

C'était vraiment ridicule comme situation. Je ne savais pas qu'il fallait entreposer les *HGH* au frais. Et comme je ne voulais pas que Valérie sache que j'en consommais, je cachais le produit quelque part dans la maison. Personne, absolument personne, ne devait connaître mon secret.

En fait, je n'ai jamais vraiment su ce que je faisais avec ces produits. Et c'est peut-être l'aspect le plus dramatique de toute cette période de l'histoire du baseball majeur. Il y a probablement plusieurs joueurs qui se sont retrouvés dans la même situation et qui ont hypothéqué ou ruiné leur santé en croyant qu'ils se faisaient du bien.

Je ne pouvais pas demander à un médecin de l'équipe comment il fallait s'y prendre. Ce sont des coéquipiers qui nous conseillaient quant à la manière de procéder. Ça fonctionnait de bouche à oreille. Alors, au fond, je n'étais jamais vraiment sûr de m'y prendre correctement.

Vers la fin de ce premier cycle de consommation de *HGH*, j'ai révélé mon secret à Valérie. Elle était furieuse, en complet désaccord avec ma démarche.

— T'es ben épais ! Pourquoi tu fais une chose pareille ?

— C'est censé aider mon genou à se rétablir. Ça va me permettre de m'entraîner plus fort. D'être meilleur.

Nous nous sommes alors assis pour en discuter.

— Éric, je ne suis pas d'accord avec ce que tu as fait parce que tu as le talent nécessaire pour réussir dans le baseball majeur. Tu as le talent ! Et là, si tu connais une bonne saison, tu vas croire que tu as réussi à cause de ces maudites hormones !

J'avais beau lui répondre qu'un grand nombre de joueurs consommaient des *HGH*, rien n'y faisait. Elle ne voulait pas me donner son aval.

— En ce moment tu veux en consommer pour te remettre d'une blessure et pour gagner une place dans l'équipe, peu importe. Mais c'est certain que tu finiras par croire que tu réussis à cause de ça. C'est un engrenage. Est-ce que tu te rends compte que ce sera difficile d'arrêter ?

À ses yeux, il était ridicule de croire que la consommation de *HGH* allait réellement m'aider. Pour elle, il s'agissait d'une vulgaire béquille...

— Si tu injectes ça à quelqu'un qui n'a pas de talent, il n'en aura pas davantage par la suite. Ça ne donne pas du talent, une injection, arguait-elle.

Ce printemps-là, au camp d'entraînement, à l'occasion des examens physiques annuels, une conversation survenue dans le cabinet d'un des médecins de l'organisation m'a convaincu que les dirigeants des équipes du baseball majeur savaient exactement ce que leurs joueurs consommaient et qu'ils feignaient de ne rien voir.

À ma grande surprise, le médecin qui était en train de m'examiner a pris soin de me souligner que si je consommais des *HGH*, je devais le faire d'une façon précise, en respectant un protocole qu'il a rapidement déballé, comme s'il parlait à un connaisseur.

Aussitôt que j'ai compris qu'il me parlait de *HGH*, j'ai baissé le niveau d'écoute à zéro. Je ne voulais pas avoir l'air intéressé par ce qu'il disait. La situation était plutôt embarrassante. Il ne m'avait pas demandé si j'en consommais. Il avait plutôt été affirmatif en disant :

— Si tu consommes ce produit, tu dois le faire de telle ou telle manière, sinon tu ressentiras des effets secondaires indésirables.

Quand je suis sorti de son cabinet quelques minutes plus tard, il était clair dans ma tête que les tests sanguins que nous subissions chaque année ne révélaient pas seulement notre taux de vitamine ou de glucose. Si un joueur était en train d'utiliser un produit dopant, il y avait certainement des pointes qui surgissaient quelque part dans le graphique qu'on remettait au médecin. Et comme les médecins étaient rémunérés par les équipes, il me semblait très difficile de croire que l'information ne se rendait pas jusqu'au sommet de la pyramide organisationnelle.

Et puis, si les joueurs eux-mêmes étaient capables de différencier les utilisateurs de produits dopants des joueurs « propres » sur le terrain, comment pourrait-on croire que les médecins qui examinaient et soumettaient ces athlètes à des batteries de tests sophistiqués ignoraient tout de leur consommation ?

Toujours est-il que je n'ai plus retouché aux *HGH* durant cette saison 2002, qui a marqué mes débuts comme releveur dans le baseball majeur et durant laquelle Jim Tracy m'a rapidement confié le rôle de *closer* des Dodgers.

Durant les semaines et les mois suivant ce premier cycle de consommation de *HGH*, les effets secondaires indésirables se sont dissipés et je me suis peu à peu rendu compte que j'étais effectivement moins courbaturé ou fatigué après les séances d'entraînement. Cela me permettait donc de m'entraîner davantage. Et comme je m'entraînais davantage, je me sentais plus fort.

Physiquement, je n'ai noté aucune différence majeure. J'ai gagné cinq ou sept livres de poids mais il s'agissait d'un effet secondaire connu et attribuable à une plus grande rétention d'eau.

D'un point de vue sportif, j'étais en train de m'épanouir pleinement. Comme je l'avais ressenti dans le passé avec l'équipe nationale canadienne, le rôle de *closer* me convenait parfaitement. Je me sentais à l'aise et je pouvais – pour la première fois dans les majeures – exploiter ma vraie personnalité quand je m'installais au monticule. Je pouvais enfin déployer la formidable intensité que j'avais réfrénée dans un rôle de partant.

Depuis ma toute première injection, je savais parfaitement que j'avais fait quelque chose de répréhensible même si le produit que j'avais consommé n'était pas illégal. Je savais que ce n'était pas bien de consommer des *HGH*. Et même en étant conscient qu'un très fort pourcentage de joueurs de mon équipe avaient recours à des substances semblables, je n'étais pas capable de me départir du sentiment de honte que j'avais ressenti dès l'instant où je m'étais retrouvé, la première fois, avec une seringue entre les doigts.

D'un autre côté, du point de vue d'un joueur de baseball, l'utilisation des *HGH* était assimilable à une foule d'autres produits que nous consommions ou que nous avions consommés dans le passé, toujours dans l'intention de pouvoir nous entraîner davantage, de maximiser les effets de nos séances d'entraînement et de mieux performer sur le terrain.

Dans mon cas, par exemple, depuis mon arrivée dans les majeures, j'avais presque toujours consommé de l'androsténedione, le même produit qu'utilisait Mark McGuire lorsqu'il avait battu le record de circuits de Roger Maris en 1998.

L'androsténedione est une hormone stréroïdale produite par le corps humain et qui se transforme en testostérone. À l'époque, ce produit était considéré aux États-Unis comme un supplément alimentaire et on pouvait se le procurer normalement sur les tablettes de toutes les boutiques spécialisées et de toutes les pharmacies! Et avant que l'androsténedione apparaisse sur le marché, la plupart des athlètes consommaient de la créatine. C'était comme si de nouveaux produits apparaissaient périodiquement dans notre environnement et devenaient plus à la mode parce qu'ils étaient plus efficaces que les produits précédents.

D'un point de vue éthique, et j'insiste là-dessus, je savais cependant que les *HGH* posaient problème. On ne pouvait pas s'en procurer à la boutique d'alimentation sportive ou à la pharmacie du quartier.

Le débat entourant l'utilisation des *HGH* est d'ailleurs resté d'actualité pendant une assez longue période entre Valérie et moi.

J'ai bouclé la saison 2002 avec 52 sauvetages, pulvérisant du même coup le record des Dodgers (44 sauvetages) qu'avait établi Todd Worrell en 1996. Et quelques semaines plus tard, le 2 novembre, par une belle journée ensoleillée, Val et moi nous sommes mariés à la charmante église catholique de la paroisse Saint-Henri, à Mascouche.

Pour l'occasion, nous avions décidé de rédiger nous-mêmes nos vœux de mariage plutôt que de recourir à des formules déjà inscrites dans l'Évangile.

Et ce jour-là, alors que nous étions face à face au pied de l'autel, devant Dieu et un parterre rempli d'amis et de membres de nos familles respectives, Valérie a glissé dans son allocution une formule dont personne d'autre que nous deux ne pouvait comprendre la signification.

— Même si nos opinions ou nos décisions divergent les unes des autres, je vais te supporter dans ce que tu décideras, avait-elle annoncé d'un ton solennel.

Cette phrase concernait précisément les longues discussions que nous avions eues au sujet de mon utilisation des *HGH*.

Elle voulait me redire qu'elle n'était toujours pas d'accord avec ma décision, que son opinion était complètement différente de la mienne et que si elle avait été à ma place, elle n'aurait pas agi comme je l'avais fait. Mais comme nous étions en train de nous unir « pour le meilleur et pour le pire », elle avait aussi tenu à me faire savoir qu'elle allait assumer ce choix à mes côtés.

La suite des choses a démontré qu'elle avait eu raison dès le début, en insistant sur le fait qu'en consommant des *HGH*, je m'étais coincé un doigt dans un engrenage dont il allait être difficile de m'extirper. Un engrenage, d'ailleurs, qui a ultimement fini par arracher mon bras.

À l'aube du printemps suivant, en 2003, ma situation n'était plus du tout la même au sein de l'organisation des Dodgers. Un an auparavant, j'étais blessé et je me préparais à me battre pour mériter un poste de releveur au sein de l'équipe. Et il me fallait guérir rapidement pour livrer cette bataille.

Douze mois plus tard, mon poste était assuré. J'étais devenu l'un des joueurs les plus populaires de l'équipe et je n'avais aucune bataille à livrer au camp d'entraînement. Tout ce que les dirigeants souhaitaient de ma part, c'était que je me présente à Vero Beach en bonne condition physique et que je lance juste assez de manches dans la Ligue des pamplemousses pour être prêt à reprendre là où j'avais laissé la saison précédente.

Tous les éléments qui m'avaient amené à consommer des *HGH* la saison précédente ne faisaient donc plus partie du décor. En toute logique, je n'avais donc plus de raison d'en consommer. Pourtant, je me sentais obligé de le faire. Il me semblait même n'y avoir aucune autre option.

J'avais placé la barre très haut la saison précédente et tout le monde s'attendait à ce que je connaisse un autre parcours phénoménal. Mes coéquipiers, les dirigeants de l'équipe et les partisans s'attendaient à ce que je fasse le même travail, et peut-être même davantage.

J'avais d'énormes responsabilités. De la pression. Un statut à défendre. Il fallait que je livre la marchandise.

Qu'on le veuille ou non, et même si j'étais incapable de quantifier cette sensation, je savais que les *HGH* m'avaient aidé à compiler des statistiques extraordinaires en 2002. Cette substance ne m'avait pas rendu plus fort, mais elle m'avait permis de m'entraîner mieux et davantage. Et elle avait certainement atténué les inévitables malaises et courbatures auxquels tous les lanceurs – et plus particulièrement les releveurs – font face au cours d'une saison.

C'est à cette période que le mot «engrenage» a pris tout son sens. Mentalement, les *HGH* étaient effectivement devenus une sorte de béquille. Si je m'abstenais d'en consommer, je savais que le doute allait s'insinuer dans ma tête et me suivre dans tous les stades d'Amérique, en neuvième manche, alors que l'issue de matchs importants allait dépendre de mes performances. En m'abstenant, j'allais assurément me remettre en question au moindre pépin:

«Ma préparation est-elle vraiment complète? Est-ce que j'ai fait tout ce que j'avais à faire pour connaître le même genre de succès et répondre aux attentes?»

Il n'y a pas de place pour le doute lorsqu'on joue dans les majeures. La force de caractère et la préparation mentale sont essentielles au succès. En fait, c'est ce qui fait la plus grosse différence entre ceux qui réussissent et ceux qui échouent, particulièrement dans les moments décisifs.

J'ai donc décidé de ne rien laisser au hasard et d'emprunter exactement le même sentier que l'année précédente.

Quatre ou cinq semaines avant le début de la saison, j'ai recommencé à m'injecter des *HGH*. Cette fois à plus petites doses afin d'éviter les effets secondaires qui m'avaient tellement apeuré l'année d'avant.

Comme la saison précédente, c'est notre receveur Paul Lo Duca qui m'en procurait. S'il n'en avait pas en quantité suffisante, il en commandait. S'il en avait assez, il m'en refilait. Cette saison-là, j'en avais aussi obtenu de la part de Todd Hundley, un autre receveur. Il m'avait refilé des « restants » qu'il ne comptait pas utiliser.

Hundley était posté derrière le marbre en 1999 quand j'avais été rappelé par les Dodgers la première fois. C'est lui qui avait été le receveur lors de mon premier départ dans les majeures. Il avait quitté l'organisation après la saison 2000 pour porter les couleurs des Cubs de Chicago. Puis il était revenu à L.A. en 2003, à l'âge de 34 ans, pour disputer la dernière saison de sa carrière.

Au camp d'entraînement, j'avais fait part à Hundley des douleurs aux doigts que j'avais éprouvées l'année précédente et il avait tout de suite conclu que j'avais consommé de trop grandes quantités de *HGH*. Il m'avait conseillé de réduire le dosage.

Cette recommandation correspondait à celle que m'avait faite Kirk Radomski, le fournisseur de Paul Lo Duca, durant la saison 2002. Alors que nous nous trouvions à New York à bord d'un taxi, Lo Duca m'avait passé Radomski au téléphone et ce dernier m'avait rapidement donné quelques explications quant à l'usage des seringues et du dosage recommandé.

Sur le coup, je n'avais pas su l'identité de mon interlocuteur. Ce n'est qu'à la parution du Rapport Mitchell, dans lequel Radomski racontait avoir discuté une fois au téléphone avec moi, que j'ai compris à qui j'avais eu affaire durant ce trajet en taxi.

Quelque temps après cette conversation téléphonique, Radomski avait griffonné à mon intention la posologie recommandée sur un sac de papier kraft. Et Lo Duca me l'avait remis afin d'éviter que je sois à nouveau aux prises avec les effets secondaires que j'avais ressentis lors de mon premier cycle d'utilisation.

Le réseau de distribution, de toute évidence, n'était pas très sophistiqué. Radomski fournissait des athlètes multimillionnaires et il communiquait avec eux en rédigeant des notes sur des sacs en papier brun! C'était tout simplement sinistre.

Au printemps 2003, donc, comme la saison d'avant, je n'ai fait qu'un cycle de *HGH* durant les semaines précédant le début du calendrier régulier. Mon intention était au départ de me limiter à quatre ou cinq semaines d'utilisation. Sauf qu'une blessure mineure à un genou a limité mon temps de jeu dans la Ligue des pamplemousses et je n'ai lancé que sept manches avant que la saison se mette en branle. Pour parer aux effets de cette nouvelle blessure, j'ai prolongé mon cycle de *HGH* d'une semaine supplémentaire. En bout de ligne, j'étais tout de même prêt à 100 % pour le match inaugural.

J'ai ensuite enchaîné avec l'une des meilleures et des plus surréalistes saisons de toute l'histoire du baseball majeur, ce qui m'a valu le trophée Cy Young.

En ce qui concernait la réalité du dopage dans les majeures, j'avais à ce moment-là perdu toute ma naïveté. Presque au premier coup d'œil, j'étais désormais capable de détecter sur le terrain les utilisateurs de produits visant à améliorer les performances.

Il était souvent possible d'identifier un utilisateur de stéroïdes par la forme de sa mâchoire ou par sa stature. Ces joueurs m'apparaissaient un peu plus gros physiquement que la moyenne.

Dans plusieurs cas, les utilisateurs de produits dopants étaient aussi des joueurs dont le nom figurait dans l'alignement de leur équipe à chaque match. Pour quelqu'un qui était bien au fait des rigueurs et des exigences physique d'un calendrier de 162 rencontres, il était assez clair qu'il était difficile de s'entraîner tous les jours, de maintenir un physique statuesque et de rester en forme du début du mois d'avril jusqu'au mois de septembre.

Les types de blessures que les joueurs subissaient donnaient aussi une indication quant à leur possible consommation de produits dopants. Par exemple, lorsqu'un coureur se dirigeait à pleine vitesse vers le premier but et que les ischio-jambiers lui éclataient derrière les jambes, il s'agissait souvent de blessures qui survenaient parce que l'athlète n'était pas supposé être aussi imposant et fort, et que son corps n'était pas capable d'absorber toute cette énergie. Le joueur courait plus vite, soit, mais il y avait aussi des articulations, des tendons et des ligaments qui devaient encaisser les chocs quelque part.

Enfin, le critère qui me semblait le plus évident était l'âge des joueurs et le niveau de performance qu'ils étaient capables de maintenir. Dans mon esprit, le cas de Roger Clemens était assez patent. À l'âge de 40, 41 et 42 ans, Clemens était encore capable de lancer plus de 200 manches par saison et de figurer parmi les lanceurs les plus efficaces du baseball majeur.

Barry Bonds constituait un autre bon exemple. En ce qui a trait à la puissance au bâton, Bonds a connu les meilleures saisons de sa carrière – et de loin – entre l'âge de 36 et 39 ans.

Les consommateurs de substances visant à améliorer les performances étaient très nombreux. Mais pourtant, à ma connaissance, le sujet demeurait tabou dans le vestiaire. Les joueurs n'en parlaient jamais ouvertement. Par contre, durant les matchs, on entendait parfois des commentaires au sujet de certains de nos adversaires.

— Je suis certain que ce gars est sur le "jus"! entendait-on assez régulièrement.

Je n'étais pas le seul, semble-t-il, à avoir développé mon sens de l'observation en cette matière…

Par contre, je n'ai jamais jugé un joueur qui consommait des substances prohibées ou des *HGH*.

Encore aujourd'hui, je suis convaincu que Barry Bonds devrait être considéré comme le meilleur joueur de tous les temps. Dans mon esprit, c'était un joueur qui devait disputer 162 matchs par année, qui était payé des millions pour le faire et qui prenait les dispositions nécessaires pour rester au sommet de sa forme, de manière à pouvoir honorer son contrat le mieux possible.

D'ailleurs, je reste convaincu qu'un grand pourcentage d'utilisateurs de produits visant à améliorer les performances le faisaient pour les mêmes raisons.

En ce qui a trait au niveau de constance et de performance atteint, la saison 2003 fut pour moi absolument sensationnelle. Certains observateurs arguent que mes records seront extrêmement difficiles à rééditer et qu'ils tiendront pendant plusieurs décennies. Allez savoir.

Depuis la parution du Rapport Mitchell, cependant, énormément de gens ont spéculé quant au niveau d'« aide » dont j'avais profité grâce à l'utilisation de *HGH*.

Par exemple, certains croient que je me suis soudainement mis à lancer la balle avec plus de force parce que j'avais eu recours à ce produit. Pourtant, je me rappelle que mes lancers atteignaient parfois une vitesse de 95 milles à l'heure quand j'étais âgé de 18 ou 19 ans, alors que je portais les couleurs de l'équipe canadienne. La maturation physique normale ainsi que sept ou huit ans d'entraînement intensif ont certainement contribué à me rendre plus fort par la suite, comme c'est le cas pour tous les athlètes dans tous les sports.

Lorsqu'on arrive dans les majeures, c'est extrêmement facile de s'entraîner mieux et plus. Les joueurs ont accès au meilleur équipement, ils sont suivis par les meilleurs spécialistes et la nourriture qu'on leur sert au vestiaire est conçue spécifiquement pour favoriser la performance sportive.

Par ailleurs, depuis le début de ma carrière, et grâce aux habitudes de travail que j'avais acquises au collège de Seminole, je figurais tout le temps parmi les joueurs qui s'entraînaient le plus au sein des équipes dont je faisais partie. J'essayais toujours de m'entraîner plus fort que tout le monde parce que je n'avais qu'un seul objectif en tête : être le meilleur.

La part des *HGH* dans tout cela ? Difficile à dire. Je suis convaincu à 100 % que ce produit ne m'a pas rendu plus talentueux que je ne l'étais. Par contre, il m'a certainement aidé – pendant une très éphémère période de temps – à supporter les rigueurs du calendrier et à assouvir cette insatiable soif de jouer qui m'animait. Sans « aide » extérieure, j'aurais probablement été contraint de prendre des congés et de regarder jouer mes coéquipiers dans de nombreux moments cruciaux, ce que j'ai toujours refusé de faire ou d'envisager.

Ce que je sais cependant, c'est que le Rapport Mitchell a identifié 89 utilisateurs de produits visant à améliorer les performances et qu'un grand nombre d'entre eux n'ont séjourné que très brièvement dans les majeures. De nombreux autres utilisateurs ont longtemps « joué sur le banc ». C'est Val qui avait raison depuis le début : le talent ne s'injecte pas.

Lorsqu'on m'a officiellement décerné le trophée Cy Young le 13 novembre 2003, j'ai vécu une journée complètement folle, marquée par une mégaconférence de presse au Dodger Stadium et par une foule d'entrevues individuelles avec les grands réseaux, journaux et magazines nationaux américains.

Le lendemain, mon horaire était presque aussi chargé. Mais cette fois, je faisais la tournée des plateaux de télévision et des stations radiophoniques de Los Angeles. La dernière apparition de cette journée du 14 novembre était prévue à *Jimmy Kimmel Live*, l'un des talk-shows de fin de soirée les plus regardés aux États-Unis.

Au cours des heures précédant mon apparition à cette émission, le baseball majeur avait annoncé qu'entre 5 % et 7 % des joueurs sélectionnés au hasard pour subir des tests anti-dopage au cours de la saison 2003 avaient produit des tests positifs pour usage de stéroïdes.

Cette démarche découlait d'une entente qui était survenue en 2002 entre l'Association des joueurs et les dirigeants du baseball majeur. Les deux parties avaient convenu que des contrôles au hasard allaient être menés pendant la saison 2003 auprès d'un échantillon de joueurs et que, si cette démarche produisait plus de 5 % de résultats positifs, tous les joueurs du baseball majeur allaient être soumis à des tests inopinés obligatoires à compter de la saison 2004.

Cette entente de 2002 avait aussi marqué l'ajout de l'androsténedione à la liste des produits interdits au sein de la MLB. Par contre, l'utilisation des *HGH* n'était toujours pas prohibée en vertu de cette nouvelle entente, parce que ce produit ne figurait toujours pas sur la liste des substances contrôlées, en vertu des lois fédérales américaines (Rapport Mitchell, p. 54).

Il faut noter que si un joueur refusait de se soumettre aux contrôles anti-dopage menés en 2003, son résultat était automatiquement comptabilisé comme étant positif. On a par la suite appris qu'un grand nombre de joueurs – qui ne consommaient pas de stéroïdes – avaient refusé de se soumettre à ces tests. Écœurés par l'ampleur qu'avait pris le phénomène du dopage dans le baseball majeur, ces joueurs avaient tout simplement voulu ajouter le plus grand nombre possible de résultats positifs dans la balance afin de s'assurer que la barre des 5 % soit franchie et que des contrôles obligatoires soient instaurés en 2004.

Avant d'accorder cette entrevue à Jimmy Kimmel, donc, j'avais demandé à l'adjointe de mon agent de s'assurer auprès des recherchistes de l'émission que le sujet du dopage n'allait pas faire partie des sujets abordés.

Cette demande se justifiait parfaitement. Je venais de remporter le Cy Young, il s'agissait pour moi d'un moment de célébration et je ne voulais pas parler des problèmes qui accablaient le baseball et qui ternissaient son image. Mais aussi, et surtout, ma consommation de *HGH* constituait un lourd fardeau que je portais depuis le tout premier jour. C'était un secret que je parvenais tant bien que mal à cacher à mes proches et avec lequel je vivais mal.

Je ne voulais surtout pas me retrouver dans une position embarrassante et être obligé de mentir à la télévision nationale.

Mon entrevue avec Jimmy Kimmel s'est bien déroulée… jusqu'au moment où l'animateur a fait référence à la nouvelle du jour et à tous ces contrôles positifs qui avaient été comptabilisés par le baseball majeur.

— Et toi, Éric ? Est-ce que tu utilises des produits semblables ? Est-ce que tu consommes des produits dopants ? a-t-il questionné.

Il venait de me placer exactement dans la situation que j'avais voulu éviter. Et c'était comme si j'avais senti des millions de paires d'yeux se tourner vers moi.

Tout en essayant de garder mon air *cool*, j'ai baragouiné quelque chose à l'effet que ces résultats étaient malencontreux et je l'ai bien sûr assuré que je ne figurais pas parmi les utilisateurs de produits dopants.

Dès que ma présence sur le plateau ne fut plus requise, j'ai quitté le studio en vitesse avec l'adjointe de Scott et les quelques amis qui m'accompagnaient. J'étais furieux de la tournure des événements et j'ai demandé que l'on rappelle le personnel de Jimmy Kimmel pour se plaindre du manque de politesse dont il avait fait preuve à mon endroit, alors que j'avais accepté de bon gré de participer à son show.

Mais à ce jour, le fait demeure. De toute ma carrière, Jimmy Kimmel est la seule personne qui ait osé me poser directement une question quant à ma possible consommation de produits dopants.

Le Rapport Mitchell a plus tard révélé que les dirigeants des Dodgers entretenaient des soupçons à mon endroit et envers plusieurs autres joueurs de l'organisation, dont Paul Lo Duca et le lanceur Kevin Brown. Mais jamais un entraîneur ou un dirigeant d'équipe n'a tenté d'aborder ce sujet avec moi. Jamais ! La seule exception étant ce médecin qui, en 2002, s'était avancé pour me recommander une posologie et m'éviter des effets secondaires fâcheux.

Dans les jours qui ont suivi l'entrevue avec Kimmel, je me suis rendu à New York pour recevoir mon trophée et je suis rentré au Québec, où ma famille a passé l'hiver avant le camp d'entraînement.

Par la suite, dès mon retour à Dodgertown, j'ai repris la routine d'entraînement habituelle et renoué avec la consommation de *HGH* dans les quatre ou cinq semaines précédant le début de la saison 2004.

J'ignorais alors que la fontaine de jouvence était sur le point de tomber à sec. J'étais à la veille de découvrir que le sentiment de sécurité (les promesses de régénération et de guérison rapide) que m'avaient procuré les *HGH* au cours des deux années précédentes n'était qu'illusion.

Quand nous avons atteint la pause du match des étoiles à la mi-juillet 2004, nous occupions le premier rang de la division Ouest mais nous n'avions qu'un demi-match d'avance sur les Giants de San Francisco. D'un point de vue personnel, ma saison se déroulait exactement selon les standards que j'avais établis lors des deux années précédentes. J'avais réussi 23 sauvetages en 24 occasions et je présentais une moyenne de points mérités de 1,85.

Mais quelque chose clochait. Je commençais à ressentir des douleurs inhabituelles à l'épaule droite.

Les blessures aux épaules constituent le pire cauchemar des lanceurs du baseball majeur. L'épaule est l'articulation la plus complexe du corps humain. Et lorsqu'ils doivent s'y aventurer avec un bistouri, les orthopédistes n'affichent pas un aussi bon taux de succès que lorsqu'ils réparent des coudes ou des genoux.

Les vieux hommes de baseball s'entendent généralement pour dire que lorsqu'un lanceur commence à se faire opérer à l'épaule, sa date d'expiration n'est pas très loin. Pour un lanceur, le moindre malaise à cette articulation est donc toujours pris très au sérieux.

Après le match des étoiles, nous avons attaqué la deuxième portion du calendrier avec beaucoup d'aplomb, remportant nos six premières rencontres et neuf de nos dix premiers matchs. Ce fut un moment clé de notre saison puisque nous entreprenions une séquence de 18 matchs en 18 jours.

Nous savions tous qu'il fallait battre le fer pendant qu'il était brûlant et j'ai énormément lancé durant cette période fructueuse. D'autant plus que Paul DePodesta avait vidé notre enclos des releveurs en procédant à plusieurs transactions.

Pour la première fois, dans l'espoir de me tirer de l'impasse où cette blessure semblait me diriger, j'ai alors décidé de faire un deuxième cycle de *HGH* au cours d'une même saison. J'en ai finalement consommé pendant une dizaine de jours.

La saison a suivi son cours et la guérison miraculeuse que j'espérais n'est jamais survenue. Comme je le racontais précédemment, je suis ensuite devenu (en toute connaissance de cause) le plus grand cobaye des fournisseurs de lidocaïne, de Toradol et autres puissants anti-inflammatoires qu'on retrouvait dans la clinique du Dodger Stadium. J'ai aussi eu droit à une multitude d'injections de cortisone afin de pouvoir conclure le calendrier.

Après notre élimination rapide aux mains des Cardinals de Saint Louis au premier tour éliminatoire, je suis rentré à la maison et j'ai à nouveau consommé des *HGH* dans l'espoir de remettre mon épaule à neuf. Ce fut mon tout dernier cycle à vie. Je n'ai plus jamais retouché à ce produit par la suite.

En tout, j'ai donc fait cinq cycles de *HGH* sur une période de trois ans. Et ce fut suffisant pour ruiner ma santé, ternir ma réputation et jeter un ombrage sur les extraordinaires performances que j'ai livrées dans le baseball majeur.

Quand je me suis présenté au camp d'entraînement en 2005, je me sentais bien et je croyais que les *HGH* avaient rempli leurs promesses. Mais je me suis soudainement mis à ressentir d'intenses douleurs au coude. Comme si quelqu'un s'était amusé à y enfoncer un couteau chaque fois que j'effectuais un lancer.

Dans un précédent chapitre, j'ai expliqué que j'avais dû me soumettre à une intervention chirurgicale pour corriger la situation. Après cette opération, les chirurgiens ne m'ont jamais demandé si j'avais consommé des *HGH* ou d'autres produits dopants. Mais ils ont pris la peine de souligner ce qu'ils ont appelé une « anormalité ».

Le nerf qu'ils avaient tenté de décoincer était cinq fois plus volumineux qu'il aurait normalement dû être. J'ai immédiatement compris qu'il s'agissait d'un effet secondaire des *HGH*.

Cette intervention chirurgicale, rappelons-le, m'a fait rater tout le reste de la saison 2005. Et quand je suis revenu au camp pour la saison 2006, les mêmes douleurs sont réapparues. Les orthopédistes n'ont alors eu d'autre choix que de m'opérer à nouveau afin d'extraire ce nerf difforme de mon bras pour que je puisse renouer avec la pratique de mon métier.

Puis, en juin 2006, lorsque les médecins m'ont enfin donné le feu vert pour retourner au jeu, le nerf hypertrophié n'était plus dans mon bras mais la même douleur incisive est vite réapparue. Je n'avais que 30 ans, l'âge où la plupart des lanceurs atteignent leur apogée, et mon corps, déréglé, tombait littéralement en morceaux.

Les médecins m'ont alors bourré de médicaments pour chasser les signaux de douleurs que mon corps m'envoyait. Résultat : je me suis blessé encore davantage et encore plus gravement à l'entraînement, ce qui a mené à une intervention chirurgicale au dos qui m'a laissé des séquelles permanentes.

Je ne suis qu'à la mi-trentaine. Je devrais encore être sur le terrain avec mes coéquipiers mais j'ai de la difficulté à marcher. Ma démarche ressemble davantage à celle d'un homme de 60 ans qu'à celle d'un athlète de mon âge.

Mes hanches et mes épaules me font souffrir. Pour descendre ou monter un escalier, je dois souvent marcher de côté pour atténuer la douleur. Et même pour sortir de ma voiture, je dois me concentrer et faire chaque mouvement au ralenti pour éviter d'avoir trop mal. Je dois dormir sur un matelas orthopédique pour être capable de trouver le sommeil, et je consomme chaque jour de grandes quantités de médicaments antidouleur afin de pouvoir vaquer à mes activités quotidiennes.

Au départ, j'avais consommé des *HGH* pour faire disparaître une blessure mineure à un genou et pour m'assurer de garder une place au sein des Dodgers. Et en bout de ligne, cet engrenage et cette *dope* ont raccourci ma carrière de quatre ou cinq années. Quatre ou cinq précieuses années que j'aurais tellement aimé vivre.

Le baseball me manque. Je ressens encore le besoin d'y jouer. Et je m'ennuie terriblement de l'ambiance du *clubhouse*, du rythme de vie effréné que l'on mène dans les grandes ligues. La pression de gagner, la compétition. Ce combat quotidien que l'on doit mener 162 fois par an pour remporter des matchs et pour garder sa place au soleil. Cette bulle dans laquelle on vit et qui nous donne parfois l'impression d'être à l'écart du reste du monde.

Le baseball était toute ma vie. J'avais rêvé aux ligues majeures depuis ma plus tendre enfance et j'y étais. Mais c'est à cause des produits dopants que tout cela m'a été retiré prématurément. J'en suis convaincu.

J'avais toujours envisagé la retraite comme une décision que j'allais prendre en mon âme et conscience. J'avais toujours imaginé le moment de la retraite comme l'aboutissement d'une réflexion, un moment où l'athlète perd le goût de combattre et finit par s'avouer qu'il n'est plus capable, que le temps est venu de quitter les stades et de rentrer sur ses terres. Sereinement.

À cause des *HGH*, je n'ai jamais pu prendre cette décision. Je me suis fait indiquer la porte de sortie parce que mon corps ne parvenait plus à tenir le coup, alors que ma soif de compétition et mon enthousiasme étaient toujours intacts.

Les *HGH* étaient supposés me faire rajeunir en régénérant mes tissus. Ils m'ont plutôt fait vivre en accéléré. Ils ont fait vieillir mes articulations plus vite que mon cœur et mon désir de jouer.

Ma rapide atteignait déjà les 95-96 milles à l'heure de façon naturelle. Mais en surentraînant mon corps, j'ai outrepassé mes limites. Mon bras n'était peut-être pas fait pour lancer à 98 ou 99 milles à l'heure. En plus, je lançais plus de 80 manches par année, parfois étalées sur des séquences de trois ou quatre jours consécutifs. C'était une charge énorme pour un releveur. Avec les séances d'entraînement de l'après-midi et les périodes d'échauffement durant les matchs, ça équivalait presque à lancer tous les jours.

Un athlète doit savoir bien interpréter les signaux que son corps lui envoie pour rester en santé. Et dans mon cas, les *HGH* ont considérablement faussé ces signaux. Un lanceur soumis à une charge de travail comme la mienne aurait forcément eu besoin de repos et se serait senti obligé de lever le pied à un certain moment. Mais à cause des drogues, je me croyais toujours en meilleur état que ce que j'aurais normalement dû ressentir.

En raison de ces années qui m'ont filé entre les doigts, la retraite est une étape de ma vie que j'ai énormément de difficulté à apprivoiser. La plaie est encore si vive que je suis toujours incapable de regarder un match de baseball. C'est un sentiment qui finira probablement un jour par s'estomper, j'imagine.

J'ai commis des erreurs. Mon corps est meurtri. Ce qui est fait est fait et je ne peux rien y changer. Mais ce n'est pas tout. Les *HGH* ne m'ont pas laissé que des séquelles physiques. Elles m'empêchent aussi de savourer la carrière que j'ai connue.

Je sais – c'est un fait – que j'ai connu une carrière phénoménale. Mais je ne suis pas capable d'apprécier pleinement ma conquête du trophée Cy Young, ma série de 84 sauvetages consécutifs ou les autres succès qui m'ont permis de signer quelques-unes des meilleures saisons de l'histoire du baseball majeur et de me hisser parmi les meilleurs releveurs de tous les temps.

J'ai culpabilisé de la première à la dernière seconde durant la période où j'ai consommé des *HGH*. J'ai vécu avec la honte. Et la publication du Rapport Mitchell m'a terriblement fait mal. Ce document m'a littéralement détruit.

Je sais à quel point j'ai dû travailler et bûcher pour partir de Mascouche, me rendre dans les majeures et m'y établir parmi les étoiles. Je connais tous les sacrifices que je me suis imposés, ainsi qu'à ma famille, pour me rendre jusqu'au sommet. Je sais que j'ai toujours fait partie du groupe de joueurs qui s'entraînaient le plus fort pour en arriver à ces résultats.

Mais je suis à jamais marqué au fer rouge. Pour le reste de ma vie, et même plus tard parmi ceux qui s'intéresseront à l'histoire du baseball, il y aura toujours quelqu'un, quelque part, qui lèvera le doigt et qui diminuera ce que j'ai fait en disant :

— Vous savez, Éric Gagné jouait durant l'ère des stéroïdes. Il a consommé des *HGH*…

C'est ce qui m'a fait le plus mal quand le Rapport Mitchell a été publié. Je savais que beaucoup de gens allaient croire que cette consommation de HGH était responsable des succès que j'avais connus. Depuis le 13 décembre 2007, ce tourment ne m'a jamais quitté et il ne s'est jamais atténué.

Même s'il a eu des conséquences néfastes pour moi et tous ceux qu'il a jetés en pâture aux médias et au public, je crois que ce rapport a permis de crever l'abcès et de sceller définitivement l'un des plus sombres chapitres de l'histoire du baseball.

Le programme anti-dopage du baseball majeur a depuis prouvé son efficacité et les joueurs de la nouvelle génération peuvent désormais pratiquer leur métier sans être confrontés aux choix difficiles auxquels moi et de très nombreux joueurs de mon époque avons eu à faire face.

Aucun athlète ne devrait être confronté à un tel dilemme ou devoir porter un tel poids sur ses épaules au cours de sa carrière.

Tout le monde a perdu durant cette période.

Le baseball a perdu beaucoup de crédibilité. Les utilisateurs de produits dopants ont perdu leur intégrité et mis leur santé en péril. Les joueurs « propres » ont fait face à une compétition qu'ils pouvaient à juste titre considérer comme déloyale. Et les partisans ont assisté à des matchs dont les règles étaient en quelque sorte faussées.

Je suis désolé d'avoir, par ignorance, contribué à cette situation.

J'ai participé à la rédaction de ce livre afin de pouvoir témoigner de l'extraordinaire aventure que m'a permis de vivre mon trop court passage dans la Major League Baseball.

Mais aussi, et surtout, je tenais à raconter en détail l'histoire qu'on m'avait fortement recommandé de dissimuler en décembre 2007.

Les amateurs de baseball méritent de savoir ce qui s'est passé.

Welcome to the Jungle, disait la chanson. Ce point final, je l'espère, me permettra enfin d'en sortir.

Crédits photographiques

Cahier-photos 1 : pages 1 à 4, archives de la famille Gagné ; pages 5 à 8, Jon SooHoo, Dodgers de Los Angeles.

Cahier-photos 2 : pages 1 à 8, Jon SooHoo, Dodgers de Los Angeles.

Cahier-photos 3 : pages 1 à 7, Jon SooHoo, Dodgers de Los Angeles ; page 8, les Capitales de Québec.

Pour les trois cahiers-photos de l'ouvrage, toutes les photos d'Éric Gagné apparaissant dans l'uniforme des Dodgers de Los Angeles sont la propriété exclusive de l'organisation et sont accompagnées du crédit « Los Angeles Dodgers LLC ».

Les Éditions Hurtubise adressent leurs plus sincères remerciements à la famille Gagné, à l'organisation des Dodgers de Los Angeles ainsi qu'à celle des Capitales de Québec pour leur précieuse collaboration.

Un merci tout particulier à Joo SooHoo, photographe officiel des Dodgers de Los Angeles, dont les merveilleuses images survolent de façon remarquable toutes les facettes de la vie d'un joueur de baseball professionnel.

Remerciements

Remerciements d'Éric Gagné

J'offre cette biographie à mes enfants, Faye, Maddox, Bluu et Harley, qui sont encore bien jeunes mais qui pourront bientôt découvrir en détails la carrière que j'ai connue ainsi que les exploits et les moins bons moments qui l'ont marquée. J'estimais important de pouvoir leur transmettre moi-même cet héritage et les leçons qui en découlent.

J'ai aussi une pensée toute spéciale pour Val, qui m'a accompagné et soutenu à chaque instant durant cette grande aventure. Nos routes se sont depuis séparées, mais le respect que nous éprouvons l'un envers l'autre et l'amitié qui nous lie sont restés intacts.

Du fond du cœur, je remercie aussi ma conjointe Heather Estes pour son écoute et son indéfectible soutien durant la réalisation de ce projet. Qui sait, peut-être que ses deux adorables fistons, Jackson et Cody, trouveront aussi un jour une source d'inspiration dans ces écrits.

Enfin, je salue chaleureusement le travail de mon ami Martin Leclerc. Aucun autre journaliste n'a couvert ma carrière aussi longtemps et d'aussi près que lui. Personne d'autre n'aurait pu raconter mon histoire et la mettre en perspective de manière aussi complète et avec autant de réalisme.

Remerciements de Martin Leclerc

La rédaction de ce livre n'aurait pas été possible sans la constante collaboration et la complicité de la femme de ma vie, Chantal Léveillé, qui a patiemment relu, commenté et débattu chacun des chapitres au cours des dix-huit derniers mois. J'embrasse aussi (très fort) nos quatre beaux enfants, Kémili, Érika, Adam et Simon, qui n'ont malheureusement pas cessé de grandir pendant que j'étais habité par *Game Over* et que j'avais le nez rivé à l'ordinateur.

Je remercie très sincèrement Éric pour son amitié, sa totale confiance, son humilité et sa belle sensibilité. Ce fut un très grand privilège de pouvoir raconter son épopée unique.

Je salue par ailleurs Valérie Hervieux, Claude Pelletier, Richard Émond, Éric Boisjoly et Alex Agostino, qui m'ont accordé de mémorables entretiens. Aussi, une pensée spéciale pour Jon SooHoo, photographe des Dodgers de Los Angeles, qui a généreusement accepté de partager avec nous sa précieuse collection de clichés inédits.

Enfin, une grande accolade à André Gagnon, Alexandrine Foulon et à toute l'équipe des Éditions Hurtubise, des gens de grande qualité auprès de qui Éric et moi nous sommes rapidement sentis comme des membres de la famille.

Table des matières

Suivez-nous

Réimprimé en octobre 2012
sur les presses de Marquis-Gagné
Louiseville, Québec